MW00709769

PLAZA & JANES
P & J
EDITORES

TRADICIONES Y LEYENDAS SEVILLANAS

José María de Mena

Académico Correspondiente de la Real Academia de la Historia y de la Real Academia de Bellas Artes de San Fernando.

PLAZA & JANES EDITORES, S. A.

Portada de

JUAN BATALLÉ

Primera edición: Diciembre, 1985
Segunda edición: Mayo, 1986
Tercera edición: Abril, 1987
Cuarta edición: Octubre, 1987
Quinta edición: Julio, 1988
Sexta edición: Diciembre, 1988
Séptima edición: Julio, 1989
Octava edición: Agosto, 1990
Novena edición: Febrero, 1991
Décima edición: Diciembre, 1991
Undécima edición: Mayo, 1992
Duodécima edición: Junio, 1993

Editado por PLAZA & JANÉS EDITORES, S. A.
Enric Granados, 86-88. 08008 Barcelona

Printed in Spain — Impreso en España

ISBN: 84-01-37199-6 — Depósito Legal: B. 18.715 - 1993

Impreso en HUROPE, S. A. — Recared, 2 — Barcelona

ÍNDICE

CAPÍTULO PRIMERO

TRADICIONES Y LEYENDAS DE LA ANTIGÜEDAD

CAPÍTULO II

LAS LEYENDAS Y TRADICIONES DE LA ÉPOCA VISIGODA

CAPÍTULO III

TRADICIONES DE LA ÉPOCA ÁRABE

CAPÍTULO IV

LAS TRADICIONES DE LA ÉPOCA DE SAN FERNANDO

CAPÍTULO V

LAS LEYENDAS Y TRADICIONES DESDE SAN FERNANDO HASTA DON PEDRO I

CAPÍTULO VI

TRADICIONES Y LEYENDAS DEL REY DON PEDRO I

CAPÍTULO VII

LAS LEYENDAS Y TRADICIONES DE LOS SIGLOS XVI Y XVII

CAPÍTULO VIII

LAS LEYENDAS Y TRADICIONES DEL SIGLO XVIII

CAPÍTULO IX

LAS LEYENDAS Y TRADICIONES DEL SIGLO XIX

CAPÍTULO X

ALGUNAS CURIOSIDADES Y OCURRENCIAS DEL SIGLO XX

CAPÍTULO PRIMERO

TRADICIONES Y LEYENDAS DE LA ANTIGÜEDAD

De cómo Hércules fundó a Sevilla

Todos los comentaristas e historiadores, coinciden en afirmar que Sevilla fue fundada por Hércules.

Pero, ¿podemos dar crédito a esta afirmación? ¿No es Hércules, un dios de la mitología clásica? ¿Cómo vamos a creer en un dios mitológico?

Hacia el año 1000 antes de Jesucristo, o sea hace ahora alrededor de 3.000 años, llegaron los primeros navegantes fenicios a España. Venían surcando el mar Mediterráneo, habiendo costeado el Norte de África, donde aprendieron la religión egipcia (la del dios Osiris y la diosa Isis); y donde fundaron una colonia, cerca de la actual Túnez, a la que dieron el nombre de Kar-tago, que significa Ciudad Nueva. Desde ahí continuaron progresando en sus periplos o navegaciones, acercándose cada vez más al Estrecho de Gibraltar, el cual al principio no osaban pasar, por el miedo que sentían todos los antiguos al océano desconocido, el Atlántico.

Solamente un navegante, más atrevido que los otros, llamado Melkart, se decidió a pasar con su barco, desafiando las corrientes, por entre los dos promontorios que forman el Peñón de Gibraltar, y el Peñón de Calpe.

Después de encontrar el océano Atlántico, siguió costeando hacia el Norte, hasta que encontró la desembocadura del Guadalquivir, remontando este río, hasta llegar al lugar que hoy ocupa Sevilla. Aquí, en un islote formado entre dos brazos del río, encontró sitio para fundar una factoría comercial, y efectivamente lo hizo en el lugar que hoy ocupan la Plaza del Salvador, Cuesta del Rosario, y Plaza de la Pescadería, lugares en los cuales, actualmente, cuando se hacen zanjas para abrir cimientos cada vez que se construye un edificio, o cuando se efectúan reparaciones del alcantarillado, suelen aparecer fragmentos de cerámicas, y otros vestigios de la primera fundación fenicia.

Melkart, el navegante, no solamente estableció aquí la primera factoría comercial fenicia a la que dio el nombre de Hispalis que en idioma fenicio parece significar «llanura junto a un río» o sea ««marisma», sino que además consiguió mediante tratados, y mediante incursiones armadas, apoderarse del monopolio de las pieles y cueros de Andalucía, probablemente enseñando a los indígenas turdetanos a capturar y matar los infinitos toros bravos que ocupaban los montes y llanos de la región, sometiendo al rey de los turdetanos, llamado Gerión, a quien impuso además de una servidumbre comercial, el cambio de la religión primitiva que profesaban los turdetanos, por la nueva religión egipcia.

Hasta aquí los hechos tal como ocurrieron. Más tarde, sobre esta base real se formó la leyenda. Melkart cuando murió, fue declarado por los egipcios y fenicios como héroe, santo, y dios, cambiándose luego su nombre de Melkart, por el de Herakles, y entre los latinos por Hércules.

Es natural que se le considerase héroe, puesto que había sido el primero en atreverse a una navegación por un océano desconocido que se suponía lleno de maleficios y peligros. Es natural que se le considerase santo y dios, por haber llevado una religión, a unos pueblos salvajes.

En realidad los fenicios se comportaron exactamente igual que se han comportado los pueblos posteriores, y así nosotros los españoles hemos considerado héroes a los audaces descubridores de América, que fundaron ciudades en México o en Perú, y les hemos reconocido virtudes piadosas, por haber llevado nuestra religión cristiana a los indios salvajes del Nuevo Mundo. No han faltado repetidas proposiciones e intentos, para canonizar a Cristóbal Colón como santo, por haber sido el iniciador de la cristianización de América, y aun hoy se está promoviendo por ese motivo la causa de santidad en favor de la reina Isabel la Católica, por haber patrocinado el descubrimiento de América, que duplicó el ámbito de la cristiandad.

Pues del mismo modo fue como Melkart, llamado Herakles y Hércules, subió a los altares de la mitología clásica.

Después, los poetas y los autores de tragedias, en Grecia y Roma, inventaron, con sucesos auténticos de su vida, las leyendas de *Los doce trabajos de Hércules* entre los cuales figuran, más o menos embellecidos, «el haber roto las montañas que unían África y España», lo que significa simbólicamente el haber forzado el paso del Estrecho, derribando los mitos y temores, y convirtiendo en «Plus Ultra» lo que hasta entonces había sido «Non plus Ultra». Y otro suceso, el de haberse apoderado del mercado de cueros y pieles de toros, que enriqueció el comercio fenicio, se convierte en la leyenda de que «limpió los establos del rey Gerión, y domesticó a los toros feroces».

Sevilla, a través de todos los historiadores y cronistas, ha reconocido siempre, y reconoce a Hércules como fundador de la ciudad. Por esto, encontramos su estatua colocada en los lugares públicos, y en el puesto de honor de los padres de la patria. Así, en el arquillo del Ayuntamiento, la estatua de Hércules es la primera. Y cuando el insigne asistente de la ciudad, don Francisco de Zapata y Cisneros, conde de Barajas, construyó el paseo de la Alameda, puso en él, rematando una de las columnas traídas del templo de la calle Mármoles al nuevo paseo, la estatua de Hércules, fundador de Sevilla, y dio, precisamente su nombre al lugar, que desde entonces se llama Alameda de Hércules.

Finalmente diremos que en la Puerta de Jerez (puerta de la muralla, derribada en el siglo XIX) hubo sobre el arco de entrada unos versos latinos, que traducidos al castellano decían:

Hércules me edificó
Julio César me cercó

de muros y torres altas,
y el rey santo me ganó
con Garci Pérez de Vargas.

Lo que viene a ser, en sólo cinco versos, todo un compendio de la historia de Sevilla.

Leyenda del tesoro del carambolo

Cuentan que los primeros habitantes del territorio sevillano, los más antiguos abuelos nuestros, fueron los tartesios. Algunos historiadores les llaman turdetanos. Esta palabra, Turdetán, por su sílaba última, tan (la misma que llevan Pakistán, Kurdistán, Beluchistán) indica su procedencia oriental, de la India, cuna de la civilización euroasiática, por lo que podemos deducir que los turdetanos o tartesios, serían una tribu perteneciente a la gran horda indoeuropea. También puede encontrarse este origen indostánico de los turdetanos o tartesios, estudiando sus vestigios arqueológicos, y ello se advierte sobre todo en el medallón o colgante descubierto hace pocos años por el profesor don Juan de Mata Carriazo (por cuyo motivo se le llama el Bronce Carriazo), que demuestra un íntimo parentesco entre el arte tartesio y el indostánico.

Parece que los turdetanos, al llegar aquí procedentes de la India, fueron los primeros en poner en explotación las minas de cobre de Tharsis (Huelva) y que por el nombre de esas minas, se extendió a su pueblo y a toda la región el nombre de Tartesos, con que se les conoce históricamente.

Estos tartesios, vivían en buenas relaciones comerciales con los fenicios que habían fundado su factoría comercial en Sevilla. Los tartesios traían al mercado fenicio las pieles de animales feroces (en España había leones y tigres en aquel entonces), y los cueros de los toros, así como el cobre de Tharsis, y la púrpura o tinte para las telas, extraído de los caracoles múrices, de la costa atlántica.

La exportación de todos estos productos al mundo entero, daba a la región andaluza un gran bienestar económico. Así que las antiguas viviendas en cuevas, o en chozas de cañas y ramas, fueron sustituidas por casas de piedra, o de ladrillos blanqueadas primorosamente de cal. Se formaron ciudades, y los habitantes enriquecidos por el trabajo, vestían y se adornaban con una mayor riqueza.

Pero los fenicios, cuando ya estuvieron seguros de su poderío comercial, pretendieron abusar de los andaluces, y explotarlos. Para ello disminuyeron la demanda de productos, a fin de depreciarlos, y obtenerlos entonces más baratos, aun a costa de sumir en la miseria y el hambre a los andaluces.

Era entonces rey de los tartesios el célebre Argantonio, el cual tenía un hijo llamado Terión.

Argantonio acudió a los fenicios para exponerles que la baja de precios significaba el hambre de su pueblo, y que si los fenicios se mantenían firmes en no pagar más por los productos, él se vería obligado a romper los tratados comerciales que otorgaban el monopolio a Fenicia, y buscaría otros compradores directos, suprimiendo las factorías comerciales de los fenicios, y expulsándoles del país.

No habiendo obtenido respuesta satisfactoria, Argantonio comunicó a los fenicios que debían abandonar Andalucía, a lo que éstos se negaron. Se había planteado, pues, el conflicto armado.

Argantonio decidió atacar simultáneamente las dos principales factorías fenicias, Cádiz y Sevilla, dividiendo en dos su ejército de andaluces. La mitad la tomó bajo su dirección, y confió el mando de la otra mitad a su hijo Terión. Desde la ciudad de Tartesos, situada al borde de la marisma, partieron los dos ejércitos, precedidos por la ágil caballería, y ostentando los guerreros sus emblemas entre los que se reproducían las cabezas de toro, el animal totémico sagrado.

Sin embargo los fenicios no se habían descuidado. Reuniendo en Cádiz y en Sevilla sus numerosas flotas, decidieron una maniobra audaz: atacar por sorpresa a la propia ciudad de Tartesos, desguarnecida en aquellos momentos por la salida de los ejércitos de Argentonio. A favor de la noche, los barcos fenicios, navegando por el Guadalquivir, llegaron hasta las proximidades de Tartesos, desembarcando de ellos los fenicios, que no se proponían conquistar la ciudad, sino destruirla rápidamente.

No hubo ni siquiera asalto, sino un incendio pavoroso. Los fenicios, valiéndose de flechas empenachadas, lanzaban miles de antorchas sobre los tejados de Tartesos, y muy pronto la ciudad entera estuvo en llamas. Entonces sus moradores, ancianos, mujeres y niños, que eran los únicos que habían quedado en la ciudad (pues los hombres útiles habían marchado con los ejércitos de Argantonio y de Terión a intentar la conquista de Cádiz y de Hispalis), intentaron huir. Pero los fenicios los recibían en las puertas de la muralla, a golpes de espada y de lanza. Arroyos de sangre se deslizaban por las pendientes hacia el Guadalquivir. Así pereció hasta el último de los habitantes de la capital de Argantonio, bajo el fuego y el arma.

A unas leguas de allí el ejército de Argantonio vio iluminarse el cielo con el resplandor del incendio, y desesperadamente intentó regresar para salvar a la ciudad. La diferencia de velocidad entre los que iban a caballo y a pie, la fatiga de la doble jornada de camino, hicieron que el ejército tartesio se desorganizara, y así, al llegar a las inmediaciones de Tartesos, ya no era un ejército, sino una angustiada multitud que presenciaba impotente cómo el fuego destruía sus casas y los cuerpos de sus familias.

En ese momento, sobre el fatigado y desalentado ejército de Argantonio, cayeron los fenicios formados en compactos grupos, y precedidos por los flecheros con sus escudos protectores. Los tartesios, impotentes para resistir la avalancha, y diezmados por las veloces flechas, se dispersaron por la llana marisma, siendo cazados como alimañas por los arqueros fenicios. Unas horas después todo había terminado. Argantonio y su numeroso ejército, habían perecido hasta el último hombre.

Solamente un fugitivo logró salvarse de la carnicería, y huir en dirección a Sevilla, para dar aviso a Terión de lo que había sucedido, y entre gritos y sollozos le pudo dar la terrible noticia.

—Tu padre Argantonio, ha muerto; el ejército ha sido aniquilado. La ciudad incendiada, y sus moradores muertos. Eres ahora rey de los tartesios, pero tu pueblo no es más que este ejército que te queda.

—¿Y mi madre?

—Muerta también; y tu mujer; y tus hijos; y tus hermanos. ¡Todos! Lo único que se ha salvado son las insignias reales. Aquí las tienes.

Y puso a los pies de Terión un lienzo en el que, al abrirlo, aparecieron los brazaletes y el collar, de rey de Tartesos.

Terión permaneció un momento en silencio, sobrecogido por el espanto y el dolor, pero en seguida recobró su fiereza. Tomó las insignias, se las puso, y gritó a los suyos:

—¡Venganza! ¡Venganza! A conquistar Hispalis.

Y alzando su lanza, puso en marcha el ejército tartesio, en dirección a Sevilla. Pero la rabia y el dolor no nublaban su mente. Sabía que para vencer a los fenicios necesitaría astucia, al mismo tiempo que valor.

Así, al llegar a los altos de lo que hoy llamamos Castilleja de la Cuesta, ordenó acampar, ocultándose las tropas en la espesura de los bosques de alerces que entonces llenaban el contorno de Sevilla.

—Esperaremos a que los fenicios hayan regresado con sus buques a Hispalis y se hayan entregado al descanso. Solamente así podremos derrotarlos.

En efecto, durante la noche fueron entrando en el puerto de Sevilla los cientos de barcos que habían transportado las tropas para atacar Tartesos. Los fenicios venían contentos, gritando de júbilo, por su victoria, tras haber destruido la capital de los tartesios. Poco después se entregarían al descanso, y ése sería el momento de atacar.

Terión aguardó a la hora del amanecer. Sería el momento en que mejor podría sorprender a sus enemigos. Pero antes de atacar quiso Terión tomar una grave decisión política. Muerto Argantonio, él era el rey de los tartesios. Pero habiendo perecido en la matanza su mujer y sus hijos, no habían un sucesor en quien dejar custodiadas las insignias reales. Y las costumbres de los guerreros tartesios exigían que el rey no entrase en batalla portando el collar y los brazaletes sagrados, para impedir pudieran perderse en la refriega. Tradicionalmente cuando un rey marchaba a la batalla, era la reina, la encargada de custodiar el tesoro, al mismo tiempo que ejercer el mando, en ausencia de su esposo.

Pero Terión no tenía ya una esposa. Ni siquiera había quedado una mujer con vida tras la destrucción de la ciudad.

Terión se arrodilló para orar a los dioses. Después, tomó un cántaro de barro de los que llevaban los soldados para mitigar la sed en la marcha. Y se alejó unos pasos en silencio. No habiendo nadie que pudiera custodiar las joyas, las enterró en un hueco del terreno, tapándolas con piedras, para recogerlas cuando terminase la batalla.

Volvió poco después al campamento, y arengó a los guerreros:

—Incendiad los barcos para que ningún fenicio pueda escapar. Pasadlos a cuchillo, pero respetad a las mujeres. Ni una sola debe morir. Necesitamos mujeres para reconstruir el pueblo de los tartesios.

Y lanzó sus hombres a la batalla. Los fenicios, cogidos por sorpresa en el descanso, no pudieron defenderse y perecieron todos, mientras la enorme flota ardía sobre las aguas del Guadalquivir.

Pero Terión no pudo nunca recobrar sus joyas reales, ni reconstruir la ciudad de Tartesos, pues durante el asalto a Sevilla una flecha le quitó la vida, sin que pudiera confiar a nadie el secreto de dónde había escondido el tesoro.

Aniquilados los fenicios de Sevilla, el ejército tartesio victorioso marchó a Cádiz que también fue conquistada.

Sobrevino un largo período de trescientos años en que los tartesios disfrutaron una paz completa, y volvió a florecer la agricultura, la ganadería y la minería, pero sin que los tartesios dependieran de ningún otro pueblo. El historiador Estrabón afirma que cuando llegaron a España los griegos, encontraron a los tartesios con un alto nivel de cultura, y que las leyes se escribían en verso para que pudieran aprenderlas de memoria los jóvenes.

Sin embargo los tartesios ya no tenían su capital en Tartesos, que nunca fue reconstruida, sino en Sevilla.

Y las joyas reales, el collar de oro, el pectoral y los brazaletes, nunca aparecieron, durante más de dos mil años.

Solamente ahora, el 30 de setiembre de 1956, cuando unos obreros excavaban en el cerro del Carambolo, a mitad de camino entre Sevilla y Castilleja de la Cuesta, en el término de la villa de Camas, al hacer una zanja para instalar las jaulas del Club de Tiro de Pichón, encontraron en un hueco del terreno un cántaro de barro, y al romperlo, aparecieron dentro, refulgiendo al sol, las brillantes piezas de oro del tesoro real de los tartesios. Ésas son las joyas que con el nombre de «Tesoro de el Carambolo», se exhiben hoy al público en el Museo Arqueológico Provincial de Sevilla.

La cierva de Sertorio

Tras la conquista de Sevilla por los romanos había sobrevenido una época de laboriosa paz. Pero he aquí que cuando ya estaban tranquilizados los belicosos españoles que tanto trabajo había costado a Roma dominar, se produce la discordia entre los propios romanos, a causa de la rivalidad de los dos bandos políticos, encabezados por los senadores Mario y Sila. Los dos bandos tienen por jefes en España a Sertorio y Metélo, respectivamente.

Sertorio supo ganarse la confianza de los sevillanos, explotando hábilmente el sentido de lo mágico y lo milagroso que la psicología de nuestro pueblo tiene como principal característica. En general se hacía acompañar de una cierva blanca, de piel inmaculada, la cual había domesticado pacientemente. El hermoso animal aprendió a acercar su hocico a la oreja de Sertorio, moviendo los belfos y emitiendo un suave sonido como si le hablase al oído. Sertorio hizo correr entre el pueblo la voz de que aquella cierva era un animal sagrado, y que los dioses a través de ella transmitían a Sertorio sus consejos y órdenes. De este modo, cada decisión de Sertorio era acatada con temor y reverencia, no como un mandato de gobernante, sino como un designio de la propia voluntad de los cielos.

La guerra terminó desastrosamente para el bando de Sertorio, y su enemigo, Metélo, conquistó Sevilla, derrotando no directamente a Sertorio, sino a su lugarteniente el general Hyrtuleyo, en una batalla que dio en la Vega de Triana, o en las proximidades de Itálica.

Metélo castigó a Sevilla por haber sido sertoriana, imponiéndole un fortísimo tributo de guerra, y después unos impuestos exorbitantes que agobiaban al vecindario.

La cabeza de Gneo Pompeyo

En el año 69 había estado en Sevilla ocupando el cargo de Cuestor (especie de Delegado de Hacienda) un joven funcionario, de familia patricia, llamado Julio César, el cual quedó tan enamorado de la ciudad, que cuatro años después, al ser nombrado Pretor de la España Ulterior (gobernador regiones) puso su residencia en Sevilla, protegió a los sevillanos y obtuvo del Senado de Roma que se aligeraran los impuestos que sufría Sevilla, y que habían sido creados por el encono de Metélo.

Pero poco después volvía a estallar la guerra civil entre los romanos, ahora entre Pompeyo y César. Guerra que duró varios años, y que ocasionó la muerte de Pompeyo en la batalla de Farsalia, y la destrucción de su ejército.

Pero no había terminado ahí la guerra, pues los dos hijos de Pompeyo, llamados Sexto y Gneo Pompeyo, continuaron la contienda, valiéndose de algunas legiones veteranas romanas, y de numerosos partidarios que levantaron en España. Todavía hubo una gran batalla final, la de Munda, que se dio en un campo situado entre Lora de Estepa y Casariche, donde César derrotó completamente a los pompeyanos, resultando muerto Sexto Pompeyo, mientras su hermano Gneo Pompeyo se daba a la fuga.

César, terminada la batalla de Munda, regresó a Sevilla, indignado porque en esta última etapa los sevillanos se habían puesto en favor del bando pompeyano, habían albergado en la ciudad a las tropas de aquel bando, le habían suministrado oro y armas, y en fin habían prestado apoyo de toda clase a Pompeyo.

El ejército pompeyano que guarnecía Sevilla y algunas tropas fugitivas de Munda que se habían encerrado en Sevilla o acampado en sus alrededores para oponerse a César fueron destrozados, y por fin quedó César dueño de España. Desde Itálica preparó su entrada oficial en Sevilla, para descansar de la batalla, y por la mañana, montado en su carro de guerra, y vestido con las insignias de Dictador (dictador no significaba usurpador sino que era un rango legal. Significaba algo así como general en jefe a quien Roma había conferido, por circunstancias excepcionales, el derecho a gobernar promulgando decretos-leyes) se dirigió a Sevilla. Al llegar a donde está hoy la Cartuja, uno de sus soldados le entregó la cabeza de

Gneo Pompeyo, cuyo cadáver acababan de encontrar entre los montones de cuerpos de la batalla del día anterior. César, llevando en su mano el sangriento despojo, entró en Sevilla por la puerta de la muralla que daba a la Plaza de Villasís, y siguiendo la actual calle Cuna, se dirigió al Foro, o Plaza Mayor, que estaba donde ahora la Alfalfa. Es de suponer que en el camino y sobre todo en la Plaza del Salvador, que formaba una sola con la Plaza del Pan, sería aclamado por sus partidarios, y mirado con temor por los sevillanos simpatizantes de Pompeyo, que aún quedarían algunos.

Al llegar al Foro, descendió César de su carro, y dirigiéndose al edificio del Pretorio o palacio del Praesidens (gobernador o presidente), depositó la cabeza sangrienta de Gneo Pompeyo sobre las gradas altas del pórtico, donde todos pudieran verla, y desde allí alzando la voz pronunció un discurso violento, áspero y amenazador, cuyo texto —incompleto pero suficiente— nos ha conservado el historiador Aulio Hircio en la obra *Bello Hispanensi* (Guerra hispánica).

César estaba agraviado porque los sevillanos habían tomado partido por su rival Pompeyo en vez de serles fieles a él, como estaban obligados por lazos de gratitud, ya que él, César, durante su época de gobernador, había conseguido del Senado de Roma que les aligerasen los excesivos tributos que les había impuesto Metélo. Por último les dijo:

—Si erais tan adictos a Pompeyo, y tan valientes, ¿por qué no habéis sido capaces de salir todos a la batalla, y habríais podido derrotarme? Pero no, porque vosotros *neque in pace concordia, neque in bello virtute* (ni en la paz sois capaces de tener concordia ni en la guerra valor).

Tras estas duras palabras, César se retiró a Itálica.

Sin embargo, su enfado duró poco. César, en el tiempo que había vivido como cuestor y como gobernador, había tomado gran cariño a Sevilla, por lo que ahora decidió convertirla en la mayor ciudad de España. Personalmente estudió el proyecto y dirigió los trabajos, y en el plazo brevísimo de un año, amplió la muralla, desde Osario hasta la Macarena, y desde ahí a la Resolana, calle Feria, Doctor Fedriani, San Martín, a Villasís, con lo que el tamaño de la ciudad quedó duplicado.

Los dos hijos de Julio César

Hasta aquí, lo que hemos contado es rigurosamente histórico. Pero como la Historia siempe quiere acompañarse de leyenda, en Sevilla se cree que César tuvo aquí amores con una joven llamada Syoma Julia, la cual le dio dos hijos. Uno, el primogénito, al cual César, para ganarse la protección de los dioses, sacrificó, dándole muerte, y enterrando su cuerpecillo ensangrentado bajo el cimiento de la muralla en el Arco de la Macarena, con lo cual propiciaba el que la muralla y la ciudad serían invencibles. Desesperada Julia por la muerte de su primogénito, huyó del lado de César, y ocultó a su segundo hijo, el cual cambiado su nombre e identidad, más tarde sería el que con el nombre de Bruto, dio muerte a César, el día de los idus de marzo, en Roma, precisamente al pie de la estatua de Pompeyo.

La ciudad de Sevilla siempre ha guardado a la memoria de César gran respeto y amor, ya que al ampliar la muralla y engrandecer el perímetro urbano, convirtió a Hispalis en la gran metrópoli del Sur que aún es hoy. Por ello figura la estatua de César en el arquillo del Ayuntamiento, junto a la de Hércules, y también está en la Alameda de Hércules sobre una de las dos columnas romanas que puso allí el conde de Barajas en 1574.

Tradición de la verdadera patrona de Sevilla

Muchas personas creen que la patrona de Sevilla es la Virgen de la Hiniesta, mientras otras piensan que la Virgen de los Reyes. Vamos a aclarar esta cuestión del patronazgo o de los patronazgos con que cuenta la Muy Noble, Muy Leal y Mariana ciudad de Sevilla.

Para ello hemos de sacar a la luz los datos que hay en dos trabajos históricos, procedentes de la iglesia parroquial de San Vicente, en que constan por menor y con curiosos pormenores, los orígenes de la comunidad cristiana de Sevilla.

Por los años 40, o sea unos siete años después de la muerte y resurrección de Jesucristo, salió de Roma el apóstol Santiago, quien ya había recorrido la Palestina, Tiro, Sidón, la Grecia y la Italia, predicando el Evangelio, y creando los primeros grupos de fieles a la nueva religión, muchos de ellos judíos que aceptaron pasar del Antiguo al Nuevo Testamento, y otros paganos que abandonaron la religión de los dioses grecolatinos Júpiter, Venus, Marte, Minerva, Saturno, etc., para adorar a Dios Uno y Trino, Padre, Hijo y Espíritu Santo.

Desde Roma, decidió Santiago dirigirse a España, y siendo en España la más importante y rica región de la Bética, embarcó para Sevilla, a donde llegó e inició su evangelización. Y habiendo reunido un pequeño grupo de prosélitos, a los que bautizó, nombró por jefe y obispo de éstos a un hombre honesto, misericordioso y temeroso de Dios, a quien por su piedad bautizó imponiéndole el nombre de Pío.

Este Pío era de oficio escultor, y había nacido en Massia, un puertecillo de pescadores en la orilla del río, entre los pueblos que hoy llamamos Puebla del Río y Coria del Río. Este hombre era un buen artista, y se ganaba bien la vida haciendo esculturas para el adorno de los suntuosos edificios que por aquel entonces se construían en Hispalis o Sevilla, y en su vecina Itálica. Seguramente si se estudian las firmas o marcas de las esculturas romanas que hay en los museos de Itálica y Sevilla, o las que vayan encontrándose, podrá hallarse en alguna de ellas la firma de Pío, escultor y primer obispo de Sevilla.

Desde nuestra ciudad, marchó el apóstol Santiago a evangelizar Granada, Córdoba, y otras ciudades de la Bética, y habiendo vuelto a Sevilla, comunicó a Pío, que iba a emprender viaje a la región Tarraconense, y le rogó que le acompañase.

Así, pues, se pusieron en camino Santiago y Pío, dirigiéndose desde Sevilla, por las calzadas romanas, hacia el Norte. Y habiendo llegado a Zaragoza, ante las dificultades que encontraban para convertir a aquellos paganos, el apóstol Santiago se desalentó, y sentado a la orilla del Ebro, junto con su compañero Pío, lloraron ambos amargamente.

Es entonces, cuando la Virgen María, que todavía no había muerto, se les apareció a los dos, en cuerpo y alma, puesta de pie sobre una columna de piedra que había en aquel lugar. No fue, pues, una aparición de la Virgen a Santiago Apóstol, sino a Santiago Apóstol y a Pío, obispo de Sevilla, conjuntamente.

Tras aquella visión, que les consoló y animó mucho, Santiago tranquilizado ya respecto al buen éxito que le esperaba a su predicación, no consideró ya necesaria la compañía de Pío, y mandó a éste que volviera a Sevilla, y le encargó vehementemente que pues era escultor, labrase una estatua o imagen representando a la Virgen María puesta de pie sobre un pilar, tal como la habían visto ambos, y que la colocase sobre el altar de su iglesia o casa de reuniones de los cristianos en Sevilla, teniéndola como patrona, pues con la protección de la Señora se mantendría la comunidad cristiana, y llegaría a cristianizarse toda la ciudad.

Obedeció Pío el mandato de Santiago y habiendo regresado a Sevilla, marchó a su taller junto al río, y allí valiéndose del barro modeló una imagen de la Virgen puesta de pie sobre la columna o pilar. Esta imagen, de barro cocido, fue llevada a la casa donde se reunían secretamente los cristianos, o sea la primera iglesia sevillana, que estaba situada a espaldas del Circo de la ciudad. Dado que hoy, por las excavaciones que se hicieron para construir la avenida de la Cruz Roja sabemos que los cimientos del Circo llegan desde el Hospital de la Cruz Roja hasta la calle Fray Isidoro de Sevilla, puede casi asegurarse que la dicha primera iglesia cristiana estuvo en la calle Fray Isidoro de Sevilla, o en la plaza que hay ante el «Grupo Escolar Queipo de Llano», vulgarmente llamado «El Colegio de los Moros».

Transcurridos algo más de doscientos años, el cristianismo fue autorizado, y entonces se construyó la basílica hoy parroquia de San Vicente, a la que fue trasladada la imagen de la Virgen del Pilar, patrona de Sevilla. Allí permaneció durante el resto del dominio romano, y durante la época de los visigodos, hasta que el año 711 al producirse la invasión musulmana desaparece, ignorándose si dicha imagen de la Patrona de Sevilla fue destruida por los árabes, o si algún clérigo la sacó anticipadamente de Sevilla para ponerla a salvo, y se encuentra en algún lugar del Norte de España.

Pasada la ocupación árabe, y reconquistada Sevilla por el rey san Fernando, se consagró como catedral la mezquita mayor, o Aljama, en la cual el obispo Don Remondo entronizó una imagen de Nuestra Señora con el nombre de Santa María de la Sede, a la que hizo patrona de la Sede episcopal.

Siglos más tarde, fueron designadas como copatronas de Sevilla (sin perjuicio del patronazgo mariano), las dos mártires sevillanas Justa y Rufina.

En el siglo XVII habiéndose encontrado en el reino de Aragón una imagen, escondida en una cueva, y que estaba acompañada de un papel escrito que decía: «Soy de Sevilla, de un templo que hay junto a la Puerta de Córdoba», su hallador, el caballero aragonés Mosén Tous, la trajo a nuestra ciudad, suponiéndose que había estado oculta desde la invasión árabe. Y dado que la iglesia más próxima a la Puerta de Córdoba era la parroquia de San Julián, allí quedó depositada, dándosele el nombre de Nuestra Señora de la Hiniesta, porque hiniesta en aragonés es el nombre de la retama, y la imagen había sido encontrada en un hoyo o cueva al pie de una retama. El Ayuntamiento de Sevilla queriendo honrar a esta antiquísima imagen la designó por patrona suya; así que la Virgen de la Hiniesta no es patrona de la ciudad, sino patrona de la Corporación Municipal.

Finalmente ya a mediados de nuestro siglo XX, el cardenal don Pedro Segura y Sáenz, que tenía especial devoción por la advocación de la Virgen de los Reyes, cuya imagen fue traída a Sevilla en tiempos del rey san Fernando, y que siempre ha ocupado el altar de la Capilla Real, decidió designar a la Virgen de los Reyes como Patrona de la Archidiócesis Hispalense; o sea patrona de la Archidiócesis, pero no de la Ciudad.

En resumen: la Patrona de la ciudad de Sevilla es la Virgen del Pilar, puesta por el primer obispo, que después fue santo, san Pío.

Copatronas junto con la antedicha Virgen, son las dos santas mártires sevillanas Justa y Rufina.

Patrona de la sede episcopal es Nuestra Señora de la Sede, puesta en la catedral por Don Remondo en 1248.

Patrona de la Corporación Municipal lo es la Virgen de la Hiniesta, que se venera en la parroquia de San Julián.

Y finalmente Patrona de la Archidiócesis Hispalense, es Nuestra Señora de los Reyes.

Tradición histórica de santa Justa y santa Rufina

Como es sabido, el propio apóstol Santiago fue quien organizó en Sevilla la primera comunidad cristiana, y puso al frente de ella al primer arzobispo que hubo en España, el virtuoso discípulo del apóstol, llamado san Pío. Este santo varón divulgó la nueva religión cristiana precisamente entre sus compañeros de gremio y por esto los primeros cristianos que hubo en Sevilla fueron escultores, modeladores y alfareros, y la comunidad estuvo establecida en Triana.

Al estallar las persecuciones contra los cristianos, la mayoría de los mártires fueron, por este motivo, trianeros, y pertenecientes al gemio de alfarería y cerámica. Las primeras mártires fueron santa Justa y santa Rufina.

Su historia, según la tradición, no queremos contarla con palabras nuestras, sino que nos limitaremos a reproducir verso a verso el texto que la Iglesia ha declarado como rezo oficial para el día de ambas santas; este rezo corresponde al oficio de maitines del día 17 de julio, y fue escrito por el célebre escritor y arzobispo de Sevilla san Isidoro. Dice así (la traducción del latín es nuestra):

Justa et Rufina *sorores hispalenses* *facultatibus pauperes* *ser virtutibus locuplentes.*	Justa y Rufina hermanas sevillanas de dineros pobres pero de virtudes, riquísimas.
Cum Diocletianus *in Christianus saeviret* *fictilium mercimonio sese ale-* *[bant.* *et tenuitate egenous sustenta-* *[bant*	Cuando Diocleciano en los cristianos se ensañaba ellas, con un negocio de alfarería se sustentaban y ayudaban a los [pobres.
Religioso itaque *et in magna concordia* *domus suae curam gerentes* *vitam inculpatam transigebant.*	Religiosamente, pues, y en estrecha unión preocupadas sólo en sus queha- [ceres domésticos una vida inocente ambas lleva- [ban.

Accidit autem statuto
quodam die Hispali
Adonis celebrari,
in quo festa
mulierculae quedam
cum solitis, ejabulatibus et cla-
[moribus.
Salambonae simulacrum
—sic Venerem Syri vocant—
in pompa circunferebant

et ab omnibus pasim
in ejus daemonis cultum
aliquid erogari eflagitabant.
Quae cum obiter
a sanctis sororibus
stipen postularent
nec quidquam extorquerent

una ex eis
quea idolum bajulabant
omnes fictilium merces
in dignabunda confregit.

Sed sanctas virgines non frivolas
rei detrimento conmotas
sed religionis zelo succensae
nefari simulacrum
a se dejecerunt,

quod terra illisum
et conminutum
fictilie etiem se probabit.

Ocurrió, que estando establecido
un día en Sevilla (anualmente)
como fiesta de Adonis (dios mi-
[tológico pagano)
en cuya fiesta
muchas mujerzuelas
con acostumbrados gritos y cla-
[mores
la imagen de Salambó
—que así llaman los fenicios a
[Venus—
con pompa procesionaban

y a todos los transeúntes
para este culto diabólico
exigían entregar un donativo.
Y como este óbolo
a las santas hermanas
pidiesen como tributo
y no lo obtuvieran

una de ellas
de las que llevaban el ídolo
todas las mercancías de barro
les rompió indignada.

Pero las santas vírgenes, no al-
[teradas
por el perjuicio de sus cosas
pero sí inflamadas de celo pia-
[doso,
la nefanda imagen
arrojaron lejos de sí,

la cual, al caer a tierra
y destrozarse en pedazos
demostró que también era de
[barro.

Re autem ad Diogenanum
provincia presidem delata
quasi impietatis reas
capi et ad se adduci jubet.

Este hecho, a Diogeniano
gobernador de la provincia, fue
[denunciado
y como acusadas de impiedad
ordenó conducirlas ante él.

Quae, cum coram eo consisterent
de religione interrogatas
se Christo famulas
et pro ejus nomino
mori paratas
esse intrepide responderunt.

Ellas, con corazón animoso, en
[su presencia,
y al preguntarles sobre religión,
siervas de Cristo se dijeron,
y por Su Nombre
dispuestas a considerarse suyas,
respondieron intrépidas.

Admoventur ergo varia
et horribilia cruciatur
instrumenta
ac virgines hilares
el Christum invocantes
equleo suspensas
ferreis ungulis exarantur.

Por consiguiente, trajeron varios
y horribles (para atormentarlas)
instrumentos,
y entonces ambas vírgenes, son-
[riendo
e invocando a Cristo
fueron suspendidas del potro
y con garfios de hierro desgarra-
[das.

Sed cum in fidei confesiones
constantes
fessis etiam tortoribus
persisterent
in carceres tradi

Pero como en la confesión de
[su fe
siguieran constantes
y hasta cansar a sus verdugos
persistieran,
las entregaron a la prisión

et inde aliquod post dies
extrahi jubentur
ut se longo itinere
in loca Montes Marianas sita
sequerentur
existimans ejus itineris dificul-
[tate

y de allí a pocos días
se ordenó sacarlas
para que un largo camino
hasta un lugar situado en Sierra
[Morena
siguieran
calculando que la dificultad del
[camino

earum constantia vinci posse.	quebrantaría su constancia.
Sed divina virtute	Pero la voluntad de Dios
imbecilli sexi	a su débil sexo
vires suggerente	infundió valor;
rupium et montibus	y a las rocas y montes,
praerupta et aspera	a los precipicios y asperezas
nudis pedibus, sed magna ani- [*morum*	con los pies desnudos pero con [grandísimo ánimo
alacritate superantur,	los superaron gozosamente,
et incolumi fide	y con su fe incólume
Hispalis redierunt,	regresaron a Sevilla
ubi cum saevissimis	donde con crudelísimos
iterum cruciatibus	tormentos nuevamente
earum fides frusta tentata est.	su fe, sin resultado, fue tentada.
Quarum inmanitatis	De cuyas torturas
et diaturno arceris situ	y del mucho tiempo de prisión
et fame	y del hambre,
Justa enecta	Justa, agotada
Deo spiritum reddem	entregando a Dios su espíritu
ad duplicem coronam evolavit	voló a recibir doble corona.
objecta est.	
Rufina, vero ad alia certamina	Rufina, predestinada a otras [pruebas
sanctisimae sororis superstes	sobrevivió a su santa hermana
praessidis jussus	y por mandato del gobernador
in arena producta	echada en el Circo
ferossisimo leoni.	a un ferocísimo león
	fue expuesta.
Qui	El cual
quasi virtutem oœlesten agnos- [*ceret*	como si conociera el poder de [los Cielos
illaesam eam et intacta reliquit.	la respetó ilesa e intacta.
Reducta ergo in carcere	Devuelta por esto a la cárcel
fractis e lictore cervicibus	los verdugos quebrantaron su

gloriossum martyrium *in vinculis consumatit.*	y su glorioso martirio [cuello se consumó así en el propio ca- [labozo.
Cujus corpus *a carnificibus y eam arena trac-* *[tus* *cumbustum est.*	Cuyo cuerpo llevado al campo por los ver- [dugos fue quemado.
Ossa autem *a Sabino Hispalensi Episcopo* *collecta* *et in suburbano coementerio* *honorifice sepulta sunt* *cum sororis Justa corpore*	Entonces, sus huesos por Sabino, obispo de Sevilla, fueron recogidos y en un cementerio de las afue- [ras honrosamente sepultados junto con el cuerpo de su her- [mana Justa,
Quod a profundo puteo *in quem jussu Diogeniani* *praecipitatum fuerat* *idem sanctus episcopus* *extrahit.*	el cual, del profundo pozo en que por orden de Diogeniano fuera arrojado, también el santo obispo lo rescató.

Siendo éste el único documento fehaciente del martirio de santa Justa y santa Rufina, he querido traducirlo sin adornos, literalmente, para que nuestros lectores conozcan con descarnada exactitud esta tradición. La prisión donde estuvieron santa Justa y santa Rufina, fue la cárcel pretoriana, situada en el lugar donde hoy está la iglesia de la Trinidad, en el Colegio de los Salesianos. En dicha iglesia puede aún visitarse el subterráneo, con las celdas donde estuvieron presas las santas hermanas. El Circo adonde fue llevada Rufina para echarla a las fieras, que la respetaron, era el Circo público, situado en lo que hoy es la confluencia de la avenida de la Cruz Roja y la calle Fray Isidoro de Sevilla, donde han aparecido restos de sus cimientos y muros al abrirse zanjas para la construcción de las casas actuales. El pozo y el campo donde fueron echados el cuerpo de Justa y quemado el cuerpo de santa Rufina, es en el lugar llamado hoy Prado de Santa Justa y estación del ferrocarril de Santa Justa. Finalmente el cementerio cristiano clandestino situado en las afueras, era en el lugar que hoy llamamos Campo de los Mártires.

construcción de las casas actuales. El pozo y el campo donde fueron echados el cuerpo de Justa y quemado el cuerpo de santa Rufina, es en el lugar llamado hoy Prado de Santa Justa y estación del ferrocarril de Santa Justa. Finalmente el cementerio cristiano clandestino situado en las afueras, era en el lugar que hoy llamamos Campo de los Mártires.

CAPÍTULO II

LAS LEYENDAS Y TRADICIONES DE LA ÉPOCA VISIGODA

El pañuelo de la princesa

Acababa de producirse la invasión de los bárbaros. Lo que había sido Imperio Romano estaba convertido en un rompecabezas de pequeños Estados, cada uno gobernado por las gentes de distintos pueblos y tribus que habían participado en la invasión.

Mientras los ostrogodos ocupaban Italia, los visigodos y los francos disputaban la posesión de Francia. Los suevos formaban la monarquía de Galicia pero también había suevos en Andalucía, peleando por el dominio del territorio. Y los visigodos mismos penetraban y se sostenían con dificultades, desde Roncesvalles hasta Toledo. En estas circunstancias, iniciándose ya el predominio de los godos, sube al trono el rey Amalarico.

Para asegurar su fuerza contra los demás reyes de la Península Ibérica, Amalarico se procura el apoyo de los reyes francos Childeberto Clotario, Teodorico y Clodomiro, hijos del difunto Clodoveo, a cuyo efecto se casa con la hermana de ellos, Clotilde, y se la trae a Sevilla donde fija su residencia y la capital de España. Parece ser que Amalarico y Clotilde tuvieron por palacio la antigua Acrópolis romana, que estaría en donde el actual Alcázar.

Muy pronto entre los esposos comenzaron a señalarse profundas desavenencias, una vez pasada la luna de miel, pues Amalarico profesaba la religión arriana, con doble fanatismo, tanto por supersticiosa convicción, como por considerarla instrumento para mantener en obediencia a los prelados de dicha secta, que eran quienes más podían influir sobre la nobleza y el Ejército. En tanto que Clotilde, educada en el catolicismo lo practicaba con fervorosa piedad.

Intentó el rey convencer a su esposa de que abjurase del dogma católico, ya que no por razones de Estado por amor a él, y no consiguiéndolo, comenzó a maltratarla cada vez más cruelmente. La princesa, agotada su capacidad de sufrimiento, pensó pedir auxilio a sus hermanos, pero no encontraba el modo de hacerlo porque ni tenía persona de quien fiarse, puesto que toda la servidumbre era adicta a su esposo, ni ella sabía escribir, porque en aquel momento solamente los clérigos —y aun no todos— conocían la escritura. Y los únicos clérigos que hubiesen podido escribirle una carta a su dictado, eran precisamente los clérigos arrianos que rodeaban al rey.

Así las cosas, viéndose cada día en mayor peligro y en mayor desamparo, ocurrió que algunos de los caballeros de la corte visigoda de Sevilla, hubieron de hacer un viaje a la corte de Francia, para efectuar ciertas negociaciones militares, sobre la defensa mutua de Francia y España contra los bizantinos. La princesa aprovechó la ocasión, y con el mayor disimulo y fingiendo naturalidad, rogó, en presencia del propio rey, a uno de aquellos caballeros, que pidiera a su madre, la reina viuda de Francia, que le enviara algunos pañuelos de cierto tejido que era propio de aquel país, y que en Sevilla no se podían encontrar. Y para que no pudiera haber confusión, sacó de su faltriquera el pañuelo que en aquel momento llevaba, y se lo entregó al guerrero diciéndole que le encarecía mucho que su madre le enviase los pañuelos precisamente de la misma calidad que aquél. Metiólo en un cofrecillo que había en la misma sala donde el rey despedía a sus embajadores, y se lo entregó, mandando al mismo tiempo, de palabra, amorosos recuerdos para su madre y sus hermanos.

Cuando la madre de Clotilde, en la corte de Aquisgrán, recibió el cofrecillo con el pañuelo, supuso en seguida que su hija le mandaba por aquel medio algún oculto mensaje, ya que la tela del pañuelo, no era de ninguna calidad especial que justificase su petición, así que lo observó atentamente para tratar de descubrir algún signo que arrojase luz sobre el misterio. Por fin, descosiendo uno de los bordes o dobladillos, encontró en el pliegue una mancha de sangre que había sido puesta allí por su hija para avisarle de este modo que estaba sufriendo torturas y que se encontraba en peligro de muerte.

La viuda de Clodoveo convocó inmediatamente a sus cuatro hijos, y les pidió con apremiantes lágrimas que fueran en socorro de su hermana. Los cuatro reyes movieron en seguida sus ejércitos, al mando del mayor de los hermanos, que era Childeberto, dirigiéndose hacia el Sur.

Tuvo noticia Amalarico de la entrada de los francos en sus territorios de la Septimania o provincia de los godos españoles enclavada en Francia, junto a los Pirineos. Abandonó Sevilla precipitadamente Amalarico y a marchas forzadas se dirigió a los Pirineos con ánimo de castigar a sus cuñados, pero la fortuna le fue adversa y encontrándose ambos ejércitos en las cercanías de Narbona, fue muerto Amalarico en la batalla el año 531.

Clotilde, libre ya de su tiránico esposo, regresó a Francia donde se dedicó de lleno a la piedad, y murió santamente.

Prisión y muerte de san Hermenegildo

En la Ronda de Capuchinos, y precisamente frente al convento de este nombre, existe una iglesia siempre cerrada, unida a la muralla, y que lleva el nombre de iglesia de San Hermenegildo. En su fachada podéis ver una lápida de mármol, a baja altura, que tiene una inscripción, en la que se lee que este lugar está santificado por la prisión y sangre de san Hermenegildo.

Aclararemos que solamente la primera parte de esta afirmación es verdadera: la de que en aquel lugar estuvo en prisiones san Hermenegildo. Pero en cambio no es verdad que allí derramara su sangre en el martirio, como se verá a continuación.

Hermenegildo era hijo del rey Leovigildo, y de su primera esposa Teodosia, hija del gobernador bizantino de Cartagena, Severiano. (En aquella época, Cartagena era una base naval y militar del poderoso imperio de Bizancio.)

Aunque Leovigildo, como todos los reyes godos, era fanáticamente arriano, su esposa era católica, y educó a su hijo Hermenegildo en esta religión. Cuando Hermenegildo tuvo edad de casarse, tomó por esposa a una princesa francesa, también católica, Ingunda, lo que reforzó su catolicismo.

Por esa época, Leovigildo había enviudado, y se volvió a casar, con Goswinda, princesa arriana, lo que motivó que entre ambas mujeres, suegra y nuera, estallase una violenta rivalidad, y Leovigildo, en evitación de mayores disensiones familiares, envió a Hermenegildo a Sevilla, con cargo de gobernador de la región Bética, mientras que la corte real permanecía en Toledo.

Sea porque Ingunda, al verse lejos de Toledo, quisiera manifestarse de modo más ostensible su catolicismo, bien sea por la influencia que el obispo de Sevilla, san Leandro, ejerciera sobre Hermenegildo, que era pariente suyo lejano, por parte de Severiano el bizantino, el hecho fue que Hermenegildo, poco después de su asentamiento en Sevilla, se proclamó públicamente católico, asistiendo a los oficios de la iglesia catedral que en aquel entonces estaría en donde hoy la iglesia de San Julián.

Al conocer la noticia Leovigildo en Toledo, se puso furioso, y envió un severo mensaje a su hijo recordándole que la religión oficial del Estado era el arrianismo, y que por consiguiente, aunque en su corazón profesase cualquier otra religión, en sus actos públicos como gobernador de la región Bética, debía atenerse a la religión oficial del Estado. Terminaba conminándole con la destitución.

Hermenegildo, después de recibir el mensaje, y probablemente aconsejado por su esposa Ingunda, decidió no solamente mantenerse en su postura, sino que reunió a los nobles católicos, al clero, y a todos los vecinos de Sevilla de esta religión comunicándole que la religión oficial debería ser la católica, y que en aquel momento lo declaraba así en la región Bética. Y puesto que el rey su padre, pretendía imponer a la fuerza la obediencia al arrianismo, que él, Hermenegildo, se salía de la obediencia al rey, y que se nombraba a sí mismo rey de España. En efecto desde aquel momento Hermenegildo usó las vestiduras y corona correspondientes a la realeza.

Leovigildo al conocer la rebelión organizó rápidamente un ejército poderoso y se vino desde Toledo hacia Sevilla. Hermenegildo se procuró el apoyo de los bizantinos, pidiendo el envío de una flota que estaba en Cartagena.

Pero Leovigildo que era un gran militar, para evitar que la flota bizantina pudiera socorrer a Sevilla desvió el curso del Guadalquivir haciendo un muro en la Barqueta, con lo cual, el río que hasta entonces circulaba por lo que hoy es la Alameda de Hércules, Trajano, Tetuán, Avenida, y García de Vinuesa para desembocar en el Arenal, pasó a tener el curso Barqueta-Cartuja-Puente de Triana-San Telmo-Tablada, que hemos conocido hasta hace poco; con esta desviación, los barcos griegos no pudieron socorrer a Hermenegildo, porque el ancho espacio que quedaba entre el nuevo cauce del río, y la muralla que iba por San Martín a calle Cuna, estaba enfangado, y los flecheros visigodos no permitieron desembarcar a los griegos, los cuales pasados los primeros días, ante el temor de que les incendiasen la flota, optaron por abandonar la empresa, huyendo río abajo, y dejaron a Hermenegildo abandonado a su suerte.

Tras varios meses de asedio en que Sevilla fue víctima del hambre, Hermenegildo apretado cada vez más por el cerco que le ponía su padre, huyó de Sevilla con sólo veinte caballeros, refugiándose en el fuerte castillo de San Juan de Aznalfarache, donde siguieron la defensa unos días más. Por fin, ante la falta de alimentos y agua decidieron rendirse. Leovigildo desde abajo vio salir a su hijo, y se le enterneció el corazón, derramando lágrimas paternales. Pero al acercarse, su ternura se convirtió en furia al ver, que a pesar de todo, Hermenegildo venía con las insignias reales, y la corona sobre la frente, desafiando a su autoridad.

Leovigildo ordenó poner a su hijo en prisión, y cargado de cadenas lo trajeron desde San Juan de Aznalfarache a Sevilla, encerrándole en la torre de la Puerta de Córdoba, que era el principal cuerpo de guardia de la muralla, en el sitio donde está hoy la citada iglesia de San Hermenegildo. Allí permaneció algún tiempo preso, y a pesar de que los prelados y clérigos arrianos trataron de convencerle a que abandonase el catolicismo, y Leovigildo le prometió olvidar todo lo sucedido, otorgarle el perdón y reponerle en su rango de príncipe heredero del trono visigodo. Sin embargo Hermenegildo, se mantuvo firme en su doctrina, por lo que fue enviado a Tarragona a fin de que fuera juzgado como traidor al Estado al rey y a la religión oficial (no atreviéndose a juzgarle en Sevilla por temor a un nuevo levantamiento de sus partidarios que formaban el bando católico). Condenado a muerte, le decapitó el alcaide de la prisión tarraconense llamado Sisberto.

La cena de las velas

En el año 548 fue levantado sobre el pavés (escudo) según la costumbre de los godos, para designarle nuevo rey, el general Teudiselo, hombre joven y valeroso, pero de espíritu grosero, salvaje, y entregado a los más torpes apetitos.

Teudiselo utilizó su autoridad, no para construir un sistema político justo, ni para mejorar materialmente a la nación, arruinada por un siglo de guerras, sino al contrario, para aumentar las destrucciones materiales, arruinando a sus súbditos con impuestos cuyo producto destinaba íntegramente a sus festines y placeres. Y al mismo tiempo se valía de medios inicuos, la prisión o la muerte de sus nobles con fútiles pretextos, para poder disponer a su antojo de las mujeres de éstos, o bien enviaba a los guerreros, en vez de encarcelarlos, a realizar misiones militares en las lejanas fronteras del Norte, para que dejando solas en Sevilla a sus familias, quedaran sus esposas a merced de los caprichos del rey.

Cundió el descontento entre la aristocracia goda, pero sin que ninguno de los nobles se atreviese por sí solo a tomar venganza por temor al castigo. Sin embargo, a medida que fue creciendo el malestar se aunaron voces y sentimiento, y llegó a formarse entre los ofendidos y los que temían llegar a serlo, una vasta conspiración.

Tuvieron oportunidad los conjurados de satisfacer sus deseos de venganza, que eran al mismo tiempo castigo justo a la conducta del rey, en ocasión de una cena que cada año por obligada costumbre los monarcas visigodos ofrecían a sus magnates.

En uno de los salones del palacio de Sevilla (según algunos autores al Alcázar y según otros en la Trinidad) se había dispuesto la gran mesa para el banquete, y ya iban por la mitad de la comida, cuando los comensales, que previamente se habían puesto de acuerdo, soplaron cada uno la vela encendida que tenían delante, y dejaron la sala a oscuras.

Mientras los más próximos al monarca le sujetaron por ambos brazos manteniéndole inmovilizado en el sillón del trono, los demás caballeros fueron acercándose, y uno por uno para no herirse entre ellos, clavaron su daga en el pecho del rey. De este modo, matándole a oscuras, nadie podría testificar «que había visto matar al rey» por lo que podían prestar juramento de no saber quién de ellos le había matado, con lo cual ninguno quedaba culpado, y sobre todo ninguno quedaba excluido de poder ser elegido rey para sucederle, pues según las costumbres de los godos, la designación de nuevo rey se hacía por elección entre los nobles, excluyendo únicamente al que hubiese muerto al monarca anterior.

La muerte de Teudiselo tuvo lugar en Sevilla en 549.

Algunos historiadores han dado otra versión, según la cual Teudiselo habría muerto a palos. Sin embargo nos parece mucho más lógico admitir que le mataron a puñaladas, por ser un medio más fácil y cierto de hacerlo en la oscuridad, y desde luego hay datos fidedignos antiguos de que ocurrió tal como hemos descrito, la «cena de las velas».

Fin de la monarquía visigoda. Desastrosa muerte del rey don Rodrigo

El duque de la Bética, Ruderico, gobernaba el territorio andaluz tan autocráticamente como si fuera un verdadero soberano. Su obediencia a la corte visigoda de Toledo, donde reinaba Witiza, era más dudosa, y se susurraba en los medios aristocráticos sevillanos que aspiraba a coronarse rey de los visigodos.

Casó Ruderico en la propia Sevilla con una bella joven «de la estirpe de los godos» pues aunque ya teóricamente se había suavizado la discriminación entre las tres razas, hispánica, romana y goda, los dominadores o sea los visigodos seguían desdeñando el contraer nupcias con las mujeres de las otras dos comunidades y blasonaban de seguir matrimoniando solamente con quienes pudieran decir la fórmula: *Nos nobilissimæ glus gothorum.* La joven se llamaba Eginola y a pesar de su melena rubia y sus ojos azules, tenía más de andaluza que de germánica. Sobre todo gustaba engalanarse a la usanza sevillana con pulseras y collares de colorines, que como ella poseía grandes riquezas, en vez de ser de cuentas de madera pintadas, o de vidrio, eran vistosos collares de ámbar, de azabache, y de pedrería que formaban sobre su piel de nácar sonrosado un gallardo contraste. Por esto los sevillanos le llamaban «Egilona la de los lindos collares» y con este nombre figura en las crónicas visigóticas.

Había en palacio un joven tan valiente como cortesano y tan gallardo como prudente, quien se llamaba Pelagio, y por sus méritos había sido elevado al rango de «comes spartarius» o sea el conde encargado de cuidar y portear las armas del rey. El nombre de Pelagio nos indica que aunque perteneciera a la noble estirpe goda, tenía por parte materna alguna ascendencia hispanorromana.

Dice la leyenda que Pelagio, o Pelayo, como se le ha llamado más frecuentemente, debió enamorarse de doña Egilona, aun cuando por fidelidad a su jefe el duque de la Bética, y por su natural timidez juvenil, nunca se atrevió a declararle este amor a la esposa del virrey.

En el año 710, Ruderico —a quien la historia nombra Don Rodrigo castellanizando su nombre godo— puso en obra el ambicioso proyecto que desde tiempo atrás acariciaba, de usurpar el trono, lo cual efectuó durante un viaje a Toledo en donde también contaba con interesados partidarios, y poniendo en prisión al legítimo rey Witiza, le hizo sacar los ojos y tonsurar el cabello, con lo que según la ley visigoda quedaba ya inhabilitado para volver a reinar.

Don Rodrigo se estableció, pues, en Toledo, ya como rey, aunque sobre un trono tambaleante, puesto que los hijos de Witiza, con ánimo de vengarse y recuperar la realeza, hicieron tratos con los árabes que ya dominaban Marruecos, para obtener su ayuda para recuperar el trono.

Cierto día llegaron al palacio real de Toledo extrañas nuevas. Un mensajero a caballo, agotado por el larguísimo viaje, y trastornado por el terror, se presentó ante el rey don Rodrigo y le entregó un mensaje escrito que le enviaba desde Sevilla el duque Todmir, o Todomiro, que era quien había sustituido a don Rodrigo en el mando de la región Bética. El mensaje cuyo texto nos ha conservado la Historia, decía estas palabras: «Señor, en la costa de Calpe (Gibraltar) han desembarcado unos hombres que no son de nuestra raza, y que por sus trajes y armas desconocidos, más parecen demonios que seres humanos. Se han apoderado de varios pueblos, y siguen desembarcando más y más, como si quisieran apoderarse de todo nuestro país. Te ruego por Dios que vengas tú mismo a ver estas novedades, y que traigas contigo cuantos ejércitos puedas reunir, pues la amenaza es grande, el peligro cierto, el resultado inseguro.»

Don Rodrigo, con la mayor rapidez juntó su ejército en Toledo, envió órdenes para que se le agregasen en el camino tropas de otras provincias, y se dirigió hacia el Sur, llegando a Sevilla en pocos días.

A su llegada pernoctó don Rodrigo, junto con su esposa doña Egilona en el palacio del duque de la Bética, que ocupaba el lugar donde hoy está la Escuela de Artes Aplicadas y Oficios Artísticos de la calle Zaragoza. Ahí pasó el rey visigodo su última noche sin acostarse, recibiendo y despachando mensajeros. Al alba ordenó que su mujer doña Egilona, sus damas, y prelados que formaban el séquito estuvieran dispuestos para emprender rápidamente el viaje hacia Mérida, ciudad poderosa y bien fortificada, en el caso de que la batalla que pensaba dar a los invasores fuese adversa.

Al amanecer don Rodrigo, con sus numerosísimas tropas, al son de las trompetas salió en dirección a donde se encontraban los enemigos. La batalla se dio en el río Barbate (aunque se la ha llamado impropiamente batalla del Guadalete). Frente a don Rodrigo, catorce mil jinetes africanos al mando del caudillo Tarik, lugarteniente del walí Muza que mandaba en el Mogreb.

Don Rodrigo confiaba en rodear a los moros y aniquilarlos, y dio orden a sus dos alas para que se movieran lateralmente. Pero no contaba con la traición. Había en su ejército muchos descontentos, partidarios del destronado rey Witiza, y muchos envidiosos del mando real que tenía don Rodrigo: y los hijos de Witiza habían prometido a quien les ayudase, premios y honores. Así que el ala derecha del ejército visigodo que iba mandada por el obispo de Sevilla don Opas, primo de Witiza, hizo una maniobra de alejamiento, y se pasó al bando de los moros, en el que venían los dos hijos de Witiza.

Don Rodrigo intentó entonces proteger su flanco acercándose al río para que le sirviera de foso defensivo, pero una vigorosa carga de los enemigos llevó el combate hasta el mismo cauce fangoso del Barbate. El caballo del rey, metido hasta el vientre en el fango del río, fue acribillado a lanzazos. Del monarca sólo se encontró después de la matanza, un botín o borceguí con su espuela dorada.

Así terminó la batalla del Barbate, y con ella la monarquía visigoda. El «comes spartario» don Pelayo, pudo salvar, sin embargo la corona de don Rodrigo, para impedir que la insignia real cayese en manos de los moros. Combatiendo a la retirada, con un pequeño grupo de godos, pudo abandonar el teatro de la batalla, y dirigirse a Sevilla, a donde llegó con el propósito de poner a salvo a la reina Egilona.

Pero ya había llegado antes que él algún grupo de fugitivos, dando noticias del desastre y doña Egilona, acompañada de su séquito había huido hacia Mérida donde se intentaba defender.

Don Pelayo, con su pequeña hueste no pudo abrirse paso hacia Mérida, y para evitar que la corona de los godos, sagrado depósito en el que se cifraba el símbolo de la Patria, pudiera caer en manos de los africanos, emprendió por vericuetos y trochas, apartándose de los caminos principales, vadeando ríos y cruzando montañas, el itinerario de Asturias, donde pensaba ya empezar la Reconquista.

Del orgulloso imperio visigodo español, solamente había quedado, un caballo blanco ahogado en el fango del Barbate, y un fino zapato de cuero dorado, manchado de sangre. Su dueño, el rey don Rodrigo desapareció y con él una etapa de la Historia de España.

Tradición de las tres imágenes más antiguas de la Virgen

Aunque Sevilla es famosa en el mundo entero por su iconografía de María Santísima, principalmente gracias a las Inmaculadas de Bartolomé Esteban Murillo, y a las esculturas procesionales como la Esperanza Macarena y la Esperanza de Triana, gloria y culminación del Barroco, hay otras Vírgenes sevillanas, menos conocidas acaso, pero de mucha mayor antigüedad.

Nuestra Señora de la Antigua, que se venera en la Catedral, es una pintura mural, cuya antigüedad se remonta según la tradición a la época visigoda, y se dice que es la más antigua representación de la Virgen que existe en España. Durante la dominación musulmana no se extinguió la cristiandad en Sevilla como ocurrió en Córdoba, sino que los reyes y gobernadores sevillanos dependientes del Imperio de Marruecos, permitieron o toleraron la continuación de una comunidad cristiana que mantuvo seis parroquias y un hospital para sus feligreses. En la parroquia que estuvo en el extremo sur de la ciudad, junto al Alcázar, estaba la Virgen de la Antigua. Más tarde, para construir la Mezquita Mayor, fueron expropiadas las tiendas del barrio de la Alcaicería Vieja, y aquella parroquia cristiana, pero al ser la Virgen una pintura mural y no poder llevársela, los cristianos la tabicaron para evitar su profanación, y probablemente pactaron la conservación de ese muro, que permaneció incorporado a la Mezquita. Tras la Reconquista por san Fernando, se derribó el tabique y apareció la Virgen intacta. Cuando las obras de construcción de la nueva catedral, por ruina de la mezquita, en el siglo XV, se hizo un recorte del muro con la pintura de la Virgen y se movió para situarlo en la actual Capilla de la Virgen de la Antigua. Fue tal la devoción que inspiró esta imagen en la Edad Media que el infante Don Fernando «el de Antequera», luego rey Fernando I de Aragón, llevó a Medina del Campo una copia, y construyó una iglesia que se llama «Santa María de la Antigua de Sevilla». En los siglos XVI y XVII los marinos españoles que iban a navegar la carrera de Indias, y los soldados que marchaban a la conquista de América, no se embarcaban sin antes despedirse de la Virgen de la Antigua, y todavía hoy es muy venerada por los sevillanos y visitantes.

Nuestra Señora del Coral. Otra imagen visigótica es la Virgen del Coral, que después durante la época musulmana siguió recibiendo culto en la parroquia que se llamó de San Bartolomé, y que hoy se llama San Ildefonso.

Según la tradición esta imagen fue pintada por un monje llamado Eustaquio, en el siglo VII. Tradición que puede ser cierta, ya que en el mismo templo y a los pies del altar existe un enterramiento de un presbítero *famulus Dei* cuya lápida está fechada en el año 612. La Virgen del Coral, bellísima, es visitada diariamente por muchos sevillanos.

La Virgen de la Hiniesta. A mediados del siglo VII el obispo de Sevilla, san Leandro, hermano de san Isidoro, realizó un viaje a Roma, donde el Papa Gregorio Magno le regaló varias imágenes de la Virgen. Una de ellas fue la que puso a la veneración popular en la entonces catedral de San Vicente, junto a la Puerta de Córdoba. En el 711 al producirse la invasión de marroquíes y argelinos, que llamamos la «invasión árabe», porque algunos de sus jefes religiosos como Muza, fueran de Arabia, ante el temor de que el fanatismo musulmán destruyera las sagradas imágenes, muchas de éstas fueron sacadas de Sevilla y llevadas al Norte de España. La que nos ocupa fue llevada a Valencia, quizá con ánimo de embarcarla para Roma, pero allí fue escondida en una cueva, que según parece estaba en las proximidades del río (hoy pantano) de Tous, cerca de Cullera. Pasados los siglos, el caballero Mosén Tous de Monsalve, yendo de caza por aquellos parajes, encontró la cueva y en ella la imagen, que tenía un pergamino en el que se leía: «Soy de Sevilla de un templo que hay junto a la Puerta de Córdoba.» El caballero trajo la imagen a Sevilla, y siendo ahora dicho templo la parroquia de San Julián, en él quedó depositada el año 1380. Desde entonces recibió culto hasta que en 1931 en los sucesos revolucionarios fue incendiada la parroquia perdiéndose tan antigua imagen. Hoy, restaurado el templo, se venera una copia realizada por mi amigo el escultor, ya fallecido, don Antonio Castillo Lastrucci. A esta imagen se llama «La Virgen Gótica» para diferenciarla de la otra imagen, procesional, de Dolorosa barroca, obra también del mismo citado escultor.

El nombre de Hiniesta procede de giniesta, que en valenciano era retama, ya que una retama oculta aquella cueva donde fue encontrada.

CAPÍTULO III

TRADICIONES DE LA ÉPOCA ÁRABE

Ommalissan y Ab-del-Azziz Ben Musa

Durante un año entero resistió Mérida a los ataques de los musulmanes. Ya éstos se habían quitado la careta, y habían expresado rotundamente que aunque los de Witiza creyeran que habían venido a ayudarles, en realidad habían venido a conquistar España para hacerla dominio del califa de Damasco.

Los hijos de Witiza, que intentaron obligar a Tarik a retirarse a Marruecos, pagándole el estipulado precio por su intervención, fueron presos y ejecutados, y el conde don Julián, gobernador de Tánger, que era quien había facilitado a los moros sus buques para pasar el Estrecho, viendo que la presunta ayuda se había convertido en invasión y usurpación, huyó a Sevilla, y se dirigió hacia el Norte, intentando huir a Francia, pero fue muerto por los moros cuando iba a pasar los Pirineos. Murió empalado.

Los musulmanes venían al mando de dos jefes: Musa Ben Nasair, a quien vulgarmente se suele llamar Muza, y Tarik. Muza era el gobernador o walí de todo el Mogreb, mientras Tarik era solamente jefe militar. Entre los dos había roces, rivalidades, y una sorda lucha. Tarik aspiraba a desbancar a Muza, y ocupar su cargo.

Muza ordenó que el ejército musulmán se dividiera en dos, enviando uno al mando de Tarik a conquistar Toledo, y el otro al mando de su hijo Ab-del-Azziz Ben Musa, a conquistar Mérida.

Por fin, tras el larguísimo asedio, Mérida capituló, y Egilona, viuda de don Rodrigo, y sus nobles y prelados, fueron conducidos a Sevilla. Pero Egilona era joven y bellísima, y no le fue difícil atraer la admiración y el amor de Ab-del-Azziz, el cual la hizo su esposa, en vez de su prisionera.

Mientras tanto, Don Pelayo, de quien ya sabemos que había estado enamorado de doña Egilona, y el cual ignoraba que ella se había casado con Ab-del-Azziz, maduraba en Asturias sus planes. Vendría al Sur, sublevaría a los andaluces, cortaría la retirada del ejército árabe, y atacando por sorpresa en varios puntos, exterminaría a los invasores antes de que pudieran rehacerse, y así podría reconstruir el imperio visigodo, reponer a doña Egilona en el trono de su difunto esposo don Rodrigo, y quizá casarse con ella.

Pero todas sus ilusionadas esperanzas se vinieron abajo, cuando al llegar a Sevilla comprobó que doña Egilona se había casado con el príncipe árabe, y había tomado el nombre arábigo de Ommalissan.

Don Pelayo, que hasta entonces se había considerado a sí mismo como un simple conde y cuyas aspiraciones al trono eran simples ilusiones fundadas sobre un amor y un posible enlace matrimonial, ahora al ver que Egilona había traicionado a la noble estirpe de los godos, decidió ser rey, pero no por matrimonio sino por su propio esfuerzo, y sin esperar más emprendió el regreso a Astúrias, donde poco después se reunía con sus partidarios, y se hacía reconocer por ellos como rey, iniciando la Reconquista.

Egilona, o mejor dicho Ommalissan, aunque casada con el príncipe Ab-del-Azziz, no estaba satisfecha, pues al fin y al cabo él, aun siendo príncipe de la sangre de los Omeyas, no era rey, ni siquiera tenía probabilidades de serlo, pues España era una simple colonia del Califato de Damasco, igual a otras colonias como Marruecos, Túnez, Argelia o Libia. Entre más de treinta nietos del califa de Damasco, Ab-del-Azziz no tenía ni remotas posibilidades de ocupar aquel trono. Lo más que podría pretender, y aun esto con dificultades, sería heredar pasando el tiempo, el cargo de gobernador que ejercía su padre.

Para Egilona, acostumbrada a ser reina del imperio visigodo, que abarcaba España, Portugal y el sur de Francia, era demasiado poco su actual puesto, así que empezó a maquinar el que su esposo Ab-del-Azziz se atreviera a más altas ambiciones. Cierta noche, en el apartado salón del Alcázar, que les servía de alcoba, Egilona, Ommalissan la de los lindos collares, al desnudarse y quitarse sus joyas, cogió un collar de oro, y jugando hizo que su esposo se arrodillase ante ella, y le puso alrededor de la frente el collar, como una corona, diciéndole: «No seas más un oscuro príncipe, y un simple alcaide de Sevilla, a las órdenes del emir de Córdoba, y del walí de Mogreb, y del califa de Damasco. Atrévete a ser rey. Si tú quieres, yo hablaré a mi pueblo, y tú serás el rey de los visigodos.»

Los historiadores al llegar a este punto, coinciden en que una criada que lo oyó, fue a denunciar el hecho ante Tarik, el cual enemigo como era de la familia Muza, envió una denuncia formal al califa de Damasco, acusando a Ab-del-Azziz de maquinar, junto con Ommalissan, una traición contra el califa, y una sublevación para hacer independiente España del Califato.

El califa, temeroso de estas novedades, que si se realizaban podían disolver el gran imperio árabe en pequeños reinos, envió a Sevilla urgentemente a dos príncipes omeyas, primos de Ab-del-Azziz, con órdenes severísimas de darle muerte sin que pudiera hablar con nadie, por si tenía partidarios, que no pudiera alertarlos.

Los dos primos llegaron de noche a Sevilla, y se dirigieron a la mezquita, donde el alcaide Ab-del-Azziz, tenía que hacer sus oraciones al amanecer. Ocultos detrás de las columnas esperaron su entrada, y en el momento en que Ab-del-Azziz se arrodillaba para hacer la oración, salieron de su escondite, y le atravesaron con sus espadas. (No aclaran las crónicas si este suceso sangriento ocurriría en la mezquita situada en lo que hoy es la iglesia del Salvador, o en otra mezquita, fuera de murallas, en la calle Oriente, quizá donde está el templete de la Cruz del Campo.)

Seguidamente los dos príncipes omeyas publicaron en Sevilla la noticia de la muerte de Ab-del-Azziz, y la amenaza de muerte contra todo el que intentase desobedecer la autoridad del califa de Damasco.

La cabeza de Ab-del-Azziz fue embalsamada con alcanfor, y envuelta en un paño, enviada al califa de Damasco.

Respecto a Ommalissan la de los lindos collares, fue detenida en el Alcázar, y los mismos primos de su esposo le dieron muerte estrangulándola. Su cadáver, arrojado al muladar de la ciudad, junto a la actual calle Arjona, fue devorado por los perros.

El zapatero convertido en Rey

Desde el año 750 en que los árabes decidieron constituir el Califato de Córdoba, hasta el año 1030, transcurrieron tres siglos en los cuales Córdoba fue la capital de España, perla de la civilización musulmana, y Sevilla quedó convertida en una provincia, rica e importante, pero sin rango político.

En el año 1030 va a ocurrir un suceso maravilloso, misterioso y pintoresco. El califa de Córdoba Hixen II, muere en circunstancias oscuras. Nadie llega a ver su cadáver, pues los cortesanos y altos jefes militares incumpliendo la costumbre tradicional de exponer al duelo público el cuerpo del monarca fallecido, lo mandan meter en un ataúd, y con fuerte escolta es conducido al cementerio de la mezquita cordobesa.

Es entonces cuando el gobernador o walí de Sevilla, llamado Abul Kasim, lanza al público una sorprendente declaración: el califa de Córdoba, el poderoso rey de los creyentes, Hixen II no ha muerto sino que ha sido secuestrado por sus ministros, pero ha conseguido huir, y él, el gobernador Abul Kasim, le ha dado protección, y ha instalado la capital del califato en Sevilla.

En efecto, el califa Hixen II, aparece en Sevilla, se aloja en el Alcázar del Yeso, en la parte que da hacia la ciudad, y asiste a una audiencia, a la que acuden los alcaides y personas más notables de Sevilla para rendirle su respeto. El califa sale del Alcázar (por la puerta que da a la recientemente abierta calle Joaquín Romero Murube, entre la Plaza del Triunfo y la Placita de la Alianza) y se dirige a la Mezquita Mayor, que era entonces la mezquita hoy iglesia Colegial del Salvador, en la Plaza del Salvador, para hacer sus oraciones de acción de gracias a Alá. Naturalmente que en todos sus pasos va acompañado celosamente por Abul Kasim el gobernador, quien en seguida empieza a dictar leyes y decretos, firmándolos como visir y primer ministro de Hixen II.

Muchas ciudades de España reconocieron a Hixen II como califa, y reconocieron a Sevilla como capital del Califato. Otras no; y ello dio lugar a que el antiguo Califato de Córdoba se desmoronase y se dividiera en pedazos que se llamaron reinos de taifas, siendo los principales el de Zaragoza, el de Valencia, el de Murcia, el de Granada y el de Badajoz. Sin embargo aunque estas ciudades se constituyeron en reinos, todos los reyes reconocieron la autoridad suprema religiosa de Sevilla como capital califal, a excepción de Granada, y naturalmente de Córdoba.

Abul Kasim continuó durante años gobernando el reino de Sevilla, y aunque en los documentos ponían siempre el nombre de Hixen II, lo cierto es que quien gobernaba de hecho era Abul Kasim. El califa era una mera sombra que no intervenía en nada. Se le veía algunas veces asomarse a las ceremonias, pasear en una falúa por el río, o asistir a una «azala» en la mezquita.

Después dejó incluso de vérsele en esas fiestas, y ya no volvió a hablarse de él. Por España se había esparcido la noticia de que en realidad el Hixen II que se llamaba Califa de los Creyentes españoles, y rey de Sevilla, no era el auténtico Hixen, sino que Hixen había muerto años atrás cuando lo anunciaron los cortesanos cordobeses, y que el Hixen de Sevilla era un zapatero, de gran parecido físico con el califa de Córdoba, y a quien el astuto y ambicioso gobernador Abul Kasim había puesto en el trono sevillano para gobernar en su nombre.

Es éste uno de los grandes enigmas de la Historia Universal, similar al del falso rey don Sebastián de Portugal, el célebre «Pastelero de Madrigal», y similar al de Boris Godunov, el falso zar de todas las Rusias.

Nunca podrá saberse si en realidad el Hixen II que convirtió a Sevilla en reino independiente, y en capital del califato andaluz, era en verdad el último de los Omeyas, o si era un zapatero puesto como figura decorativa por Abul Kasim Abbas.

Hallazgo del cuerpo de san Isidoro

A la muerte de Abul Kasim Abbas, ministro y gran visir, su hijo Almotahdi Abbas dirigió a los sevillanos un mensaje diciendo que Hixen II había muerto sin sucesor, y que él, el hijo del visir y a quien pertenecía el cargo de primer ministro, al faltar el califa, había sido designado por éste para sucederle en el trono. Usando con habilidad el oro y el temor consiguió que ningún personaje se opusier a asu designio, así que se convirtió Almotahdi en rey de Sevilla y Califa de los Creyentes.

En aquella época, vivían los reinos musulmanes en constantes guerras con Castilla y León, y Almotahdi demostró una gran prudencia y sagacidad políticas, pues entabló negociaciones con el rey Fernando I, obligando a los otros reinos andaluces a mantener la paz con los cristianos. Almotahdi impuso su autoridad a los demás reinos musulmanes, con energía, colocando a Sevilla en cabeza de toda la España mahometana.

Para consolidar sus buenas relaciones con Fernando I, Almotahdi le envió ricos presentes, entre ellos telas de sedas vistosísimas, y cueros finísimos de color rojo, azul y verde; las primeras llamadas damascos, y los segundos guadamecíes. La corte de León y Castilla era entonces pobre y austera a causa de las guerras, y los regalos del rey de Sevilla causaron tal sensación, que los reyes, reinas y príncipes vistieron trajes hechos con aquellas telas, y se calzaron con zapatos hechos de aquellas ricas marroquinerías. Esto no lo sabemos por la leyenda ni la tradición, sino porque en el panteón real del Monasterio de las Huelgas, en Burgos, donde están enterrados los reyes y familias reales de aquella época, al abrirse los sepulcros por la Dirección General de Bellas Artes en ocasión de unas obras de restauración efectuadas en 1948 a 1950, aparecieron los cadáveres embalsamados, ataviados con estas ricas telas sevillanas, algunas de las cuales fueron recogidas y llevadas a Madrid donde se ha constituido una sección de ricas telas, en el Museo Nacional.

Consolidadas las buenas relaciones entre Almotahdi de Sevilla y Fernando I, éste manifestó al monarca sevillano, que desearía recuperar para la España cristiana las reliquias de las santas mártires Justa y Rufina, y llevárselas a León. Accedió Almotahdi de buen grado a la petición del cristiano, pero contestó a su embajada diciéndole, que por haber pasado tantos siglos, los musulmanes ignoraban dónde estarían esas reliquias, pero que si él, Fernando, tenía alguna noticia, con mucho gusto se las entregaría. Contestó entonces Fernando que según algunos antiquísimos escritos, los cristianos, al producirse la invasión árabe, habían escondido las reliquias de sus santos en el suelo de las iglesias, y que probablemente estarían en el subsuelo de algún antiguo templo visigodo. Entonces Almotahdi contestó de nuevo diciendo a Fernando I: «Lo mejor será que me envíes gentes de las tuyas cristianas que entiendan de estas cosas, y que ellos mismos busquen, que yo les dejaré examinar y excavar cuanto sea necesario.»

Fernando I, envió entonces a Sevilla a un piadoso varón, tan santo como sabio, llamado Alvito, obispo de León, acompañado de un séquito de caballeros, y de monjes versados en el conocimiento de idiomas antiguos, para que pudieran interpretar cualquier inscripción que apareciera. Y con este séquito llegó a Sevilla, siendo alojados según parece en uno de los palacios del rey de Sevilla, probablemente el de la Barqueta, hoy convento de San Clemente. Empezaron, pues, los cristianos a examinar los edificios que habían sido templos visigodos, sin que tuvieran la fortuna de encontrar las reliquias que buscaban. Así pasaron todo un año, y por fin desalentados decidieron regresar a León.

Pero he aquí que, la víspera precisamente del día en que iban a emprender su viaje de regreso, se le apareció en sueños al obispo Alvito, un hombre vestido con blanquísima túnica, y que llevaba en la cabeza una mitra de obispo, y le dijo: «Yo soy el bienaventurado Isidoro, obispo de Sevilla, y Dios ha querido dar como premio a tu piedad, el gozo de que encuentres mi cuerpo y puedas enviarlo a León. Pero no concluirás tu misión, porque Dios ha dispuesto que mueras en plazo de tres días, al cabo de los cuales me acompañarás en el cielo.» Seguidamente la aparición le indicó dónde estaba el enterramiento donde debía buscar el cuerpo de Isidoro, y desapareció.

A la mañana siguiente, el obispo Alvito informó de lo sucedido a sus acompañantes, y al rey Almotahdi, y todos juntos fueron al lugar que la aparición había indicado, excavaron, y en efecto a poca profundidad encontraron una losa, y bajo ella un ataúd en el que al abrirlo, apareció incorrupto, limpio como si acabase de morir, el cuerpo de san Isidoro, amortajado con sus ropajes litúrgicos, que precisamente por haber muerto en día de cierta fiesta, eran ropajes de color blanco.

Sacaron el ataúd y lo condujeron al palacio, donde rápidamente unos carpinteros y artesanos hicieron un nuevo arcón, de ricas maderas, y lo forraron con terciopelo de color rojo con valiosísimos festones de oro, disponiendo asimismo de una litera o parihuela, transportable por dos caballos, para emprender el viaje a León.

Y cumpliéndose lo profetizado por la celestial aparición, de allí a tres días, murió el obispo Alvito, al cual igualmente pusieron en un ataúd para transportarlo a su diócesis.

El rey Almotahdi Ben Abbas, estaba maravillado de todo ello, pensando que verdaderamente había una fuerza superior y un designio de Dios en todo lo que estaba sucediendo. Así que asistió al funeral por el obispo Alvito, que se hizo en el Hospital de los Mozárabes, de la calle San Eloy, esquina a Bailén, que era el único edificio cristiano que quedaba en Sevilla con capilla abierta al culto. Y en seguida los monjes y caballeros leoneses, dispusieron la salida de Sevilla hacia León.

La salida se hizo, por deseo expreso de Almotahdi, en manera solemnísima, pues desde San Eloy que en aquel entonces estaba fuera de murallas, se entró en la ciudad por la puerta que había en la actual calle Laraña, y desde allí siguió por el centro hasta la actual calle San Luis, para salir por la Puerta de la Macarena que los árabes llamaban Bab el Makrina.

En la explanada interior de la Puerta de la Macarena, el rey Almotahdi despidió a los monjes y caballeros con gran cortesía, y saludó con una reverencia o zalema el ataúd en el que iba el recién fallecido obispo Alvito. Pero con gran emoción y estupor de todos los circunstantes, cristianos y moros, Almotahdi se dirigió por último hacia la parihuela donde iba el arcón que contenía los restos de san Isidoro, y echándole ambos brazos por encima, besó el terciopelo que lo cubría, después se arrodilló en el suelo y le hizo con ambas manos una zalema llevando la frente hasta la tierra, y con vivas muestras de sentimiento dijo estas palabras que la historia nos ha conservado: «Ah, gran varón, santo ilustre. Te vas lejos, y desde hoy Sevilla vale menos que cuando tú estabas.»

Dichas estas palabras, Almotahdi se levantó, subio a su caballo, y regresó pensativo hacia el Alcázar entre el silencio de sus acompañantes, mientras la comitiva cristiana salía por el arco de la Macarena y tomaba el camino hacia León.

¿Dónde fue el milagroso hallazgo del cuerpo de san Isidoro? He aquí un enigma sobre el que los historiadores y cronistas no están de acuerdo. Algunos opinan que fue en el vecino pueblo de Santiponce, y que por este motivo se constituyó allí luego el monasterio llamado San Isidoro del Campo. Otros creen que fue en la antigua catedral, terrenos que ocupa hoy la iglesia de San Julián, y sus anejos. Para otros sería en lo que hoy es la iglesia de San Vicente. Sea como fuere, el venerable cuerpo de san Isidoro, reposa hoy en la catedral, construida para su sepulcro, en la ciudad de León.

Itimad la Romaiquia

Almotamid, el más glorioso de los reyes árabes andaluces. Almotamid, el más ilustre de los sabios. Almotamid, el más inspirado de los poetas. Almotamid, el más desdichado de los mortales.

Almotamid está en Sevilla porque ha nacido en Sevilla. Almotamid es rey, porque su padre Almotahdi ha muerto.

Almotamid pasea por las orillas del Guadalquivir junto al puente de barcas que une la ciudad con Triana.

Como todas las tardes en su paseo por la ribera le acompaña otro poeta, su amigo y consejero Aben Amar.

Van los dos caminando despacio, deteniéndose de trecho en trecho para conversar, y naturalmente, siendo los dos poetas, el tema de su charla es la poesía.

Almotamid le hace observar el bellísimo aspecto que el agua del río presenta, rizada por la brisa e iluminada por los reflejos del poniente. Parece una cota de malla trenzada con hilos de oro.

—En efecto, una cota de oro digna de un rey —añade adulador Ben Amar.

—Merece el tema reducirlo a versos —sugiere Almotamid.

Y empieza:

La brisa convierte el río
en una cota de malla...

—Anda, ahí tienes el comienzo. Ahora sigue tú para completar la estrofa.

Pero Ben Amar, aunque excelente escritor, no es hábil improvisador, así que no encuentra de momento el oportuno consonante. Lo piensa, durante un rato y parece que va a romper a hablar, pero se calla. Almotamid riendo de la torpeza de su amigo insiste:

La brisa convierte el río
en una cota de malla...

Y de repente a sus espaldas, una voz femenina, dulce, bien timbrada, y recitando con la perfecta entonación que es orgullo de los bereberes puròs del Sáhara, los seres más orgullosos de su buena dicción y declamación que existen en el mundo recita:

La brisa convierte el río
en una cota de malla,
mejor cota no se halla
como la congele el frío.

Soprendidos el rey y su consejero se vuelven para ver quién era la mujer que con tanto garbo y con tan fina inspiración poética había completado la estrofa, y aciertan a ver a una jovencita, descalza de pie y pierna, que llevando del ronzal a un borriquillo moruno se aparta de ellos, y sin hacerles más caso sigue el camino del puente hacia Triana.

El rey encargó a Abenamar:

—Vete tras ella y averigua quién es, y si como parece es una esclava, infórmate de a quién pertenece.

Poco rato tardó en regresar Abenamar.

—En efecto, se trata de una esclava. Ya he dado orden de que la conduzcan a Palacio.

Almotamid cuando la vio preguntó con gran interés:

—¿Cómo te llamas?

—Me llamo Itimad, pero como trabajo en casa del mercader Romaicq me dicen Itimad la Romaiquía. Hago ladrillos y tejas en el horno de Romaicq en Triana.

—¿Eres casada?

—No.

—Entonces te compraré a tu amo.

Pidió el rey al mercader Romaicq que le vendiese la esclava a lo que el mercader repuso que se la regalaría muy gustoso, pues era una esclava que se pasaba el día ensoñando fantasías, y trabajaba muy poco.

Murmuraron con ironía en la corte los notables, que ya era hora de que Almotamid tuviese el capricho de una mujer, pues hasta entonces solamente le habían interesado los estudios, los versos, los caballos corredores y las bellas armas.

Pero Almotamid, con gran asombro de la corte, y de toda Sevilla, no quiso a Itimad como capricho o pasatiempo, sino que se casó con ella en breves días, convirtiéndola en reina de los sevillanos.

Fue Itimad tan prudente y graciosa que se hizo perdonar su humilde origen. El natural talento literario que poseía, la hizo brillar en aquella corte de poetas y fue muy pronto ella misma el centro y eje de un ambiente literario, adelantándose en siglos a lo que habrían de ser otras mujeres europeas, como Clementina de Isaura, a la condesa de Noailles.

Sin embargo, Itimad no era completamente feliz como reina. Mientras que Almotamid había ganado Córdoba, y ensanchado sus dominios al par que abrillantaba su corte con nuevos sabios, ella se sentía desgraciada. Echaba de menos la libertad de su infancia, el correr por los campos, el deambular por los barrios y mercados y el trabajar en el modesto oficio de la fabricación de ladrillos y tejas, en el que había pasado sus primeros años en Triana.

En cierta ocasión, descubrió Almotamid que su esposa estaba llorando.

—¿Qué te pasa, Itimad?

—Tengo nostalgia. Me gustaría tanto poder pisar el barro en un alfar, como las otras muchachas que fabrican los ladrillos en Triana...

—No llores por eso. Yo te prometo que pisarás el barro y volverá a tus ojos la risa.

De allí a una semana, cuando se despertó Itimad una mañana, le dijo al rey:

—Puedes bajar al patio, y encontrarás lo que deseas.

En efecto, el patio del Alcázar estaba cubierto de una espesa capa de barro, del color del que ella cuando era niña amasaba con los pies en Triana. Pero cuando Itimad con los pies descalzos bajó gozosa a pisar el barro, comprobó que estaba amasado con canela y costosos perfumes, que el rey su esposo había mandado comprar en todas las especierías y perfumerías de su reino. Allí estuvo Itimad jugando con sus doncellas un buen rato, amasando con los pies el perfumado barro, y riendo con alegres y estrepitosas risas.

Pasados algunos meses, volvió Itimad a mostrar señales de melancolía. Para distraerla, Almotamid la llevó a Córdoba en donde tenía hermosos palacios. No lograba sin embargo sustraer a Itimad de su tristeza, y un día se decidió a preguntarle por qué suspiraba.

—A pesar de mis riquezas soy la reina más pobre de toda España.

—¿Cómo puedes decir eso, Itimad? Si Andalucía es rica en toda clase de bienes, y tú tienes a tu disposición todos mis tesoros.

—Sí, pero hay algo que con todo su oro no puedes darme.

—¿Y qué es ello?

—Algo muy sencillo: un paisaje con nieve. Nunca he visto el campo nevado. Me gustaría tener, como las otras reinas de España, un paisaje nevado durante el invierno, para verlo desde mis ventanales.

—Esto es imposible, Itimad. En España no hay nieve si no es en el Norte que es tierra de cristianos, y en Granada que es tierra del rey Almudafar, con quienes tengo firmadas paces y no puedo faltar a mi palabra declarándoles la guerra.

Continuó ella con su nostalgia, y Almotamid no volvió a hablar del asunto. Pero pasado un tiempo, una mañana cuando se despertó Itimad y se asomó al ajimez de su gabinete, vio con asombro que todo el campo de Córdoba estaba blanco. Palmoteó Itimad con alegría incontenible y llamó a su lado al rey:

—Mira, Almotamid, ha nevado, ha nevado. Está todo cubierto de nieve.

Almotamid reía también, porque ella no había descubierto su amorosa superchería. El rey para alegrar a su esposa había hecho traer de la vega de Málaga en caravanas de carros más de un millón de almendros y plantarlos en la sierra cordobesa, frente a los ventanales del Alcázar Viejo, y ahora al llegar la época de la floración, el campo cubierto de almendros floridos aparecía blanco, como si hubiera nevado copiosamente.

Itimad fue tan feliz junto a su esposo como puede serlo una mujer, y él asimismo tan dichoso con ella, que aunque su religión mahometana le permitía tener un harén lleno de mujeres, jamás quiso hacer uso de ese derecho, y nunca miró a otra que no fuese Itimad. Tuvieron varios hijos, de los que sabemos los nombres de tres: el mayor Raxid, la segunda Fetoma, y la menor Zaida.

Cuando Zaida hubo cumplido quince años, vinieron embajadores del rey Alfonso VI de Castilla, para pedirla por esposa. Almotamid e Itimad, aunque doliéndose el separarse de su hija, comprendieron que ella iba a ser muy dichosa, y que ganaba en estado, porque Alfonso VI era dueño de Castilla, León, Asturias y Galicia, tan poderoso como un emperador. Enviaron a Zaida con lucida escolta hasta la frontera, donde la recogieron los magnates castellanos para conducirla a Toledo, donde se convirtió al catolicismo, tomando el nombre de Isabel, y tras este acto religioso, se casó con el rey. (Existen numerosos documentos de la época, algunos de ellos descubiertos en 1961 y publicados en el Boletín de la «Institución Fernán González» de Bellas Artes e Historia de Burgos, donde figura la fórmula: *Ego Adefonsus, Rex, cum uxore mea Elisabet, Regina...* [Yo Alfonso, Rey, con mi esposa Isabel, Reina...].)

De cómo Abenamar salvó a Sevilla

El poderoso rey Alfonso VI de Castilla, en su juventud, siendo príncipe, perseguido por su hermano usurpador del reino, hubo de refugiarse en la corte árabe de Toledo, en la que dedicado a forzosa ociosidad, se entretuvo en aprender el noble juego del ajedrez.

Muerto el usurpador, y exaltado al trono don Alfonso tras la jura de Santa Gadea, en Burgos, se propuso ensanchar el reino castellano, a cuyo efecto conquistó Toledo, y cruzando después la línea del Tajo hizo incursiones en dirección a Andalucía, sembrando el temor entre los reyes de taifas andaluces.

Almotamid, rey de Sevilla, al saber que Alfonso VI se acercaba, tuvo la idea de enviarle, no un ejército, sino solamente una embajada que habría de pactar con el castellano.

Designó Almotamid para realizar tan difícil misión, a su buen amigo el poeta Abenamar, que ocupaba el cargo de visir, quien con acompañamiento de un lucido séquito llevando valiosos presentes, salió de Sevilla y encontró junto a Sierra Morena al rey Don Alfonso.

Plantó Abenamar una lujosa tienda de campaña, de rica seda, y convidó al rey de Castilla a que viniera, para ofrecerle un agasajo. Durante la comida, condimentada con especias y perfumes, según la usanza mora, Abenamar se esforzó en sonsacar a Don Alfonso sus gustos e inclinaciones para saber cómo podría mejor captarse su voluntad. Y habiéndose enterado de que al rey le agradaba mucho el ajedrez, le dijo:

—Si os place, de sobremesa podríamos jugar una partida. Precisamente traigo un lindo tablero de nácar y ébano, y figurillas labradas en marfil, que no las hay mejores en España.

Mucho agradó a Don Alfonso la proposición, pues se tenía por gran jugador, y para demostrarlo, propuso:

—Habremos de jugar apostando algún dinero, pues no es razón que juguemos como las mujeres o los chiquillos.

—Muy puesta en razón es vuestra sugerencia; sin embargo me temo que yo, simple embajador, no tendré dineros para apostarlos en cantidad suficiente para jugar nada menos que contra un rey. Sin embargo os propongo una apuesta más sencilla. Si os gano me daréis dos granos de trigo por el primer cuadro del tablero, cuatro granos por el segundo, dieciséis por el tercero, y así multiplicando el número por sí mismo a cada escaque. Si yo pierdo os daré igual.

Hízole gracia a Don Alfonso la forma de jugar, y más cuando Abenamar le indicó que tenía un pequeño terreno, y que con el trigo que pensaba ganarle podría sembrar su parcela cuando llegase el otoño.

Sin embargo Abenamar estaba preparándole un ingenioso ardid a Don Alfonso VI con el propósito de salvar a Sevilla.

Jugaron, pues, la partida, y perdió Don Alfonso. Sonriendo, dijo:

—Bien, Abenamar, me habéis ganado. Os pagaré lo que apostamos. En cuanto llegue a Castilla daré orden de que os envíen unos cuantos sacos de trigo, y podréis sembrar vuestro campito con buen trigo castellano.

—¿Cómo unos cuantos sacos? Bromeáis, señor. Hagamos la

cuenta, pues no quiero recibir ni un solo grano de más, pero tampoco de menos.

Alfonso, de buena gana, y todavía riendo, tomó papel y pluma y empezó a hacer la cuenta. Dos granos por el primer escaque del tablero, cuatro por el segundo, dieciséis por el tercero.

Pero a medida que iban siendo más escaques, la cifra, siempre multiplicada por sí misma, iba alcanzando unas cantidades que escapaban a todo lo imaginable. La progresión era tal, que cuando llegaban a menos de la mitad del tablero, ya no había posibilidad de operar, y para completar el tablero no habría trigo en todos los graneros de Castilla, al que cada año pagaba un impuesto o parias, a cambio había empeñado su palabra de rey, y le era imposible el cumplirla.

En tal situación, abatido y confuso el rey castellano, Abenamar le propuso:

—Señor, pues que la pérdida es tan grande y no podéis pagarla, yo me daría por satisfecho de condonaros la deuda a cambio de que retiraseis vuestro ejército fuera de las fronteras de mi señor el rey Almotamid de Sevilla. Y si queréis hacer guerras, dirigir más bien vuestros afanes hacia Badajoz, o hacia Murcia o Granada, cuyos reyes no son vasallos del de Sevilla.

No satisfizo mucho al castellano la solución, pero como no podía tomar otra, hubo de aceptarla, y así, despidiéndose de Abenamar, ordenó la retirada de su ejército hasta la línea fronteriza, tal como el poeta le había pedido.

Así fue cómo gracias a su ingenio, a su habilidad en el juego del ajedrez, y a su conocimiento de las matemáticas, pudo Abenamar salvar a Sevilla.

De cómo Rodrigo de Vivar ganó en Sevilla el título de Cid Campeador

El rey Almotamid de Sevilla, era ya amigo de don Alfonso VI de Castilla, al que cada año pagaba un impuesto o parias, a cambio de que Alfonso no atacase las fronteras sevillanas y fuera su aliado contra enemigos exteriores. Por esto, cada año el castellano enviaba sus legados, para hacerse cargo del tributo, consistentes en diez quintales de plata amonedada, y diez mulas y diez caballos.

Había en Castilla un caballero novel, de apenas dieciocho años que se llamaba Rodrigo Díaz, hijo de un hidalgo campesino del pueblo de Vivar. El mozo se había distinguido en la corte de Burgos por su alto sentido del honor, que le llevó, apenas cumplidos los dieciséis años, a desafiar y dar muerte al temido alférez del rey llamado el conde Lozano, porque se había atrevido a ofender a su anciano padre. Desde este sangriento suceso, ganó grande fama el joven Rodrigo, y más aún, cuando la propia hija del muerto conde, Jimena Lozano, le reclamó como marido, porque al matar a su padre le había dejado sin hombre que cuidase de ella, y el rey mismo ordenó las bodas, que fueron sonadas, y anduvieron en romances por toda Castilla.

Así el joven Rodrigo, figuraba ya entre los paladines más destacados de Castilla, y el rey Alfonso, que acababa de subir al trono, le encargó que viniera a Sevilla a cobrar las parias de ese año, que sería hacia 1082.

Rodrigo de Vivar, salió de Burgos acompañado de una hueste de cien lanzas, y se vino para Sevilla donde fue muy bien recibido por Almotamid, quien le alojó en su Alcázar de verano, palacio situado en la Barqueta y que hoy es el convento de San Clemente.

Durante varios días, Rodrigo vivió como huésped de Almotamid siendo muy agasajado, y sus caballeros disfrutaron las delicias de la que era entonces la ciudad más populosa y más alegre y rica de España, tan distinta de las ciudades austeras, pobres, sombrías y tristes —todo el año invierno— de Castilla y León.

Y ocurrió que mientras el joven Rodrigo permanecía en Sevilla, llegaron a la ciudad noticias de que un ejército musulmán, levantado por el rey de Granada, y al que se habían unido tropas árabes de Murcia, y algunos caballeros cristianos de Aragón y Navarra, se habían metido en los territorios del rey Almotamid de Sevilla, poniendo fuego a las cosechas, destruyendo los «machares» o cortijos, y saqueando las villas y aldeas.

El rey Almotamid acudió en persona al palacio de la Barqueta y dijo a Rodrigo:

—Cada año pago las parias al rey de Castilla para que sea mi aliado. Ahora, enemigos míos, han venido a invadir mi reino. El rey Alfonso está obligado por los pactos a ayudarme a defender mis dominios.

—Ciertamente —contestó Rodrigo—. Esto es lo que yo mismo pensaba decirte, pues ya he mandado preparar mi hueste, y ya tengo los cien caballeros dispuestos para salir al encuentro de tus enemigos. Sólo estaba esperando tu licencia para marchar contra tus enemigos. Ahora que ya la tengo, partiré inmediatamente.

Rodrigo, con sus cien jinetes se dirigió al encuentro del ejército invasor, y al llegar a su vista, alzó el estandarte de Castilla, y envió un parlamentario a pedirles, en nombre del rey Alfonso VI cuya representación ostentaba en aquel momento, que se retirasen de los territorios de Almotamid, a quien él protegía. El conde de Barcelona, que era el principal de los cristianos que ayudaban al moro de Granada, recibió esta embajada con muestras de burla, pues le parecía irrisorio que el joven Rodrigo con cien jinetes se atreviera a pedirle a él que retirase su ejército en el que iban cerca de mil aragoneses, y más de cinco mil moros de Murcia y Granada. Así despidió el conde de Barcelona al parlamentario, diciéndole estas palabras:

—Advertid a ese mozo de Vivar que antes de jugar a la guerra debe esperar a que le acaben de salir las barbas.

Cuando el heraldo repitió estas palabras del conde de Barcelona apretó los dientes y los hizo rechinar de pura rabia, y dijo a sus caballeros:

—Yo juro que sin que me crezcan las barbas, he de arrancar las suyas a ese conde de Barcelona.

Demostró Rodrigo que era un genio de la guerra, con talento natural, pues dirigió aquella batalla tan hábilmente que puso en fuga a los moros granadinos y murcianos, entró en el centro de la hueste aragonesa, y más rápido que se cuenta con palabras, se apoderó del conde de Barcelona y de los condes de Aragón y Navarra, y les hizo prisioneros. Parece ser que en esta batalla fue donde por primera vez se empleó la nueva táctica, inventada por el genial Rodrigo, que se conoce en la técnica militar con el nombre de «tornada castellana» y que consiste en penetrar en una haz enemiga, hiriendo de frente, pero después, con gran rapidez hacer girar la tropa de choque y regresar al punto de partida, pero ahora hiriendo por las espaldas a los enemigos que no se han apercibido del cambio de dirección del ataque. Es una maniobra de caballería, que desde esa fecha se empleó hasta el siglo XIX.

Rodrigo cuando tuvo al enemigo en fuga, y a los condes prisioneros, agarró por las barbas al conde de Barcelona, y se las arrancó de un tirón, tal como había prometido. Después las guardó en una bolsita, que se colgó del cuello, y que llevó durante muchos años como recuerdo de esta batalla, y más tarde en las Cortes las enseñó para que todos vieran de qué color tenía las barbas el conde de Barcelona.

Terminada la batalla con la victoria total, se planteó Rodrigo un problema político, religioso y militar que afectaba a su conciencia: ¿qué haría con los prisioneros? Indudablemente, los prisioneros moros murcianos y granadinos, que habían saqueado, destruido y matado en tierras del rey de Sevilla, los llevaría consigo para entregarlos a Almotamid y que éste obtuviera por ellos una indemnización de los daños causados, o que los castigase para escarmiento de sus vecinos. Pero en cambio, parecía a Rodrigo repugnar a su calidad de caballero cristiano el entregar al conde de Barcelona y los condes de Aragón y Navarra, en manos de un rey que, aun siendo aliado de Castilla, no por eso dejaba de ser un musulmán, enemigo del cristianismo.

Por estas consideraciones, resolvió Rodrigo de Vivar poner en libertad a los condes cristianos, tras haberles obligado a prometer que no harían armas contra Castilla ni contra los aliados de Castilla. Y así los dejó marchar a sus tierras.

Rodrigo organizó desde el pueblo de Cabra, que era donde se había dado la batalla, el regreso triunfal a Sevilla, entrando por la Puerta de Córdoba (hoy iglesia de San Hermenegildo en la Ronda de Capuchinos), y yendo a caballo, acompañado de sus cien jinetes castellanos, con pendones en las lanzas, y seguido por todos los prisioneros moros, y una recua de mulos cargados de todos los bienes que estos moros habían robado en los pueblos del reino de Sevilla, cuyos bienes traía para que el rey Almotamid los devolviera a sus legítimos dueños.

Fue entonces, en el trayecto desde la Puerta de Córdoba hasta el Alcázar, cuando el vecindario de Sevilla, agolpado en las calles, aclamó a Rodrigo de Vivar, con las palabras «Sidi Rodrigo, Sidi Rodrigo» que significa «Señor Rodrigo» en lengua árabe, mientras que los numerosos cristianos mozárabes que aquí había le aplaudían gritando en latín «Campi doctor, Campidoctor» como significando que Rodrigo era «sabio en batallas campales». El resultado de estas aclamaciones es que desde ese día, Rodrigo de Vivar asumió como un sobrenombre, o como un título honorífico el llamarse Cid Campeador.

La verdadera causa del destierro de Rodrigo

La verdadera causa del destierro de Rodrigo, expulsado de Castilla por Alfonso VI, no fue la jura de Santa Gadea, sino su viaje a Sevilla.

Cuando Rodrigo, vencedor de los granadinos y murcianos, llegó a Sevilla, el rey Almotamid le recibió con grandes muestras de amistad y agradecimiento, y le colmó de valiosos regalos. Tras este brillante episodio, Rodrigo de Vivar, con sus cien jinetes, y transportando los quintales de plata, los caballos y las mulas que constituían el tributo anual o impuesto de «parias» que pagaba Almotamid al rey Alfonso VI, emprendió el regreso a Castilla, adonde llegó unas semanas después.

Alfonso VI se mostró en principio muy satisfecho, tanto del buen mandado que había hecho Rodrigo, trayendo sin contratiempos el tesoro de los parias, como de las gestiones diplomáticas y militares que Rodrigo había hecho, manteniendo el postulado de que nadie que estuviera aliado con Castilla y bajo la protección de ésta, podía ser atacado impunemente.

Pero pasados unos días, Alfonso VI, tras algunas conversaciones con sus consejeros cambió de actitud hacia Rodrigo. ¿Por qué? Pues porque comprendió o le hicieron comprender que Rodrigo no había obrado correctamente. En primer lugar, ¿quién era él para poner en libertad a los condes de Navarra, Aragón y Barcelona? ¿Por qué no los había traído prisioneros a Castilla, donde podrían ser de gran utilidad como rehenes, a su rey Alfonso? En segundo lugar, ¿con qué autoridad había Rodrigo entregado al rey Almotamid los prisioneros y el botín de guerra, que podían haber valido a Castilla un buen precio como rescate? Indudablemente Rodrigo se había excedido en sus atribuciones, y siendo un mero embajador, o menos aún, siendo un mero jefe de escolta para conducir caudales públicos, se había atrevido a ejercer prerrogativas en asuntos cuya resolución solamente podía tocar el mismo rey.

Finalmente quedaba una grave sospecha contra Rodrigo. Sospecha que expresamente relata el *Poema de Mio Cid* (versión Menéndez Pidal), cuando por boca de los judíos Raquel y Vidas se dice: «No vive sin sospecha qui haber trae monedado» (no vive sin sospechas quien trae dineros). El que Rodrigo a su regreso a Castilla llevase consigo abundantes regalos, riquísimos regalos, que le había hecho el rey Almotamid, dejaba en el aire la sospecha de si eran simples regalos, o la compensación económica de haber entregado al rey de Sevilla los prisioneros granadinos y murcianos. Estas consideraciones, pues, las de abuso de autoridad, usurpación de funciones y prerrogativas regias, y finalmente la sospecha (imposible de probar pero imposible de negar) de soborno, fueron las causas auténticas que determinaron el que el rey Alfonso VI en lugar de iniciar un largo y enojoso pleito, que hubiera podido perjudicar no sólo el buen nombre del Cid sino el prestigio de la nobleza castellana en general, prefirió desterrar a Rodrigo. El poema, si lo leemos con atención, nos da esta misma explicación atribuyendo al viaje a Sevilla, y a malos «mestuneros», o sea a los consejeros del rey envidiosos o suspicaces, la causa del destierro.

La trágica muerte de Abenamar

Contento y agradecido Almotamid porque el ingenio de Abenamar, su poeta y consejero, había salvado a Sevilla, le premió con las mayores mercedes, confiándole el mando de sus ejércitos al frente de los cuales Abenamar conquistó Murcia, de cuya ciudad Almotamid le nombró walí o gobernador.

Pero muy pronto el poeta dio muestras de haberse ensoberbecido en el cargo, hasta el punto de firmar los documentos y sentencias por sí, omitiendo el nombre del rey.

Parece que esta conducta del walí poeta no era rebeldía, sino solamente vanidad, y Almotamid que le conocía de sobras, le hubiera disculpado sin darle mayor importancia. Pero los nobles de la corte de Sevilla, envidiosos de la buena fortuna de Abenamar y de la privanza que disfrutaba, comenzaron a encender el fuego del recelo en el corazón del monarca, sobre todos Abu Bequer Ben Zaidum, el cual cierto día, cuando Almotamid recibía una audiencia, cubierto con el gorro alto que empleaban los reyes como símbolo protocolario ante sus visitantes (equivalente a la corona de los reyes cristianos), le dijo malévolamente:

—Es lástima, Almotamid, que en Sevilla haga tanto calor, pues seguramente el gorro real te molesta en la cabeza mucho más que a Abenamar, el cual como el clima de Murcia es más suave no tiene que quitárselo para limpiarse el sudor, como a ti te ocurre.

Estas palabras, dichas en público, tenían todo el carácter de una acusación o denuncia contra Abenamar indicando que usurpaba incluso el uso de la prenda simbólica real. Almotamid se vio obligado, pues, a enviar una áspera carta a su amigo y walí, diciéndole que en lo sucesivo se abstuviera de usar insignias reales, pues era solamente un gobernador dependiente del rey.

Se agravaron las cosas cuando, promovida una rebelión en Valencia contra el rey de aquella comarca llamado Abd-el-Hazziz, que era muy amigo y aliado de Almotamid, el gobernador de Murcia en vez de ayudar al monarca aliado de Sevilla ayudó a los rebeldes, y como no se olvidaba de que era poeta, escribió unos versos altisonantes incitando a los valencianos a luchar contra la tiranía de Abd-el-Hazziz, poema del que circularon copias por todo el reino de Valencia, y que naturalmente llegó a manos del rey levantino. Éste envió una copia al rey Almotamid, quejándose de la conducta del walí de Murcia, aun cuando la rebelión no había alcanzado éxito.

Almotamid al leer el poema de Abenamar lo encontró ridículo e impertinente, pero en lugar de castigarle se limitó a tratar el asunto dentro del terreno literario, y como también el monarca sevillano era gran poeta escribió una sátira en la que se burlaba de la arenga poética de Abenamar, arenga de tan escasa elocuencia que no había sido capaz de inflamar de espíritu combativo a los valencianos.

El walí tomó a mal esta burla, que le dolía más que si le hubieran destituido, y en lugar de reconocer que la tenía merecida por haberse extralimitado, y agradecer que Almotamid una vez más hubiera tenido benevolencia con él sin destituirle siquiera, Abenamar escribió unos versos agresivos, en los que no sólo insultaba a Almotamid, sino que también ofendía a la reina Itimad con toda clase de calumnias e infamias.

Almotamid hubiera perdonado las injurias contra él, pero enamorado como estaba de su esposa no perdonó que Abenamar la difamase, por lo que juró solemnemente darle muerte. Envió un ejército de Sevilla para detener al walí de Murcia, y éste, aunque intentó defender aquella ciudad no fue capaz de mantenerla mucho tiempo, así que huyó secretamente de Murcia, refugiándose en una casa de campo.

Desde allí envió cartas al rey Aben Racsid, de Zaragoza, y a Alfonso VI de Castilla, pidiéndoles tropas con las que pretendía derrotar a Almotamid.

Alfonso VI no quiso tomar partido en aquella contienda, y Aben Racsid exigió a Abenamar un crecido precio por su ayuda. La historia no está muy clara en este asunto, pero parece que el rey moro de Zaragoza tomó el dinero anticipado y después no envió a Abenamar las tropas prometidas. Hay una gran confusión en lo ocurrido en los meses siguientes, hasta que Abenamar aparece, provisto de un pequeño ejército rebelde en la sierra de Segura, ocupando por sorpresa el castillo de Segura, importante fortaleza. Allí le fue a buscar Almotamid quien personalmente dirigió el asalto; conquistó el castillo y tomó prisionero a Abenamar, a quien dio muerte por su propia mano atravesándole con su lanza, no sin amargura porque el rey sevillano había querido como un hermano a quien tan ingratamente se portó con él.

Prisión y muerte de Almotamid

Al marcharse Zaida de Sevilla pareció descender sobre Almotamid una mala ventura. El emir Taschfin de Marruecos y su yerno Alfonso VI que hasta entonces habían sido amigos del sevillano, movieron guerras contra él. El de Marruecos instigado por los «ulemas» o sacerdotes de la religión musulmana, quienes acusaban a Almotamid de impiedad, por haberse casado con una sola mujer, lo que equivalía a despreciar las tradiciones y costumbres coránicas. También le acusaban de que su mujer Itimad, había suprimido el uso de llevar las mujeres mahometanas la cara cubierta y que había participado en la vida de las artes y las letras, en vez de permanecer recluida en el quehacer doméstico, como ordena el Corán.

Por su parte Alfonso VI, que veía con preocupación el aumento del poderío de Marruecos, deseaba ocupar territorios en Andalucía para crear una línea defensiva contra el emir Yusuf. Alfonso exigió a su suegro Almotamid que le concediera bases estratégicas, pero el consejo real de Almotamid, en el que figuraba su propio hijo Raxid acordó que entre los dos peligros, el de invasión marroquí y el de invasión castellana, era preferible soportar el marroquí, por ser de su misma religión, tesis que prevaleció, al expresar el príncipe Raxid su idea con estas palabras que la Historia ha conservado: «Prefiero mil veces acabar mis días siendo un simple camellero en Marruecos, que seguir siendo príncipe y estar sometido al cristiano Alfonso.»

Los acontecimientos se precipitaron. Alfonso envió tropas contra Sevilla, para apoderarse por la fuerza de las bases que había pedido por la diplomacia. Almotamid, atendiendo a lo acordado en el consejo, abrió las puertas de Sevilla al emir Yusuf para que impidiera la invasión castellana. Y Taschfin, una vez que estuvo dentro de Sevilla, mandó prender a Almotamid y a su familia, cargarlo de cadenas, y embarcarlos para Marruecos, suprimiendo el reino de Sevilla y convirtiendo a esta ciudad en una provincia de Marruecos.

La salida de Almotamid de la ciudad que había sido su corte, está descrita con dramáticas palabras por el historiador árabe Aben Labana: «Fueron empujados hacia un navío que estaba anclado en el Guadalquivir. La multitud se apiñaba a las orillas del río; las mujeres arañabanse el rostro en señal de dolor. En el momento de la despedida, ¡cuántos gritos, cuántas lágrimas! ¿Qué nos queda ya?»

Almotamid en su desgracia fue tan grande como lo había sido en su prosperidad. Cuando desembarcó en Tánger, un poeta burlesco, *El Josri*, por hacer mofa de él le recordó que en tiempos pasados había sido espléndido y generoso. Entonces Almotamid, con gran trabajo porque llevaba las manos encadenadas, se agachó, se quitó un zapato, y sacando de él una moneda de oro, único caudal que había sacado oculto de Sevilla, se lo arrojó a la cara al bufón diciéndole: «Toma, y di que Almotamid no despidió nunca a un poeta sin darle alguna dádiva.»

En la mazmorra Almotamid improvisaba versos, guardándolos en su memoria para dictarlos a algunos amigos poetas que, sobornando a los carceleros, le visitaban alguna tarde, entre ellos Abu Mohamed el Hichari.

Itimad y sus hijas, aunque habían sido libertadas vivían en la miseria, y tenían que ganarse la vida hilando y tejiendo. Sin embargo tampoco les había abandonado el buen ánimo, ni el ingenio; y así cuando la segunda de ellas Fetoma o Fátima quiso contraer matrimonio, no habiendo obtenido permiso del alcaide de la prisión para visitar a su padre, se las ingenió para que Almotamid pudiera saber la noticia y le diera su consentimiento. Para ello se fingió cantora ambulante, y tocando una guzla, se puso a cantar y a pedir limosna junto a la ventana de la prisión, y valiéndose de la letra de las canciones, logró que su padre se enterase. Almotamid, desde la celda, le contestó cantando y le dio el permiso que solicitaba para contraer matrimonio, y le envió su bendición. Este suceso lo cuentan los cronistas musulmanes. Por nuestra parte suponemos que quizá Fetoma cantaría precisamente esas palabras en castellano, lengua que en Marruecos el vulgo ignoraba.

El hijo mayor de Almotamid, el príncipe Raxid, había muerto luchando contra Yusuf, en Algeciras. Más tarde el hijo menor, Abd-el Chabar intentó promover en Sevilla una sublevación para devolver la independencia a la ciudad, pero también fue muerto tras un combate con las tropas del emir Yusuf de Marruecos. Este mismo año 1095 murió Itimad, y el desgraciado Almotamid no pudo soportar más sufrimientos y expiró en el calabozo de la cárcel de Agmat.

Construcción de la Giralda

Un poco nebulosa, por la abundancia de datos contradictorios, se nos aparece la fecha de la edificación de la célebre torre de la Mezquita Mayor de Sevilla, hoy llamada Torre de la Giralda. Mientras que unos autores, como Fermín Requena, pretenden que la famosa torre se edificó para conmemorar la victoria mahometana en la batalla de Alarcos, y datan el comienzo de las obras en 1198, otros historiadores entre ellos Tubino dan precisamente esa fecha como la de la terminación, aduciendo que la torre estaba en fase de construcción, y que el botín de la batalla de Alarcos fue destinado precisamente a terminar las obras, y que se inauguró en las fiestas que se organizaron para conmemorar dicho triunfo musulmán. Por último, otros eruditos entre los cuales mi inolvidable maestro don Santiago Montoto, con buenas razones juzgan que la torre ya estaba construida del todo, y que el triunfo de las armas almohades en Alarcos se festejó únicamente poniendo en lo alto de la torre las cuatro grandes manzanas o gigantescas bolas de bronce dorado que remataron el alminar hasta 1335 en que las derribó un terremoto.

En todo caso, estas divergencias en cuanto a la fecha exacta no disminuyen lo más mínimo el valor histórico de la torre. Por cierto que nos parece extraño el que solamente recibiera nombre propio esta torre en el siglo XVI al ponérsele el giraldillo o figura giratoria que por extensión ha hecho llamar a la torre la Giralda. Nos gustaría mucho que algún erudito afortunado descubra y desempolve el nombre propio que la torre debió tener indudablemente en la época árabe; pues por su belleza y grandiosidad superaba a todas las torres de Andalucía y aún del Mogreb, y es lógico pensar que su singularidad le valiese el distinguirla con algún nombre propio.

Al llegar los almohades a Sevilla, en 1147, tras una guerra civil en que este partido religioso y político se adueñó del poder en Marruecos y se extendió a los demás países musulmanes, se encontraron con que la mezquita de Ad Abbás (hoy ocupa su lugar la iglesia colegial del Salvador), que era la mezquita mayor de la ciudad, resultaba ya insuficiente para el número de musulmanes fieles. Por este motivo el emperador Abd-El-Mumen ordenó que se construyera una nueva mezquita, con las dimensiones y riqueza que requería la grandeza de la ciudad.

A tal efecto se adquirieron terrenos inmediatos al Alcázar, pero situados fuera de murallas. Al llegar a este punto aclararemos como era la ciudad en aquel entonces. La muralla que rodeaba Sevilla iba desde Puerta Macarena por Puerta de Córdoba (Capuchinos), Puerta del Sol (final de calle Sol), Puerta Osario, Puerta Carmona, Puerta de la Carne, y subía derecha a buscar Mateos Gago, bajando a Plaza Virgen de los Reyes, donde doblaba para buscar por derecho la acera derecha de la calle Cuna, y Plaza de Villasis, iglesia de San Martín, calle Doctor Letamendi, Feria, la Resolana, y cerrar otra vez en la Puerta Macarena.

Los terrenos que se adquirieron para construir la nueva mezquita fueron cercados con una muralla que abarcaba no solo la actual catedral sino lo que hoy es el edificio de Correos, y el antiguo colegio de San Miguel hoy llamada plaza del Cabildo. Un trozo de esta muralla, fue descubierto por el autor de este libro con ocasión del derribo de una de las casas de la calle Arfe.

Poco después de la construcción de la mezquita, se amplió la muralla, desde la Barqueta, por lo que hoy es calle Torneo, a la calle Goles, calle Gravina, calle Santas Patronas, calle Castelar, calle Arfe, calle Tomás de Ibarra, y calle Santander, bajando por ésta hasta cruzar, junto al cine Coliseo, y unirse con la muralla del alcázar en la esquina donde está la torrecilla árabe llamada Torre de Abdelazziz.

Sin embargo de ser el terreno adquirido fuera de murallas, no estaba sin propietarios, ni sin uso. Sabemos por cronistas árabes, que en lo que hoy es el Patio de los Naranjos existía un mercadillo o Alcaicería, donde se vendían sedas, perfumes, cacharros, joyas, especias, yerbas, ropas y calzados. Esta Alcaicería estaba formada por casetas, bakalitos, kioscos, y aún pequeñas edificaciones de ladrillo. Todo ello se expropió, «pagando a sus dueños lo justo» según dichas crónicas, y además, para no perjudicar ni a los mercaderes ni a la ciudad, sino más bien beneficiándola, se determinó que en sustitución de la desaparecida se harían dos alcailerías una para sedas, joyas, ropa y calzados, que estableció en lo que hoy es la calle Hernando Colón, y sus callecitas transversales. Mientras que la venta de hierbas medicinales, y especias, así como cacharros, pasó a las inmediaciones de la Plaza de la Alfalfa, lugar que hoy al cabo de más de ochocientos años se sigue llamando La Alcailería. (Datos del cronista árabe Aben Sabaisala.)

Edificada, pues, la Gran Mezquita, se hacía evidente la necesidad de ponerle al lado una torre de magnitud proporcionada a la del templo, no sólo por razones arquitectónicas y estéticas, sino porque siendo la mezquita mayor, con rango de Califal, habían de hacerse en lo alto de ella los rezos mayores, cantando el Muezzin o Almuédano la «azala» o plegaria hacia los cuatro puntos cardinales. Parece que se tuvo en consideración que el jefe religioso principal, por ser persona de edad mayor, habría de tener dificultades para subir una torre tan alta, con más de cien metros, y para evitarle la fatiga de los más de quinientos escalones que habría tenido que subir se sustituyó la escalera por una rampa ancha y cómoda, con pendiente tan suave que pudiera subir por ella una caballería, y así el anciano jefe religioso podría y de hecho lo hizo, subir montado en un caballo o mulo para efectuar sus rezos.

También algunos autores dicen que la torre tuvo como finalidad la de servir de observatorio astronómico, y ésta sería la causa de que al conquistar Sevilla el rey San Fernando, y querer los musulmanes derribar la torre, se opuso a este derribo el príncipe don Alfonso *el Sabio*. Precisamente Alfonso *el Sabio*, que era astrónomo, y a quien debemos libros de Astronomía, era quien mejor podía valorar la importancia de esa torre, como tal observatorio.

Es totalmente falso que la torre de Sevilla sea hermana, idéntica, construida con los mismos planos, que la torre de la Kuktubia, de Marrakex. Si esta afirmación hecha por simples referencias, y dibujos aproximados, en épocas pasadas, cuando no se había inventado la fotografía, y cuando un viaje a Marrakex, ciudad santa y prohibida, era imposible, hoy que disponemos de facilidad para viajar y medios fotográficos, resulta ya insostenible tan falsa afirmación. La Kuktubia no es una torre de ladrillo como la nuestra, sino de mampostería, con algunos adornos de ladrillo solamente. Y aún esos adornos no tienen ni en número ni en disposición, excesiva semejanza con el exorno de nuestra torre. En fin su único parecido es que las dos son torres de estilo almohade, y se parecen únicamente como en otro estilo, el gótico, puedan parecerse la catedral de Burgos, y Notre Dame de París, pongamos por caso.

Para cimentar la grandiosa edificación se emplearon los sillares de piedra de infinidad de palacios y templos visigóticos en ruinas, así como otras muchas piedras procedentes de edificios romanos y aún intactos de la ciudad y de toda la comarca, que fueron traídos en barcos por el río, o por caminos, en carretas de bueyes. En esta época es cuando se desmanteló y destruyó la ciudad romana de Itálica, que estaba abandonada desde hacía tiempo, pero conservadas sus ruinas intactas. También se debió desmantelar entonces el templo romano de la calle Mármoles, quedando de él únicamente las columnas del pórtico, de las cuales hay actualmente tres en pie, otra que se rompió en el siglo XIV al intentar llevarla al Alcázar, y otras dos que son las de la cabecera de la Alameda de Hércules. Todo lo demás, sillares, frontones, frisos, jambas, sería engullido por la enorme zanja de los cimientos de la mezquita y la Giralda. Y como los musulmanes por su religión no admitían las estatuas ni representaciones de ninguna clase, de personas o animales, es muy verosímil que también se echasen a las zanjas de cimentación miles de estatuas visigodas, romanas y griegas. Una leyenda asegura que para construir la mezquita y la Giralda se hizo una colosal plataforma de cimentación, que se extendía desde el Arenal hasta la Puerta de la Carne. Esta evidente exageración encierra sin embargo un cierto fondo de verdad, ya que, aún sin llegar a tales extremos no puede dudarse que debió hacerse una cimentación gigantesca, por el temor a lo movedizo del terreno y la gran humedad que se encuentra en él.

La mezquita, al decir del historiador árabe Aben-Sahib-Asala, «no fue superada por las construidas de los anteriores monarcas, y quedó en la balanza de los hechos de Abu-Yacub-Yusef, como una obra merecedora de recompensas en la vida futura y acreedora a la misericordia de Dios».

El terreno de la expropiada alcaicería sirvió para hacer el Patio de los Naranjos, superior en dimensiones y en gracia arquitectónica al famoso Patio de los Naranjos de la mezquita de Córdoba, y que no tiene nada que envidiar a los mejores patios de las mezquitas de Oriente, aun cuando hoy se encuentra disminuido en su tamaño, y muy descuidado en su conservación.

El arquitecto que diseñó la Mezquita sevillana fue según dicen algunos el célebre ingeniero y arquitecto Gerber, a quien se atribuye nada menos que la invención del Álgebra (Álgebra significaría ciencia de Al-Gerber su inventor).

Pero si la Mezquita fue obra de Gerber o Herber, la gloria de la torre de la Giralda corresponde por entero a dos arquitectos y un alarife. El primer arquitecto que trabajó en ella fue Ahmed Aben Baso, quien diseñó la torre y dirigió los trabajos de cimentación y la parte labrada en piedra. Algunas de las piedras pueden verse a ras del suelo en la esquina de la torre que da a la calle Placentinos, y en ellas se ven inscripciones grabadas, con textos latinos, lo que demuestra que son piedras de época romana, aprovechadas por los árabes como sillares de edificación.

Habiendo sido llamado Aben Baso para dirigir la construcción de una mezquita en Algeciras, dejó a cargo de las obras de la Giralda al arquitecto y poeta Abu Bequer Ben-Zohar, quien modificó la traza primitiva y encargó al alarife Alí Al-Gomarí (nacido en la kábila de Gomara, Marruecos), sobrino de Aben Baso, que labrase en los cuatro frentes de la torre las labores de ladrillo que constituyen su más hermoso adorno. La inspiración del poeta que diseñó los adornos de exaracas de la torre, logró plasmar en la realidad el canon de máxima belleza a que había aspirado durante siglos la arquitectura musulmana. En las ventanas se pusieron además ciento cuarenta columnas en su mayor parte de mármol, con capiteles visigóticos, bizantinos y árabes.

La torre de Sevilla sobrepasa a las demás del islamismo occidental (Kuktubia de Marraquex, torre de la Mezquita de Hassan en Rabat, etc.), en gallardía y en finura. La altura inicial de la torre fue de ochenta y dos metros el cuerpo principal, al que hay que añadir la altura del minarete, el cupulín y las manzanas de bronce dorado que se pusieron encima para rematarla. La mayor de estas esferas tenía tal diámetro que una vez fundida, al traerla, se halló que no cabía a pasar por la puerta del Almuden (¿puerta llamada después del Arenal?), por lo que fue preciso arrancar el quicio y dintel. El artífice que realizó la dificilísima maniobra de subir la manzana hasta lo alto de la torre fue Abu Abayth el Siquelí. La manzana se apreció en un valor de cien mil doblas de oro.

Estas cuatro manzanas estaban hechas de bronce en cuya aleación habían entrado cobre, estaño, plata y oro, y habían sido doradas después con panes de oro fino, de tal manera que brillaban y se veían, según un cronista árabe, «desde una jornada de distancia, y relucían como las estrellas del zodíaco».

Alta, esbelta, ladrillo palpitante como carne sonrosada femenina, y con su áurea corona, la Giralda fue gala de Sevilla y orgullo de la España musulmana; envidia de las naciones árabes, objeto de tentación y codicia para las naciones cristianas, pasmo de viajeros, recreo de artistas, y dolorosa nostalgia para quienes se apartaban de ella. Jamás la inanimada arquitectura alcanzó tan espirituales dones. Jamás despertó tales sentimientos en el corazón humano el humilde barro de ladrillo, glorificado por el genio del arte. El mismo barro del que estamos hechos, y animado por casi idéntico soplo de vida.

Cuentan las crónicas que cuando se iba a rendir Sevilla a san Fernando, los moros pusieron como condición que se les dejase derribar la hermosa torre, para no sufrir la vergüenza de verla en manos cristianas. El príncipe Alfonso X *el Sabio*, irrumpió en la tienda de campaña donde se pactaba la negociación, diciendo: «Por un solo ladrillo que falte de ella, mandaré cortar las cabezas de todos los moros de Sevilla.» Atemorizados los musulmanes, respetaron la torre, conservando Sevilla su principal joya.

Pasaron los años. En 1393 un terremoto derribó las esferas doradas, arruinando el último cuerpo de la edificación. Se puso entonces, por disposición del arzobispo don Gonzalo de Mena, mi pariente, una espadaña con una sola campana montada al aire.

Sin embargo, en el siglo XVI, Sevilla, enriquecida con el oro que nos llegaba de América, consideró llegado el momento de tener su torre dignamente exornada con un grandioso campanario. El cabildo catedralicio escogió al arquitecto cordobés Fernán Ruiz, quien era en aquel entonces el más destacado arquitecto de toda España, encargándole la edificación de todo el remate cristiano de la torre, asentado sobre el cuerpo principal árabe. Consta este remate cristiano de los siguientes cuerpos: Cuerpo de Campanas, Cuerpo de Azucenas, Cuerpo de Estrellas, Cuerpo de Carambolas; y un cupulino que soporta un globo sobre el que está de pie la estatua de bronce, de 1.288 kilos de peso, que representa a la figura simbólica de la «Victoria de la fe de Cristo» en forma de una mujer que tiene en una mano una palma y en la otra un escudo. La estatua fue fundida por Bartolomé Morell, y colocada durante el verano de 1568, inaugurándose el día 15 de agosto de dicho año, o sea que ya tiene más de cuatrocientos años. La figura gira a impulsos del viento, ya que el escudo hace el papel de superficie velar o receptora del impulso del viento.

Por tener la figura de mujer un escudo, el vulgo creyó que se trataba de una estatua de santa Juana de Arco, y aún siguen llamándole las clases populares «la Santajuana». Sin embargo desde el primer momento las clases más cultas le llamaron «Giralda» por ser figura giratoria, y así la nombra Cervantes en el Quijote. Posteriormente el nombre de la figura se ha hecho extensiva a toda la torre, y así en conversación normal los sevillanos dicen La Giralda, refiriéndose a todo el conjunto de la torre.

NOTA: —*Por cierto que Sevilla no fue llamada «Ixbilia» por los musulmanes, sino que este nombre derivado del «Hispalis» de la Edad antigua, lo usaban precisamente los cristianos mozárabes. Los verdaderos árabes y marroquíes invasores y ocupantes de la ciudad le llamaron Hims, y solamente ya en los últimos tiempos, en que existe una gran influencia castellana, y el reyezuelo Almotamid casa a su hija con el rey castellano Alfonso VI, es cuando empieza a usarse el término «Ixbilia» o «Sbilia» por los musulmanes, tomándolo del lenguaje cristiano de la mozarabía.*

CAPÍTULO IV

LAS TRADICIONES DE LA ÉPOCA DE SAN FERNANDO

Como un rayo de la guerra, suscitado por Dios para rescatar España del dominio mahometano, descendió de Norte a Sur el rey don Fernando III de Castilla y León, desde el castillo de San Servando, de Toledo, ribera del Tajo, hasta las vegas del Guadalquivir, conquistando villas, ciudades y reinos.

Llegado que hubo frente a la ciudad de Sevilla, estableció sus campamentos en torno a la ciudad, con ánimo de tenerla sitiada hasta conseguir su conquista.

Durante el tiempo que duró el asedio ocurrieron en el real, o campamento principal, situado en el campo de Tablada, y en los lugares de mayor combate, muchos y muy interesantes episodios, los unos heroicos, los otros piadosos, que la tradición oral, y la curiosidad de los cronistas nos han conservado.

La temeridad de san Fernando

Por relatos de cronistas de su tiempo sabemos que Fernando III *el Santo*, fue hombre de valor increíble, rayano en la temeridad. Cierto día mientras sitiaba a Sevilla, viendo que no era fácil tomar la ciudad por asalto a causa de sus poderosas murallas y la gran cantidad de gente que la guarnecían, pensó buscar algún punto flaco en las defensas sevillanas, para atacar por allí más reciamente, y, no teniendo posibilidad de adquirir datos del interior de la plaza pensó ser él mismo quien personalmente los obtuviese.

Sin comunicar la idea con sus capitanes, que no le hubiesen dejado realizarla, se disfrazó de moro, y durante la noche se arrimó a un portillo de la muralla que estaba junto a la Puerta de Córdoba (hoy Ronda de Capuchinos) y permaneció allí escondido al socaire del arco del portillo todo el resto de la noche, oyendo hablar los centinelas enemigos. Se enteró de que la Puerta de Córdoba la abrían a cierta hora de la madrugada para que entrasen por ella algunas gentes que cultivaban huertas por aquella parte y que traían a la ciudad vituallas con que la abastecían, aunque precariamente. Se dirigió entonces san Fernando a la Puerta de Córdoba, y aprovechando el momento en que la abrían, se entró en Sevilla mezclado con los hortelanos, y una vez dentro de la ciudad recorrió las murallas por su interior para observar su sistema defensivo.

Desde la Puerta de Córdoba llegó san Fernando hasta la Puerta del Alcázar, reconociendo igualmente la muralla del mismo, en lo que hoy es la Puerta de la Montería.

Mientras tanto los caballeros del real habían echado de menos al rey, y como conocían su atrevimiento y audacia, y sabían que estaba preocupado por conocer las defensas de Sevilla, pensaron inmediatamente en que el rey había cometido la temeridad de entrar en la ciudad. Don Rodrigo González de Girón, los hermanos Fernán Yáñez, don Juan de Mendoza y otros caballeros decidieron ir a buscarle, así que se presentaron ante la Puerta de Jerez, echaron un garfio con una cuerda, treparon a la muralla y se descolgaron dentro de Sevilla, caminando espada en mano hasta la Mezquita Mayor, ante cuya torre (hoy la Giralda), fueron descubiertos por los moros. Nunca había ocurrido caso semejante, y la ciudad se despertó sobresaltada en un tumulto de gritos que decían:

—Los cristianos están entrando en Sevilla.

Gran número de soldados y de caballeros musulmanes salieron de sus casas armándose a toda prisa, para contener a lo que ellos creían que era todo el ejército cristiano, cuando en realidad eran cinco o seis caballeros. Ante la Mezquita, en lo que hoy es calle Alemanes, tuvieron un terrible choque, pero por fortuna para ellos pudieron salir con bien, y durante el encuentro se les unió el rey san Fernando que al oír el tumulto comprendió que habían entrado los suyos para ayudarle a salir.

Defendiéndose bizarramente se retiraron otra vez hacia la Puerta de Jerez, sin tener bajas, y cuando consiguieron salir al campo el rey san Fernando comenzó a amonestar a sus caballeros por haber entrado en la ciudad metiéndose literalmente en la boca del lobo, pero don Rodrigo González de Girón le contestó entre atrevido y burlón:

—En paz estamos señor, que también vos os metisteis en Sevilla sin pedirnos consejo.

Y todos juntos, satisfechos de tan buen lance, regresaron al real de Tablada. Parece increíble, pero es un suceso completamente auténtico del que existen testimonios fehacientes, quedando así probado el valor de aquel rey, quizás el único monarca que yendo al frente de su ejército, se atrevió a entrar solo y disfrazado en una plaza enemiga.

Hazañas de Garci Pérez de Vargas

En la Puerta de Jerez, hasta la fecha en que fue derribada en 1864, existió una lápida con unos versos en lengua latina, que traducidos en nuestro idioma significaban:

Hércules me edificó,
Julio César me cercó
de muros y torres altas,
y el rey santo me ganó
con Garci Pérez de Vargas.

¿Quién fue este Garci Pérez de Vargas, cuyo nombre mereció estar al lado de los tres personajes fundamentales de la Historia de Sevilla, siendo el cuarto de ellos?

Garci Pérez de Vargas fue uno de los más grandes generales de la época de la Reconquista: él y Pelay Correa fueron, como quien dice, el brazo derecho y el brazo izquierdo del rey santo. Mientras Pelay Correa conducía los ejércitos por los campos del sur de Extremadura y se apoderaba de los picachos de Sierra Morena y de los castillos y atalayas árabes situados en todo el norte de Sevilla, Garci Pérez de Vargas tuvo a su cargo la parte principal del asedio de la capital.

Se cuentan de él maravillosos actos de valentía. Durante lo más violento de los combates que a diario se reñían alrededor de las murallas sevillanas, dijéronle a Garci Pérez de Vargas que los moros tenían por más importante la puerta llamada por ellos como «Puerta de los Barcos» situada en donde hoy es la calle Guadalquivir, esquina a San Vicente, mirando hacia el río. Esta puerta era importantísima para la defensa de Sevilla, pues al pie de sus murallas se extendían por la orilla del Guadalquivir los muelles del puerto fluvial, por donde se abastecía la ciudad de productos que le llegaban desde la Vega de Triana y desde Santiponce, que cruzaban en barca aprovechando la protección de un fuego cruzado de flechas, entre la muralla y torreones fuertes situados al otro lado del río.

Dijeronle también a Garci Pérez de Vargas que dicha puerta, aunque antes se llamaba oficialmente «De los Barcos», en los últimos tiempos le habían puesto de nombre «Wi-Alfat» encomendándola así a un célebre santón musulmán de este apellido. A lo que Garci Pérez replicó:

—Pues el nombre de ese santón mahometano se lo cambiaremos por el nombre de un santo cristiano.

Y metiendo espuelas a su caballo cruzó velozmente el terreno que separaba el campamento de la Macarena, de la dicha puerta, es decir, recorrió a galope lo que hoy es la Resolana y primer tramo de la calle Torneo, bajo una verdadera lluvia de flechas y de piedras que rebotaban con ruido en su armadura y en la armadura de guerra de su caballo. Nadie se había atrevido hasta entonces a tamaña osadía, y más cuanto que en la puerta de Al-Menil o puerta de la Barqueta, había emplazados unos «pasadores» que era como se llamaba a unas grandes ballestas que disparaban flechas o virotes de hierro, capaces de atravesar el casco de un barco, y mucho más la armadura de un caballero. Llegó Garci Pérez de Vargas junto a la «Puerta de los Barcos» y alzando su espada a dos manos, golpeó reciamente contra el tablero de la puerta, gritando a grandes voces:

—«Puerta de Wi-Alfat: de San Juan has de llamarte.»

Y con el mismo valor con que se había acercado, se retiró dejando a los moros de las murallas maravillados de su sorprendente valor.

Pasado el tiempo, y cuando Sevilla fue conquistada por san Fernando, cumplió Garci Pérez de Vargas su palabra, poniéndole a la Puerta de Wi-Alfat el nombre de Puerta de San Juan, y fundando en el barrio que hoy ocupan las calles Pizarro, Mendigorria, Clavijo y Las Lumbreras, un barrio que se llamó de San Juan de Acre.

Hazaña de Garci Pérez de Vargas en el cerco de Sevilla

Este romance de autor anónimo del mismo siglo XIII en que ocurrió el hecho, ha sido encontrado, escrito en una de las páginas del Libro del Repartimiento que mandó hacer el rey don Alfonso X *el Sabio*. Es posible, aunque no seguro, que lo escribiera el mismo rey Alfonso X. Dice así:

Estando sobre Sevilla
el rey Fernando el Tercero
ese honrado Garci Pérez
iba con un caballero.
Solos van por un camino,
solos van por un sendero:
Siete caballeros moros
a ellos venían derechos.
Dijo aquél a Garci Pérez:

—No es bien que los aguardemos,
que dos solos pocos somos
para siete caballeros—.
Respondiera Garci Pérez:
—No es aqueso de hombres buenos:
mas si vos queréis seguirme
a todos los romperemos—.
No quiso su compañero:
las riendas vuelve partiendo.
Pidió García sus armas
que las lleva su escudero.
Don Lorenzo Gallinato
y el rey, están en un cerro:
don Lorenzo dijo al rey:
—Veo solo un caballero
que si los moros le atienden
él hará un hecho muy bueno.
Veréis si no le conocen
un escogido guerrero—.
A punto va Garci Pérez,
su camino va siguiendo:
los moros en un tropel
ademanes van haciendo.
Pasase por medio dellos
sin que conozca miedo.
En las armas le conocen
y no osaron atendello.
Él se va por su camino
echa menos una coffia
que trahia so el capello,
acueda volver por ella
hasta do se puso el yelmo.
El escudero llorando
dijo: —Non fagais eso
que la coffia vale poco
y podríais perderos cedo.
—Espera aquí, non te rures,
que es coffia de muchos prescio,
a labrada por mï amiga:
non la perderé si puedo—.

Volviendo por do viniera
alcanzó los moros presto:
ellos que bien le conoscen
non osaron atendello.
Allí hallará su coffia,
vuélvese con ella cedo.
Dijo el rey a don Lorenzo:
—¡Ay Dios, que buen caballero—!

El almofar de Garci Pérez

En otra ocasión andaban los soldados del ejército cristiano dedicados a forrajear, o sea cortar hierba para sus caballos, en las proximidades de Tablada, cuando una tropa de caballería musulmana que estaba emboscada, les atacó por sorpresa, causándoles algunos muertos. Desde ese día la operación de forrajear se convirtió en peligrosa, y los moros confiaban en que manteniendo las emboscadas impedirían la subsistencia del gran número de caballos y acémilas del ejército sitiador.

Por este motivo el rey dispuso que Garci Pérez de Vargas, con una fuerte escolta, protegiese a los forrajeadores o herberos. (De donde ha tomado nombre la torre denominada Torre de los Herberos, en las afueras de Sevilla.)

El primer día que Garci Pérez se ocupó de esta protección hacía mucho calor, pues era en pleno mes de julio, y Garci Pérez, sofocado, se quitó el casco de hierro y el almófar que era una especie de gorro de lana que se ponían para amortiguar los golpes del casco.

Terminada la faena de forrajear, los herberos emprendieron el regreso al campamento real de Tablada, sin que los moros se atrevieran atacarles, ya que se habían dado cuenta de que Garci Pérez de Vargas iba a la escolta, y ya el nombre de Garci Pérez era no sólo conocido sino temido y admirado por los moros. Así que los musulmanes, situados a no mucha distancia, vieron marchar a los herberos, quienes también los vieron.

Pero cuando ya entraban en el real, echó de menos Garci Pérez su almófar que se le había caído cuando se lo quitó. Y deseando recuperarlo, sin tener en cuenta el riesgo, decidió regresar él solo a buscarlo.

Desandó todo el camino, llevando el caballo al paso, y mirando hacia el suelo, para buscar el almófar. A este tiempo, los soldados moros que a distancia habían permanecido durante toda la operación del forrajeo, se habían acercado al camino principal. Garci Pérez, sin hacer cuenta de ellos, continuó su camino hasta llegar adonde mismo estaban siete de los soldados moros, y pasó por medio de ellos buscando su almófar. Los moros se quedaron atónitos del temerario valor de su enemigo, pero como no llevaba el casco puesto y lo conocieron, se apartaron prudentemente porque sabían que Garci Pérez de Vargas era el más terrible esgrimidor de espada de todo el ejército cristiano, y que muy fácilmente era capaz de acabar él solo con los siete moros juntos. Se alejó Garci Pérez hasta buen trecho, y por fin vio su almófar. Entonces se bajó del caballo para recogerlo, volvió luego a cabalgar, y pasando por segunda vez por entre los moros regresó al campamento cristiano sin que nadie osara molestarle.

San Fernando y los sastres

Como reminiscencia del glorioso pasado gremial que dio categoría de imperio económico a la ciudad de Sevilla en los tiempos de la Edad Media, cuando llegó a rivalizar en producción y exportación de manufacturas con las ciudades de la Liga Hanseática y con Venecia y Bizancio, existe todavía hoy en Sevilla una serie de calles que en sus nombres nos recuerdan a aquellos gremios, las unas por haber estado en ellas los talleres u obradores, y las otras por haber radicado en ellas los hospitales propios de los gremios.

Calles como Tintes, Vidrio, Boteros, Acetres, Pescadores, Conteros, Lagar, Curtidurías, Cerrajería, Arte de la Seda, etcétera, y asimismo perviven capillas de hermandades gremiales, como la capilla de san Andrés de la calle Orfilla, fundada por el gremio de los panaderos. La capilla de la Carretería, fundada por el gremio de toneleros. Y otras.

Pero la más antigua corporación gremial, y hermandad piadosa es la célebre Hermandad del Gremio de los Sastres, fundada nada menos que en 1247, es decir el año antes de la Reconquista de Sevilla, cuando el rey santo puso sitio a la ciudad. Y esta hermandad, que aún hoy existe, tuvo por Hermano Mayor nada menos que al propio san Fernando, cosa curiosísima, pues, ¿cómo podía ser Sastre Mayor, un hombre que solamente había dedicado su vida a la guerra, que hizo veinticuatro campañas, o sea veinticuatro años de guerra, conquistando él solo más que todos los anteriores reyes de la Reconquista desde Don Pelayo en el año 714 hasta su abuelo Alfonso en 1200. San Fernando, el más atrevido en combate, el más experto en arte militar, el más sufrido soldado, el más diestro jinete, el que conquistó desde Toledo hasta Murcia y Jerez.

Pues sí, este rayo de la guerra manejó la aguja para coser, en ocasión histórica, y mereció por ello ser nombrado Hermano Mayor del Gremio de los Sastres, como ahora vemos.

Encontrábase el rey sitiando a Sevilla, habiendo emplazado su campamento en Tablada, desde donde se veían brillar a lo lejos las cuatro manzanas de oro que remataban la torre de la Giralda.

Más de una vez los moros habían intentado asaltar el campamento en ataques por sorpresa, estrellándose siempre contra la vigilante defensa de los cristianos. Pero a medida que la ciudad de Sevilla sentía más el hambre dentro de sus muros, por el apretado cerco en que la tenía san Fernando, más pensaban los musulmanes en conseguir mediante algún ardid, quebrantar la moral de sus sitiadores. Y por eso, sabiendo por sus espías, que el rey tenía hincado ante su tienda, día y noche, un estandarte de seda en que se había bordado la imagen de la Virgen María, pensaron que si destruían aquel emblema religioso, los cristianos pensarían que su Dios les abandonaba, y tal vez levantarían el campo y abandonarían la campaña, a semejanza de lo que según cuentan las crónicas orientales y africanas, había ocurrido con el ejército de los cartagineses cuando un intrépido guerrero enemigo, deslizándose entre ellos les arrebató el «zaimph» o velo sagrado de la diosa Salambó, con lo que aterrorizados los cartagineses suspendieron sus guerras al verse abandonados por la divinidad.

Con objeto de llevar a cabo este propósito, organizaron los moros un plan militar en el que figuraban dos grupos de caballería, uno de los cuales atacaría el campamento, y el otro, oculto tras un cerro esperaría que las tropas cristianas estuviesen distraídas en un lado, para entrar por sorpresa por el lado opuesto, arrebatar el estandarte y llevárselo al interior de la ciudad.

Así dispuestas las cosas, antes de amanecer salieron por un postigo de la muralla dos escuadrones, cuyos caballos llevaban los cascos envueltos en trapos para que no hicieran ruido, y se situaron tal como habían previsto, a ambos lados del campamento cristiano sin ser advertidos. Poco después del amanecer y cuando todavía la luz del alba no había cedido su turno a la dorada de la mañana, atacaron de repente por el lado del campo que daba hacia Triana, siendo descubiertos por los centinelas que dieron la voz de alarma, que era lo que ellos querían. Entretanto el otro grupo había dado la vuelta al campamento y se había situado en el lado que daba hacia el arroyo Tagarete en lo que hoy es la calle San Fernando, desde donde se lanzaron los jinetes en impetuosa carga para atacar el campamento por la parte más descuidada, a fin de arrebatar el estandarte.

Pero ocurrió que el rey, en aquellos momentos estaba oyendo la misa que cada mañana le decía en su tienda el obispo Don Remondo, capellán de su ejército y que había de ser prelado de Sevilla cuando se conquistase la ciudad. Y para que el rey no tuviera que interrumpir su devoción, tomó el mando el maestre de Santiago don Pelay Correa, para rechazar a los asaltantes del primer punto de ataque. Tal como habían previsto los moros, todas las fuerzas se situaron en la empalizada del campamento que miraba a Triana para rechazar a los jinetes del primer grupo, y entonces fue cuando atacaron los del segundo grupo, consiguiendo abrir una brecha en la empalizada, y se metieron dentro del campamento.

El rey san Fernando, que estaba arrodillado, al sentir que llegaban los moros junto a su tienda, echó mano de la espada y salió plantándose ante el camino por donde los moros venían, y teniendo el primero a su alcance, desvió con el escudo la lanza del jinete, y le asestó la espada con tal fortuna que lo derribó del caballo, lo mismo hizo con el segundo, y mientras tanto salieron algunos caballeros a proteger al rey, con lo que los moros tuvieron que retirarse. Ya desde la empalizada, dispararon varias flechas contra el estandarte de la Virgen, en el cual clavaron varias saetas, y después, satisfechos de su puntería, ya que no habían podido llevárselo, emprendieron la retirada antes de que San Fernando y los suyos pudieran montar a caballo y perseguirlos, refugiándose prontamente en la ciudad.

Mucho pesó a san Fernando que hubieran desgarrado a flechazos los mahometanos el estandarte de la Virgen, y con los ojos cuajados de lágrimas, pues era muy piadoso, recogió el estandarte de donde estaba plantado, y lo condujo a su tienda, donde lo mostró al obispo don Remondo.

—Será menester remendarlo, porque bien parezca —dijo el obispo.

Y tras haberlo tenido en sus manos y haberlo besado con reverencia, el prelado lo devolvió al rey y fue a salir diciendo:

—Voy a buscar a alguno de los sastres del campamento para que venga a zurcirlo.

—No haréis tal cosa, señor capellán. No traigais ningún alfayate, porque la Divina Señora bien merece que quien maneje la aguja para zurcir su estandarte sea el propio rey, y yo estaré muy orgulloso de cumplir tan humilde oficio en homenaje a tan Alta Señora.

Y terminado de decir esto, el rey se sentó en el borde de la cama de campaña, y cogiendo una aguja y un hilo se puso a zurcir el estandarte mientras sus labios musitaban devotamente el rezo del Ave María.

Cuando supieron los sastres del campamento real, la humilde labor de zurcido que el rey había hecho, festejaron con gran algazara el que hubiera participado siquiera una vez del oficio de ellos y acordaron entregarle la carta de examen por la que se admitía a don Fernando como sastre examinado, y miembro auténtico del gremio de los alfayates o sastres.

Y pasado algún tiempo, después de que el rey conquistó Sevilla, les señaló para sus talleres y hospital gremial una calle que hasta hace poco tiempo se ha llamado calle Alfayates, y que hoy se llama Rodríguez Zapata, que es una callecita lateral de la calle Hernando Colón.

Asimismo se estableció la Hermandad del Gremio de los Sastres, que tiene por patronos a san Mateo y san Homobono, más tarde añadidos con la tutela de la Virgen de los Reyes y el propio san Fernando al ser canonizado éste. Hermandad gremial que todavía hoy en nuestros tiempos sigue existiendo y tiene sus cultos en la iglesia de San Ildefonso.

Los barcos de Bonifaz y el avilesino Rui Pérez

En los días en que el rey san Fernando tenía cercada a Sevilla, recibía la ciudad gran parte de su abastecimiento, desde el Aljarafe, a través del Puente de Triana, que era de barcazas de madera, con un tablero sobre ellas, y bordeado de barandillas. Recíprocamente desde Sevilla se enviaban a través del puente, armas y refuerzos al Castillo de Triana, fortaleza poderosísima.

Desde la Torre del Oro hasta una torre situada en Triana, en donde ahora está la calle Fortaleza, habían tendido los moros una gruesa cadena de hierro, y así la totalidad del Puerto quedaba protegida, pues la cadena impedía que entrasen barcos río arriba, y el puente impedía que pudieran navegar agua abajo. Así que todo lo comprendido entre el puente y la Torre del Oro era un tramo del río, inexpugnable.

El rey San Fernando hizo venir de Asturias a un pariente suyo, llamado Rui Pérez, natural y vecino de la villa de Avilé. Rui Pérez era hijo de Pedro Pérez, de Aller, el cual era a su vez sobrino de doña Gontrona, amante del rey Alfonso VII, de cuyos amores nació doña Urraca. Por este parentesco (aunque no fuese *in facie eclessiæ*) Rui Pérez era muy allegado al rey san Fernando, y su consejero en asuntos marítimos.

Rui Pérez aconsejó al rey hacer venir a Ramón de Bonifaz, experto marino, natural de Burgos y que tenía su casa en una aldea de pescadores llamada Sancti Emeterio (nombre que con el tiempo ha ido evolucionando hasta convertirse en Santander).

Bonifaz vino al cerco de Sevilla, y junto con Rui Pérez planeó una maniobra naval para incomunicar Sevilla con Triana, cuya maniobra consistiría en estrellar contra el puente de Triana y contra la cadena de hierro dos barcos pesadamente lastrados con piedras y provistos en su proa de recias sierras de hierro.

Los historiadores no están de acuerdo en si dichos barcos habían de navegar río arriba, a favor de la marea ascendente, y aprovechando un día de viento de Poniente, o si por el contrario se construyeron las naves en la ribera de San Jerónimo y se las hizo descender a favor de la corriente y de la marea baja, y aprovechando un día de viento nordeste. El caso es que realizados los preparativos, los buques cargados de piedras, fueron lanzados contra el puente, que destrozaron, como asimismo la cadena de hierro de la Torre del Oro, con lo que el puerto de Sevilla quedó a merced de los barcos castellanos, y Sevilla privada de recibir alimentos de la banda de Triana.

Sin embargo, la defensa de la ciudad continuó durante otro medio año, y Rui Pérez, solicitado por otros asuntos en el Cantábrico, abandonó el cerco de Sevilla, quedando aquí una parte de la flota con Bonifaz. Esto motivó el que una vez conquistada Sevilla, Bonifaz recibió mayores honores, y participó en el «Repartimiento» de la ciudad, otorgándole el rey san Fernando unas casas, para su morada, que son las que más o menos retocadas, aún existen en la calle Alemanes ocupando la acera entre la calle Hernando Colón y la de Placentines, o sea la hilera de los soportales.

Este episodio heroico de haber roto el puente, estrellando contra él los barcos y bajo una lluvia de flechas y de piedras que les lanzaban con catapultas desde las murallas de ambas orillas, dio a los dos marinos una gran popularidad. A Bonifaz en Sevilla, y a Rui Pérez en Avilés. El rey san Fernando otorgó y su hijo Alfonso X confirmó el privilegio para los dos marinos de usar escudo nobiliario, tanto para ellos y sus familias como para sus lugares de origen, siendo éste por tanto el comienzo de la heráldica municipal de Avilés y Santander.

NOTAS. — *Sobre el suceso de la rotura del puente de Triana escribió una hermosa obra de teatro, mezcla de epopeya y de auto sacramental, don Pedro Calderón de la Barca, con el título de* El santo rey don Fernando. *Una nueva versión y adaptación a la escena moderna de esta obra la escribió el autor de estas* Leyendas *en 1955, representándose en función de gala en un escenario instalado en el Patio de Carlos V del Alcázar de Sevilla. En cuya representación debutó y alcanzó sus primeros aplausos el actor, hoy máxima figura del teatro español, Juan Diego, que en aquel entonces era casi un niño y que interpretó el papel de grumete de la nave de Bonifaz.*

En la Plaza Nueva, entre las figuras que forman parte del conjunto del monumento al rey san Fernando, inaugurado el 15 de agosto de 1924, una de ellas es la del almirante don Ramón de Bonifaz, obra del ilustre escultor José Lafita y Díaz.

Tradición de la Virgen de los Reyes

Estando el rey san Fernando en su campamento de Tablada, durante el cerco de Sevilla, poco antes de conquistarla, le ocurrió cierta noche quedarse en su tienda de campaña rezando. Mediada su oración se adormeció y tuvo una milagrosa visión en la que se le apareció la Virgen, en figura de una imagen muy lindamente labrada, con su Niño en brazos, y le decía:

—Fernando, por tu gran piedad, yo te prometo que habrás de conquistar a Sevilla.

Al despertar llamó el rey a su capellán, que era el obispo don Remondo o Raimundo, y le manifestó la visión que había tenido. Pasado poco tiempo se cumplió el celestial aviso, y san Fernando pudo entrar victorioso en la ciudad.

Aposentado en el Real Alcázar, en la parte que da a la actual calle Joaquín Romero Murube junto a la Diputación Provincial, que era la antigua Alcazaba árabe, pasaba el santo Rey muchas horas en oración, acordándose de aquella imagen que en sueños había visto, y para no olvidarla, quiso que los artistas escultores la reprodujeran. Pero ninguno de cuantos artífices había en el reino de Castilla, fue capaz de conseguir una imagen que tuviese exacto parecido con la que el rey había soñado.

Cierto día llegaron ante el Alcázar tres jóvenes vestidos con el traje que solían llevar los peregrinos alemanes que hacían la ruta piadosa de Santiago de Compostela y que solían bajar hasta el Sur. Los tres jóvenes peregrinos pidieron ser recibidos por el monarca. Preguntóles Don Fernando qué deseaban y ellos le dijeron:

—Señor, somos tres compañeros escultores que hacemos nuestro viaje de «wanderschaft» o viaje de perfeccionamiento de nuestro arte. Hemos recorrido la Alemania y la Francia, y ahora venimos a tu reino con el propósito de dar a conocer nuestro arte y aprender las reglas del vuestro.

Ofrecióles don Fernando cuantas facilidades quisieran para su aprendizaje, y entonces replicaron agradecidos:

—Señor, en pago de vuestra acogida generosa, os queríamos hacer algún regalo. Si nos lo permitís labraríamos para vuestra capilla alguna imagen de la Virgen.

Aceptó el rey el ofrecimiento y mandó a su mayordomo que les entregase cuantos materiales y herramientas pidieran para su trabajo pero ellos contestaron que no necesitaban nada sino solamente un salón en donde se les dejara trabajar sin ser vistos ni molestados por nadie.

Los encerraron, pues, en una cámara del Alcázar y al cabo de varias horas una criada que movida por la curiosidad miró por la cerradura vio que los tres extranjeros no estaban trabajando, sino arrodillados cantando dulces plegarias en medio de un gran resplandor, y acudió a comunicarlo al rey.

Quiso don Fernando comprobar por sí mismo tan extraña conducta de sus huéspedes y se acercó a la puerta para observar. Entonces reparó en algo que no había visto la criada: sobre la mesa que se les había dado para trabajar, tenían ya hecha y terminada una primorosa imagen de la Virgen, que era exactamente la que el rey había visto en su sueño.

Tembloroso de emoción don Fernando abrió la puerta y al entrar le cegó el resplandor de una inmensa luz. La Virgen sonreía frente a él y los tres jóvenes escultores habían desaparecido milagrosamente, sin que hubiese otra puerta por donde hubieran salido.

Comprendió entonces san Fernando que los tres mancebos eran ángeles y que le habían dejado allí la imagen de la Virgen como un regalo del cielo. Confirmaron este pensamiento del rey los guardas y centinelas del Alcázar, pues en ningún momento había salido ninguna persona por las puertas de la muralla del palacio real, y por añadidura, escultores de Sevilla que examinaron la imagen, aseguraron que no era posible haberla labrado en tan breve tiempo de unas horas, y cuyo material no era metal, ni madera, ni marfil, ni sustancia alguna de este mundo.

Consultado el caso con el obispo don Remondo lo declaró por verdadero y cierto milagro, y ordenó que se colocase la prodigiosa imagen en la Capilla del Alcázar, con el nombre de Nuestra Señora de los Reyes. Pasado el tiempo y cuando murió san Fernando, dejó en su testamento que deseaba que su cuerpo estuviera sepultado a los pies de la dicha bendita imagen, por lo que la Virgen de los Reyes pasó a la catedral, poniéndosela en el altar de la Capilla Real donde el Santo Rey tiene su túmulo.

NOTA A ESTE CAPÍTULO. — *Conviene añadir en este capítulo sobre Tradiciones de la época del rey San Fernando, que según algunos escritores, el motivo de la entrada del rey, disfrazado de moro, en la ciudad durante el tiempo del cerco de Sevilla, no fue para examinar sus defensas, sino porque había oído decir que en la Mezquita Mayor, tras un muro, estaba oculta la imagen, pintada, de Nuestra Señora de la Antigua, de época visigótica, y quiso visitarla y orar ante ella. Este motivo piadoso será el que le impulsó a la temeridad de penetrar en una ciudad enemiga. Ofrecemos a nuestros lectores esta variante, por considerarlo de interés, ya que figura en algunos relatos antiguos. Concretamente lo hemos visto así en un curioso libro titulado* Recuerdos de *un viaje* por España, *publicado en Madrid en Establecimiento Tipográfico de Mellado, en 1851.*

NOTA. — *El rey san Fernando, la noche antes de entrar oficialmente en Sevilla tras la rendición del gobernador o reyezuelo musulmán Axatat, durmió en una casa situada entonces junto a la muralla, en la calle que se llamaba Adarve de Aben Manda, y que hoy se ha rotulado como calle Cano y Cueto. En dicha casa, a la altura del tercer piso, hay un azulejo con el retrato de san Fernando en recuerdo de su posada.*

CAPÍTULO V

LAS LEYENDAS Y TRADICIONES DESDE SAN FERNANDO HASTA DON PEDRO I

La torre de don Fadrique (Leyenda)

El muy alto y poderoso rey don Fernando III llamado *el Santo*, había estado casado en su mocedad, con la reina doña Beatriz de Suabia, de ilustre estirpe europea, emparentada con las principales casas reinantes de su época. Fue doña Beatriz de Suabia modelo de prudencia y virtud, y dio al rey varios hijos, siendo el primero de ellos el príncipe don Alfonso, llamado *el Sabio*, y que después de la muerte de san Fernando ocuparía el trono de Castilla y León con el nombre de Alfonso X *el Sabio*, y el menor el infante don Fadrique.

Pero ocurrió que doña Beatriz de Suabia había muerto, y el rey san Fernando, por consejo de sus ministros y prelados contrajo nuevo matrimonio, encontrándose ya en edad mayor, con casi cincuenta años. Esta segunda boda tenía principalmente finalidad política, pues se trataba de entablar relaciones de amistad con Francia, a cuya familia real pertenecía doña Juana de Pointiheu, que así se llamaba la dama elegida para desposar con Fernando III.

La diferencia de edad entre el rey y su nueva esposa era demasiado grande, pues ella apenas contaba diecisiete años. Vino a Castilla con gran acompañamiento, que se despidió y volvió para Francia tan pronto como dejaron a la bella, rubia, y jovencísima Juana, casada con el monarca español, en Toledo.

Poco después el rey ponía en marcha sus tropas para conquistar Córdoba, y más tarde Sevilla.

Las campañas tuvieron al rey alejado de la reina, y más aún sus continuos ejercicios de piedad, pues no en vano se le apellidaba con el sobrenombre de «El Rey Santo» aún mucho antes de su muerte y canonización. Y aunque por cumplir como caballero y cristiano se acercó a ella algunas veces, fue solamente por obligación de débito conyugal, así que la joven reina tuvo unos hijos, más como austero deber que como placer matrimonial, y sin haber llegado a gustar las verdaderas mieles del matrimonio.

Así las cosas, el rey san Fernando la trajo a Sevilla, terminada la campaña y se aposentaron a vivir en el Alcázar, donde entre las preocupaciones del gobierno, las continuas ejercitaciones piadosas, la enfermedad que había contraído al pasar el Guadalquivir por Lora del Río, y de la que nunca se repuso, tampoco prestó demasiada atención a la reina. De ella apenas sabemos más sino que recibió rica dote de las ganancias del repartimiento de Sevilla, y que asistió a los últimos momentos del rey cuando éste murió cuatro años después, tal como la vemos con el rostro cubierto con un velo, en el célebre cuadro titulado *La comunión de San Fernando*, en que se ve al rey moribundo recibiendo el Viático, pintado por Virgilio Mattoni, en el Museo Provincial de Bellas Artes.

Así pues, doña Juana de Pontiheu quedó viuda, joven, bella, lozana, sin haber sabido realmente lo que es tener un marido. Y tras los funerales de san Fernando se encontró viuda, sola en el Alcázar, sin más compañía que sus doncellas y sus pájaros de cetrería, halcones peregrinos, gavilanes y neblíes, con los que se distraía en cazar, echándolos a volar desde su guante de cuero, al azul cielo sevillano, paseando por los jardines del Alcázar, y por la Huerta del Retiro que daba adonde hoy están los Jardines de Murillo.

Poca compañía para una viuda, joven y bella, que no tenía parientes en Sevilla, porque su única familia eran los senescales de

Borgoña, y sus hermanas y primas que estaban en la corte de Francia.

Para acentuar su soledad, sus hijos aún pequeños, tenían que estar separados de ella, educándose con arreglo al uso castellano, en manos de ayos y amas, sin más relación con la madre que darle un beso cada noche a la hora de irse a acostar.

Ocurrió que cierto día vino al Alcázar el infante don Fadrique, hijo de san Fernando, y por tanto hijastro de doña Juana. Este don Fadrique tenía la misma edad que ella, pues debía andar por entre los veinticinco y veintiséis años. Nunca había residido en Sevilla porque andaba mandando tropas por la frontera de los moros de Málaga y Granada. Había llegado a Sevilla, y se consideró obligado por el protocolo, a acudir a presentar sus respetos a la reina viuda.

La encontró en el jardín, dedicada ella como solía, a cazar palomas con su halcón favorito. Don Fadrique elogió al bello halcón:

—Estos pájaros son más hidalgos que muchos ministros de los que gobiernan el reino con mi hermano el rey Don Alfonso.

—No digáis esas cosas, infante. Pueden oiros y se disgustaría el rey.

—No hablo en broma, señora. ¿No sabéis que en Castilla los halcones son considerados como hidalgos? ¿No habéis oído nunca el refrán: «Más hidalgo que un halcón»? Estas aves ¿no habéis notado con qué honor cazan?

Doña Juana rió:

—No os entiendo, infante. No sé qué queréis decir con esas palabras de «cazar con honor». No sé diferenciar esos matices en la caza.

—Pues si queréis, señora, os invitaré a cazar, pero no aquí en la ciudad, porque la verdadera caza no consiste en matar los palomos de las azoteas de los vecinos con vuestro halcón. Hay que salir a campo abierto, y mejor cerca del río, donde se posan a beber las aves.

Al día siguiente, la reina viuda salió con el infante don Fadrique a cazar junto al Guadalquivir. La sorpresa cundió en el Alcázar porque no era costumbre que una reina viuda se entregase a paseos sino solamente a rezar.

Pero las salidas, a pesar de las mal disimuladas críticas, continuaron.

Empezó el invierno, que aquel año 1253 fue muy riguroso, y la caza en la orilla del río se hacía difícil por lo frío y desapacible del clima.

—Pues bien, construiré una torre asomada al río, donde podréis cazar a vuestro sabor, y teniendo cerca un fuego —dijo el infante.

Y mandó inmediatamente poner manos a la obra. A quienes preguntaban, les respondía invariablemente:

—Es una torre para la defensa del lado norte de la ciudad. Es el único sitio vulnerable de Sevilla, porque los otros costados están el Tagarete, el Guadaira y el Guadalquivir, pero en el frente Norte queda el campo más abierto.

No fue muy convincente esta afirmación del Infante para quienes entendían de estrategia militar, y así sus otros hermanos don Fernando y don Enrique acudieron a quejarse al rey don Alfonso X.

—Nuestro hermano está construyendo una torre defensiva. ¿Qué defensa cabe con una torre que está situada dentro de murallas? Si se hiciera más allá en la esquina de la Almenilla, o afuera de la Macarena sería cosa de creer. Pero donde la hace no tiene utilidad ninguna para la defensa. Y, ¿sabéis lo que susurran los escuderos y camaristas del Alcázar...?

Pero el rey don Alfonso X, como Sabio, les mandó callar.

—Prohíbo que nadie ose hablar otra vez de esta cuestión. Don Fadrique es vuestro hermano, y solamente yo puedo juzgarle, como rey y como hermano mayor. Y si no lo he hecho, no podéis vosotros ni entrar ni salir en esto.

Sin embargo el rey, que era comprensivo y no ignoraba que aquellas cacerías eran paseos amorosos, y aquella torre un nido de amor, aunque lo disimulaba, con el fin de no autorizar con su presencia aquellos amores, y evitar las mumuraciones de sus nobles, optó por trasladar la Corte a Toledo, donde estableció en el Alcázar viejo, situado en lo que hoy es el Paseo del Miradero de aquella imperial ciudad, el observatorio astronómico donde personalmente y con ayuda de los sabios Rabí Ben Zagut, y Rabí Zag, verificó las observaciones que le sirvieron para escribir y diseñar sus famosísimas *Tablas Alfonsíes* y *Libro del Saber de Astronomía.*

Pero aunque la mayor parte de la nobleza se trasladó a Toledo, una gran hostilidad seguía entre la nobleza que había quedado aquí, contra la reina y el infante, pues la severa y piadosa nobleza sevillana no podía admitir ni que la reina viuda se volviera a casar, ni tampoco, que tuviera amores secretamente. Y formando causa común con los grandes señores, el pueblo bajo se sumó a una guerra sorda contra los amantes.

Cuando la reina, acompañada del infante don Fadrique, o sola con sus criadas y escuderos salía del Alcázar, para dirigirse a la Torre de don Fadrique, a su paso por la calle de Placentines, o por la de Mercaderes o Francos y por la calle de los Monteros (después se llamó Colcheros y hoy calle Tetuán) para enfilar la calle del Amor de Dios, como obedeciendo a una orden se cerraban las puertas y las ventanas de todas las casas antes de que llegase a su altura la reina, con el más ostensible desaire.

Pero todavía fue más grave lo que sucedió el día 24 de junio de 1255 en que con motivo de celebrarse el día del santo de la reina, que era el día de san Juan, se enviaron desde el Alcázar invitaciones para más de doscientos convidados, caballeros y maestres de las órdenes, priores de los conventos, y cuanto de nobleza o de representación había en Sevilla. Pero ni uno solo de los convidados acudió al banquete. La reina doña Juana, pálida de ira aguardó en el salón del banquete, ante la larga mesa repleta de viandas durante más de una hora. Al fin, abandonó el salón, se dirigió a sus habitaciones, y ordenó a su camarista:

—Recoged todas mis ropas y mis joyas y guardadlas en los cofres. Dad mis órdenes a las ayas para que preparen mis hijos para un viaje. Nos vamos a Francia.

En vano intentó consolarla el infante don Fadrique con desesperación de enamorado.

—No, don Fadrique. Ni la religión ni la sociedad consienten nuestro amor. Ni autorizan que nos casemos, ni que nos amemos sin casarnos. Ante lo imposible y lo irremediable no hay más remedio que darse por vencidos.

Aquella misma tarde, doña Juana, sin apenas escolta ni séquito, se dirigió desde el Alcázar a la Barqueta, en donde en aquel entonces estaba el embarcadero real, al pie del convento de San Clemente, en donde se encontraba atracada la falúa o barco de la familia real. La falúa ya estaba preparada con sus remeros y cómitre, para dirigirse, con vela y remos, hacia Cádiz, donde doña Juana embarcaría para Francia.

Al surcar la falúa el río, aguas abajo, la reina doña Juana dirigió una última mirada con los ojos llenos de lágrimas, hacia la torre de don Fadrique, la torre que durante tres años había sido el nido de sus amores. Llorando amargamente hizo una señal con su pañuelo en dirección a la torre, en cuyas almenas don Fadrique, también con los ojos anegados en llanto, le hacía una señal de adiós con la mano.

Parece ser que éste fue el motivo de que poco después el rey don Alfonso X *el Sabio*, obligado por el clero y la nobleza, autorizó un proceso contra don Fadrique, acusado de haber ofendido el decoro real, al tener amores ilícitos con la viuda del rey san Fernando. De resultas del cual don Fadrique fue sentenciado a muerte, y ejecutado en Toledo.

Desde entonces la Torre de don Fadrique no volvió a ser usada, ni como defensa militar, que nunca lo fue, ni con ninguna otra finalidad. Y ahí está, en la calle Santa Clara, hermosísima muestra del arte románico y el gótico, sin que al cabo de setecientos años se la haya vuelto a utilizar.

Tradición del lagarto de la Catedral

Si visitáis la Catedral de Sevilla, veréis en el Patio de los Naranjos, colgados de las vigas del techo de una de las naves, a gran altura, tres objetos sorprendentes: un cocodrilo, de tamaño natural, un bocado o freno de caballo, de gran tamaño, y un bastón de mando. Tan curiosos objetos, y colgados allá arriba, en un patio catedralicio, merecen nuestra explicación.

Por los años de 1260, noticioso el Soldán o Sultán de Egipto, de que el reino de Castilla, tras la reconquista de Andalucía, había pasado a ser una gran potencia europea, deseoso de entablar relaciones políticas y económicas, envió una embajada al rey Alfonso X *el Sabio*, para pedirle la mano de su hija Berenguela. La embajada trajo diversos presentes, entre ellos un hermoso colmillo de elefante, un cocodrilo del Nilo, vivo y feroz, debidamente enjaulado, y una altísima y tímida jirafa, domesticada, con su montura y su freno y bridas.

Rechazó el rey castellano cortésmente la petición de mano de su hija, devolvió la embajada cargada de buenas palabras, y de regalos para el Sultán, y aquí quedaron el cocodrilo, al que se echó en una alberca de los jardines del Alcázar, y la jirafa, que aburrió su soledad y doncellez, ramoneando las copas de los árboles en los mismos jardines. Pasado el tiempo y muerto el cocodrilo se le disecó, y su piel rellena de paja fue colgada en el Patio de los Naranjos de la catedral, junto con el freno de la jirafa. Años después al regresar de Egipto el embajador castellano que había ido a cumplimentar al Soldán, su vara o insignia, ya inútil, también se colgó para recuerdo junto a los otros pacíficos trofeos, y allí permanecen todavía para sorpresa de visitantes, y regocijo de chiquillos.

ORIGEN DEL NO ∞ DO

Lema del escudo de Sevilla

El escudo de Sevilla (en el que aparece en el centro el rey san Fernando con corona y espada, y a sus dos lados los obispos san Isidoro y san Leandro con mitras y báculos) se acompaña con un lema o mote que unas veces se pone dentro del mismo escudo al pie de las figuras, y otras veces fuera del escudo, ya sea debajo, o formando orla.

Este mote o lema parece ser criptograma o logogrifo, pues consta de dos sílabas de misterioso significado, y entre ellas dibujado, un mazo o madeja de hilo.

El origen de este lema es el siguiente:

El rey don Alfonso X *el Sabio,* tuvo gran sabiduría en ciencias matemáticas, en astronomía y en leyes, como autor que fue del Código de *Las Siete Partidas,* las *Tablas Alfonsíes,* el *Libro del Saber de Astronomía, El Lapidario o libro de las piedras preciosas,* y las *Cantigas e loores a Nuestra Señora.*

Sin embargo de tanta sabiduría no supo absolutamente nada del arte de gobernar el reino, ni de la economía o administración pública. Así que sus gastos fueron superiores a los ingresos del erario, cundió el descontento, y por ello se formaron bandos; y ante el temor de que éstos acabasen con la dinastía, y aun con la monarquía, el hijo del propio rey, el príncipe Sancho, de acuerdo con la esposa del rey doña Violante, se alzó en armas para restablecer la autoridad y la ley.

Las circunstancias planteadas así en España fueron dolorosísimas. De un lado, un rey bondadoso y sabio, cristiano pero comprensivo para con los de otras religiones, como que contaba entre sus personas más allegadas a sabios árabes y judíos; amante del derecho, que había suavizado la condición de los vasallos y que había mejorado las leyes quitándoles muchos resabios de la antigua barbarie. Pero que con todas estas virtudes había arruinado la hacienda nacional, y había empobrecido al pueblo. Y frente a él, un hijo que carecía de muchas de sus virtudes, joven, tumultuoso, ambicioso, pero en quien el país ponía sus esperanzas de una mejor prosperidad.

El bando encabezado por la reina doña Violante y por el príncipe don Sancho iba ganando día a día adeptos, y al llegar a cada ciudad o villa se le abrían las puertas, y don Sancho era reconocido como rey, declarándose desposeído de la corona a don Alfonso X.

El príncipe don Sancho, aun llevando un poderoso ejército, evitó empeñar combate directamente contra su padre, limitándose a atraerse a sus partidarios que fueron abandonando a don Alfonso y pasándose al príncipe.

Así, sin apenas usar de la fuerza, don Sancho se hizo rey de Castilla, Galicia, León, Asturias, Extremadura, Murcia y Andalucía, siendo jurado y acatado por todas las ciudades menos por Sevilla, en donde Alfonso X se había refugiado.

Don Sancho, generosamente no quiso atacar a Sevilla, y dejó que la ciudad siguiera fiel a don Alfonso y le sirviera de morada hasta sus últimos días, que habían de ser breves, puesto que don Alfonso estaba ya viejo y enfermo, y había sufrido un cáncer en un ojo, o quizás un glaucoma, de tan agudos dolores, que agradeciendo al cielo que se le hubiesen aliviado, edificó a sus expensas la parroquia de Santa Ana, en señal de ex-voto por tal favor celestial.

Los mismos caballeros principales de Sevilla abandonaron la ciudad para ir a reconocer a don Sancho que se encontraba en Córdoba. Así el viejo y enfermo don Alfonso se quedó en Sevilla solamente con ocho altos magnates, a saber: Don Remondo, arzobispo de Sevilla; don Suero, obispo de Cádiz; Fray Acusar, obispo electo de Álava; Pelay Pérez, Abad de Valladolid; don Pedro García de Airones; don Garci Jofre de Loysa; don Pedro Ruiz de Villegas; y don Gome Pérez, alguacil mayor de Sevilla.

Pero si solamente estos magnates y altos eclesiásticos seguían sirviendo a don Alfonso, en cambio el Ayuntamiento de Sevilla integrado por los jurados de las distintas clases sociales se manifestó fiel al anciano rey, dispuesto a servirle en todo.

Por este motivo don Alfonso X, en los últimos días de su vida testimonió su gratitud a la lealtad de Sevilla, concediendo al Ayuntamiento que en su escudo pusiera este lema: las sílabas NO y DO, y entre ellas una madeja, de este modo:

NO ∞ DO

y cuya lectura es: NO-MADEJA-DO, expresión con ortografía correspondiente a la fonética sevillana con que se pronuncia la frase castellana de NO ME HA DEJADO, y que nosotros decimos

NOMADEJADO

A veces este lema forma por sí solo el escudo de la ciudad, tal como puede verse en lo alto de uno de los ventanales del edificio municipal en la Plaza de San Francisco.

Tradición de Bustos Tavera y la Estrella de Sevilla

En los últimos años del siglo XIII, vivían en Sevilla dos familias de la más ilustre estirpe. Eran los Tavera, y los Roela. Vivían los Tavera en la casa situada en la esquina de la calle Doña María Coronel con calle Bustos Tavera, casa que desgraciadamente en los últimos años, hacia 1970, ha sido derribada para hacer en su solar un edificio moderno.

El palacio de los Tavera fue uno de los mayores que contaba Sevilla, pues se extendían por una enorme manzana, con casa y jardín. Vivían en aquel entonces como únicos ocupantes del palacio, por haber muerto sus padres, dos jóvenes, de hermosas prendas: Bustos Tavera, caballero mozo de hasta veintitantos años, notable jinete, y diestro en el manejo de las armas, que ya se había acreditado por su valor en algunas ocasiones, saliendo a combatir contra los moros que desde Algeciras intentaban hostilizar a los pueblos de la comarca. Y su hermana Estrella Tavera, de hasta dieciocho años, bellísima sobre toda ponderación, y tanto que en la ciudad, en vez de llamarla Estrella Tavera, le llamaban Estrella de Sevilla.

La familia de los Roela, por su parte era de gran rango dentro de la vida sevillana. Los Roela tenían su casa en la calle Santa Ana, en donde hoy está la casa «de las columnas» o ex palacio del Infantado, donde había en aquel entonces en vez de la casa un callejón, que unía Santa Ana con la calle Hombre de Piedra, y desde ahí se prolongaba hasta el callejón de las Becas y la calle Lumbreras, siendo todo este largo trayecto llamado Calle del Arquillo de los Roela, pues la calle entera pertenecía a la familia, teniendo a un lado su casa palacio, y a la otra acera las caballerizas, vivienda de sus criados, y un jardín con su huerta.

Ocurrió que Sancho Ortiz de las Roelas el joven heredero de esta cuantiosa fortuna y estado, se enamoró de Estrella Tavera, siendo bien correspondido, aunque por el momento y hasta tanto acabase el luto por la muerte de los padres, acordaron no hacer públicos sus amores, encaminados al honesto fin del matrimonio.

Por entonces era rey de Castilla don Sancho IV llamado *el Bravo*, hijo de Alfonso X *el Sabio*. Este monarca, una vez que murió su padre, vino a establecerse en Sevilla, poniendo su corte en el Alcázar. Era costumbre tener la Corte en Sevilla, por estar más cerca de la frontera de moros de Granada, y prevenir con su presencia el rey cualquier nueva invasión de los africanos.

Don Sancho IV era hombre mozo, ardiente, que cuando no estaba en guerras, por lo que le llamaban *el Bravo*, gustaba de enamorar mujeres y gozarlas. Y he aquí que habiendo visto a doña Estrella Tavera, la bellísima Estrella de Sevilla, se propuso el rey disfrutar de ella. Envióle secretamente cartas y ofrecióle presentes, regalos, y aun si ella lo quisiera villas y ciudades. Pero Estrella Tavera, como discreta, honesta y enamorada de su amante Sancho

Ortiz de las Roelas, rechazó las pretensiones del rey, aun sin darlas a conocer a su hermano ni a nadie tanto por respetar la propia honra y fama suya, como por no poner en murmuración el nombre del rey.

Espoleó la lujuria del rey este verse rechazado, y pensó entonces conseguir por la astucia y por la fuerza lo que no había conseguido de grado. Y a tal efecto sobornó a una esclava que había en la casa, la cual le abrió la puerta del jardín, que daba a la actual calle Doña María Coronel. El propio rey Sancho, en versos de Lope de Vega, en la obra dramática *La Estrella de Sevilla,* nos cuenta el sucedido así:

SANCHO

Seducir logré la esclava,
que anoche entrada me dio;
mas Bustos me descubrió
cuando más ufano entraba.
La espada osado sacó
con valor, mas con respeto,
que aunque lo negó, en efeto
pienso que me conoció.
Dije quien soy, y arrogante
me respondió que mentía
pues un rey no emprendería
jamás acción semejante.
Confieso que me corrí
no de que tal me dijera
mas, de que razón tuviera
para sonrojarme así.
Del Alcázar a la puerta
ya supiste que hoy estaba
la desventurada esclava
con tres puñaladas muerta...

El suceso, contado así por Lope de Vega, ocurrió sin ninguna variante. El rey, tras abrirle la puerta del jardín la esclava, entró en la casa, pero fue descubierto por Bustos Tavera, quien al oír ruido en la casa salió espada en mano. El rey al verse atacar se dio a conocer, pero Bustos Tavera, aunque le reconoció contestó que no podía ser el rey, porque un rey no comete tan feas acciones. Y así por escarmentarle, y quitarle del pensamiento el ultrajar a su hermana Estrella, le dio de palos como si le creyese un vulgar ladrón que había entrado en la casa para robar, y bien apaleado le dejó ir.

El rey, soberbio y furioso se fue al Alcázar, donde a la mañana siguiente, a la puerta fue encontrado el cadáver de la esclava, a la que Bustos Tavera había dado muerte por castigar su felonía en procurar la deshonra de su ama. El arrojar el cadáver allí era un nuevo aviso de Bustos Tavera para indicar al rey que conocía cómo se había valido para entrar en una casa honrada.

El rey que ya estaba informado de que Estrella Tavera, aunque no publicado aún, tenía compromiso de boda con Sancho Ortiz de las Roelas, con quien cada noche mantenía dulces pláticas a través de una ventana del palacio de la calle Bustos Tavera, quiso impedir tal noviazgo y al mismo tiempo castigar al hermano de ella por lo que el rey consideraba ultraje a su real persona por haberle dado de palos como a un lacayo. Así que el rey hizo ir al Alcázar a don Sancho Ortiz de las Roelas, con quien mantuvo un secreto diálogo en el que le dijo:

—Habéis de saber señor Roelas, que una persona cuyo nombre no os puedo decir ahora mismo, ha ofendido a mi real persona, lo cual constituye delito de lesa majestad. ¿Qué pena debe imponerse a quien así atenta contra su rey?

Sancho Ortiz de las Roelas contestó:

—Señor, quien atenta contra su rey merece, según las leyes del reino, ser condenado a pena de muerte.

—Bien, señor Roelas. Estáis en lo cierto. Mas es el caso que quien cometió tal delito de lesa majestad, es hombre muy principal, y no convendría a la paz de Sevilla el que se le condenase y ajusticiase públicamente, pues podrían suscitarse bandos públicos de partidarios suyos que alterasen el orden. ¿Qué haríais en ese caso?

—Señor, en ese caso, y tal como en ocasiones semejantes se ha hecho, debería ser muerto sin que se supiese que había sido condenado por el rey, aparentando que su muerte era causada por otro motivo. Así se ha hecho varias veces en bien de la paz pública, según refieren las crónicas antiguas.

—Una última pregunta, señor Roelas. ¿Cuál es la primera obligación de todo caballero noble?

—Servir a su rey hasta la muerte.

—Pues bien, señor Ortiz de las Roelas. He de daros un encargo que por la obediencia que me debéis, como caballero noble, no podéis excusar de cumplir. Aquí tenéis este papel en el cual va escrito el nombre del mal caballero que osó atentar contra mi real persona, en circunstancias que no debo deciros. El delito de lesa majestad se paga con la muerte. Y como no puedo mantener la paz pública hacer que le corte la cabeza el verdugo, a vos os mando que le deis muerte secretamente.

Cuando Sancho Ortiz de las Roelas salió del Alcázar y se dirigió a su casa de la calle Arquillo de los Roelas iba tranquilo porque el caso era normal entre los usos de aquella época. Pero al llegar a su casa y abrir el pliego encontró escritas las siguientes palabras: «A quien muerte haber de dar es, Sancho, a Bustos Tavera.»

Sancho Ortiz luchó consigo mismo, llorando y maldiciendo su mala fortuna. Porque, ¿cómo había de dar muerte a Bustos Tavera, su amigo a quien quería como un hermano y que iba a serlo pronto por ser hermano de su amada Estrella? Pero, ¿cómo resistirse a cumplir con un deber que en aquella época era superior a todos los deberes que podía tener un caballero: obedecer al rey?

Así pasó el día, presa de los más tristes pensamientos. Si mataba a Bustos Tavera no podría ya casarse con su hermana, pues aunque ella no lo supiera, su conciencia se lo impediría a cada instante. Y si no mataba a Bustos, el rey, por desobediencia le mandaría matar a él. De todos modos, había perdido a Estrella para siempre.

Aquella noche, don Sancho Ortiz de las Roelas, cumpliendo la orden del rey, dio muerte a Bustos, pero no secretamente sino provocándole a un duelo, espada contra espada.

Una vez cumplida su triste misión, acudió al Alcázar para darle cuenta al rey, pero éste llamando a sus ballesteros hizo prender a Sancho, y asegurarle en prisiones, mientras él mismo, marchaba a casa de los Roelas, la que registró personalmente hasta encontrar el pliego que había dado a Sancho, con lo que quedaba ya oculto el motivo de la muerte de Bustos.

Ahora, eliminado el hermano que podía guardar la honra de Estrella, y aprisionado el novio, y acusado de ser el homicida, quedaba Estrella desamparada y desengañada del amor de su amante, y era el momento oportuno para presentarse a sus ojos el rey como protector, y enamorado.

Pero Estrella en lugar de entregarse a él le dijo que tras los sangrientos sucesos ocurridos, había resuelto consagrarse al servicio de Dios, así que debía dejarla tranquila y no tentar el conseguirla, puesto que ofrecida ya como esposa de Cristo significaría un sacrilegio.

Arrepentido el rey de su inútil empeño, y de la crueldad con que se había portado con Bustos Tavera, acabó declarando que Sancho Ortiz de las Roelas había obrado legítimamente y obedeciendo órdenes del rey, por lo que le puso en libertad. El joven Ortiz de las Roelas marchó a la guerra contra los moros, para olvidar sus dolores, y allí realizó grandes proezas, hasta que encontró en la muerte el postrer remedio.

Estrella Tavera, la Estrella de Sevilla, tal como había prometido, entró de religiosa en un convento donde dedicó el resto de su vida a orar por las almas de su hermano y de su amante.

La favorita

Aunque contado como leyenda, y sobre el que se ha basado el argumento de una ópera, el suceso que vamos a relatar es auténtico, en todas sus partes, salvo detalles insignificantes añadidos por los poetas y que no desvirtúan su veracidad histórica.

El rey don Alfonso XI, casado por razones de Estado con la princesa portuguesa doña María, no la amaba. Y habiendo conocido a una bellísima viuda, de la ilustre y poderosa familia de los Guzmanes, llamada Doña Leonor de Guzmán, «la Rica-hembra» (el título de Rico-hombre y Rica-hembra equivalían antes de crearse los títulos aristocráticos, a lo que después de 1520 pasaron a llamarse Duque y Duquesa), se enamoró de ella perdidamente.

Doña Leonor aceptó el convertirse en su amante o favorita, no tanto por amor, como porque ello le permitía intervenir directamente en la política del reino.

La reina doña María, que sí amaba a su esposo y que intentaba atraérselo por todos los medios, no vaciló en acudir a una hechicera judía que vivía en la calle de la Pimienta, para que le preparase un «filtro de amor» bebedizo que ella echaría disimuladamente en la copa del rey, para que se enamorase.

Sin embargo por una inesperada confusión, el botecillo del bebedizo fue a parar a la enfermería del convento de San Francisco, convento que ocupaba lo que hoy es el terreno de la Plaza Nueva, y el enfermero creyéndolo una medicina se lo dio a beber a un joven novicio que estaba enfermo de calenturas.

El novicio al beber aquella excitante pócima, se incorporó del lecho, y animado por un inesperado vigor, sintió en aquel punto flaquear su vocación, y abandonó el convento, enrolándose para ir a la guerra a luchar contra los moros granadinos. Al regreso de la campaña, en la que había prestado brillantísimos servicios, fue invitado por el rey a una fiesta de Palacio en el Alcázar. El joven don Fernando, que así se llamaba, conoció en la fiesta a doña Leonor de Guzmán, e ignorando que era la amante del rey, creyendo que era una dama del servicio de Palacio, se enamoró de ella y le pide al rey que se la dé por esposa.

El rey al principio se enfureció, creyendo que se trataba de una burla, pero después, convencido de la ingenuidad del joven caballero, decidió aprovecharse de la oportunidad. Accediendo a que que ella se casase, la convertía en una dama respetable ante la la Corte, y evitaría el que se pudiera murmurar, y llegar a oídos de su suegro, el rey de Portugal, que afrentaba a su hija la reina doña María, teniendo una amante en el propio Palacio. Así, pues, de acuerdo doña Leonor y el rey, accedió ella al engaño, y se casó con don Fernando, pero una vez casado, ella le expuso que era un matrimonio de pura fórmula, puesto que ella ella y seguía siendo *la Favorita* del rey.

Don Fernando, no pudiendo vengarse del rey, rompió su espada, con la que le había servido heroicamente, y la arrojó a los pies del monarca, diciendo: «Quedaos con vuestra favorita, que yo me vuelvo a mi convento.» Y desengañado del mundo volvió a encerrarse, ya para siempre, en su celda del convento de San Francisco.

Doña Leonor de Guzmán continuó sus amores con el rey don Alfonso XI, al que dio seis hijos, entre los cuales el célebre conde

Don Enrique de Trastámara, el que aun siendo bastardo llegaría a reinar, tras dar muerte al heredero legítimo de su padre, su medio hermano don Pedro I.

Pasados los años, tan pronto como murió el rey don Alfonso XI, su viuda la reina doña María, que había soportado durante casi un cuarto de siglo la humillación de tener en su propio palacio a la amante de su esposo, se vengó cruelmente, pues hizo matar a doña Leonor de Guzmán *la Favorita* a golpes de maza. Tras esta venganza, doña María se recluyó en el convento de San Clemente, donde murió y está enterrada. Si visitáis la iglesia de este convento, veréis sobre la tumba, un paño de brocado rojo, y la corona de doña María, puesta allí como símbolo de su carácter real.

CAPÍTULO VI

TRADICIONES Y LEYENDAS DEL REY DON PEDRO I

En el año 1570 el rey don Felipe II ordenaba a sus cronistas que «en lo sucesivo, cada vez que escribáis el nombre de nuestro antecesor el rey don Pedro I, le añadiréis el apelativo *el Justiciero* y no *el Cruel* como torcidamente se le ha venido llamando».

A pesar de esta orden, muchos historiadores han continuado nombrándole como don Pedro *el Cruel*, mote que fue inventado por sus enemigos, tras haberle dado muerte alevosa en Montiel. Es tan frecuente como triste el que siempre el vencido además de perder la vida pierda la honra, y el vencedor procure engañar a la Historia, pintando al vencido con los más negros colores, para resultar así el vencedor como un libertador que ha dado muerte a un enemigo público de la Humanidad.

Don Pedro I fue, por encima de todo, el mejor alcalde que ha tenido Sevilla. Encontróse al nacer una ciudad árabe, arruinada por los años y los terremotos e inundaciones. Las iglesias eran antiguas mezquitas, agrietadas y con la cal de los muros desmoronada. El propio palacio real era la antigua Alcazaba moruna, dañada por más de un siglo sin haberle hecho ninguna obra.

Don Pedro hizo derribar todas las viejas mezquitas, pero conservando sus torres —San Marcos, Santa Marina, San Lorenzo, San Vicente, Omnium Santorum—, construyendo de nueva planta y en estilo gótico todos esos templos. Hizo además establecimientos benéficos entre ellos una casa para recoger muchachas perdidas, dándoles enseñanza, doctrina y oficio para que pudieran volver al buen camino, en la calle de los Baños, en lo que hoy es el Cuartel y Caja de Reclutas. También construyó el célebre Hospital de los Viejos, en la calle Viriato, esquina a calles Amparo y Viejos, que fue el primer hospital geriátrico de Europa.

Las ideas avanzadas de don Pedro, muy adelantadas a su tiempo, pues intentaba fortalecer el Poder del Estado, arrebatándole privilegios y autoridad a los grandes señores feudales y a la Iglesia, fueron la causa de que estallase una guerra civil, en la que es interesante resaltar que el rey se apoyaba en los municipios y en los gremios, es decir en la clase popular, contra el bando encabezado por el bastardo de Trastámara, en el que militaban la alta aristocracia y el alto clero.

Tras la muerte de don Pedro, el vecindario de Sevilla le convirtió en un auténtico mito, recordado y amado, celebrándose sus aventuras, admirándose sus habilidades de espadachín, y su valor temerario de hombre de grandes arrestos, prendas muy del gusto de las gentes. Así que con sucesos menudos de su vida se fueron tejiendo las tradiciones y leyendas que nos dan una idea muy aproximada de lo que debió ser don Pedro I, cuya justicia, elemental, más basada en la equidad que en la ley escrita, es la que realmente le hace merecedor del sobrenombre de *el Justiciero.*

La leyenda del Candilejo y Cabeza del rey don Pedro

Cierto caballero de la poderosa familia de los Guzmanes, enemigos de la rama legítima reinante, a la que aspiraban a destronar para suplantarla por los bastardos Trastámara-Guzmán, como al fin lo consiguieron, se dedicó a propalar por Sevilla algunas murmuraciones y sátiras contra el rey, cuya gravedad llegaba a constituir delito de lesa majestad. Don Pedro podía haber hecho prender y condenar a muerte al autor de tales rumores, pero por un lado no le convenía provocar a los Guzmanes, para evitar que se precipitase la situación a una auténtica guerra civil, y por otra parte su temperamento caballeresco y valeroso se resistía a valerse de la máquina judicial para castigar a un difamador de su honra, considerándose él como caballero, el obligado a castigar personalmente al culpable. Así que se propuso darle muerte, en duelo y por su propia mano.

Aguardó, pues, don Pedro una ocasión propicia, y sabiendo que cierta noche el caballero Guzmán había de salir solo por la ciudad, le esperó en una calle solitaria que se llamaba calle de Los Cuatro Cantillos, y allí, espada en mano, le pidió cuenta de sus palabras ofensivas, dándole oportunidad de defenderse. La noche era oscura, inverniza, y no transitaba un alma, por lo que se acuchillaron ambos sin testigos y a su sabor.

Estaban en plena pelea, cuando en una de las casas se abrió sigilosamente una ventanuca del piso alto, y se asomó una vieja con un candil en la mano, intentando curiosear a la amarillenta luz del candil quiénes eran los que reñían. Siguieron los dos combatiendo sin enterarse de que los miraban, obcecados ambos en el ardor de la reyerta. Por fin don Pedro, más hábil esgrimidor que Guzmán, dio a éste una estocada en el pecho y le derribó muerto en tierra. La vieja, horrorizada de lo que había visto dejó caer de su mano temblorosa el candil con que había iluminado la sangrienta escena, cerró el postigo de la ventana, y rezando entre dientes se volvió a su habitación, pero no sin que le diese tiempo de oír que el matador volvía la espada a su vaina y se alejaba otra vez, embozado en la capa, sonándole al andar las choquezuelas de las rodillas.

La vieja había oído alguna vez decir que el rey don Pedro, a consecuencia de cierta caída de caballo, se resentía de las rodillas, que le sonaban cuando andaba de prisa.

Al día siguiente la vieja mostró tal excitación y medrosidad, que su hijo Juan, el carbonero, única persona que vivía con ella, se apercibió de que algo le ocurría y tras instarle mucho a que le explicase la causa, la vieja le contestó temblorosa:

—Anoche han matado a un hombre ante nuestra casa, y por mis pecados he tenido la desgracia de ser yo la única persona que lo ha visto.

—Pero madre, eso no es una tal desgracia. Con no decirlo a la justicia nadie sabrá que presenciasteis el suceso.

—¡Ay, hijo mío! Lo sabrán, porque cuando estaba asomada a la ventana, se me cayó el candil a la calle. Lo encontrarán y estaré perdida, pues la justicia para averiguar lo sucedido me darán tormento, y quizá te culpen a ti de la muerte.

Juan el carbonero no era hombre que se asustase de nada, así que abrió la puerta de la casa, y salió a buscar el candil. Pero aunque aún no había amanecido, ni el muerto estaba allí ni tampoco el candil. Sin duda quienes recogieron el cadáver se lo habían llevado como prueba del delito.

Juan el carbonero intentó tranquilizar a su vieja madre, y cuando la vio más sosegada bajó a la cuadra, aparejó el borrico, le echó su carga de carbón encima y se marchó como solía a vender por las calles. A poco de amanecer, y cuando ya empezaban a bullir plazuelas y mercados, se extendió por la ciudad la noticia de que aquella noche habían dado muerte a un caballero del poderoso linaje de los Guzmanes, lo que hacía temer en Sevilla ruidos y asonadas.

En efecto, los Guzmanes habían recogido el cuerpo de su deudo y el candil, y tras depositarlo en su palacio de la calle Jesús (donde ahora está el colegio de monjas del Servicio Doméstico), acudieron los nobles Guzmanes, presididos por don Tello de Guzmán, conde de Niebla, a pedir audiencia al rey don Pedro en el Alcázar, reclamando con trémulas y airadas voces justicia, contra los matadores de su hijo.

—¿Y decís que le han asesinado? —contestó calmosamente el rey—. Pues las noticias que yo tengo por mis informadores son muy otras. Me han dicho que cuando le recogieron muerto, se vio que tenía la espada en la mano, y la herida que le dio la muerte estaba en el pecho. Así, más bien parece tratarse de un duelo entre caballeros, cara a cara, y no un asesinato como vos decís.

Se mordió los labios contrariado y enfurecido don Tello viendo que el rey sabía también la verdad, aunque él no imaginaba cómo.

—Aún hay más. Junto al cuerpo de mi hijo fue encontrado un candil...

—Otra razón para que no penséis que le asesinaron —atajó vivamente el rey.

—¿Por qué, señor?

—Porque eso demuestra que no hubo sorpresa ni el matador se

amparó en la oscuridad, sino que por el contrario riñeron a la luz del candil, para no acuchillarse a oscuras.

—De todos modos, señor, pido justicia contra el matador de mi hijo..., si es que hay justicia en estos reinos.

—Larga tenéis la lengua, señor conde. Pero os disculpo por la gran pena que tenéis en estos momentos. Pero para que veais que sí hay justicia, os prometo solemnemente, y delante de estos caballeros, que si el matador de vuestro hijo es descubierto, mandaré poner su cabeza en un nicho, en la pared, en el mismo lugar donde hizo esta muerte.

Marcháronse los Guzmanes, y en seguida, el rey mandó echar un pregón por toda Sevilla diciendo que se premiaría con cien doblas de oro, a quien denunciase ante el rey quién había sido el matador del hijo del conde de Niebla. Y el pregón añadía: «Y el rey don Pedro manda, que si fuese hallado el matador, sea su cabeza puesta en un nicho en la misma calle donde le dio muerte.»

Oyó este pregón Juan el carbonero, y dijo a su madre:

—Albricias, madre, que hoy se nos ha entrado la fortuna por las puertas. Vamos a ser ricos y saldremos de estas estrecheces.

Y como era agudo, valeroso, y confiaba en su buena estrella, acudió, apenas se lavó la cara y se vistió de limpio, a presentarse en el Alcázar, donde pidió ser recibido por el rey.

—Señor, he oído el pregón que habéis mandado echar, sobre dar un premio a quien denuncie al hombre que mató al caballero Guzmán en los Cuatro Castillos. Yo vengo a denunciarle.

—¿Qué decís? Si estáis mintiendo haré que os encierren y os entregaré al verdugo.

—No señor, que no miento. Pero os lo diré a vos a solas, puesto que es una persona de calidad, y no debo decirlo en presencia de guardias y criados, ni siquiera en presencia de ministros y consejeros.

El rey don Pedro, tan preocupado por el inesperado denunciador, como curioso por saber qué era lo que éste había podido conocer del lance, se apartó a un lado del salón con él.

—Hablad pues, y explicadme lo que sea en voz baja.

—Señor: mi anciana madre que se asomó a una ventana vio el suceso, y pudo conocer al matador.

—Decidme su nombre.

—Oh, eso no, porque es nombre tan alto que no se puede pronunciar. Pero os lo mostraré en persona. Mirad por aquella ventana y le veréis enfrente.

Y diciendo estas palabras, Juan el carbonero le señalaba, no a una ventana, sino a un espejo, que él sabía que estaba en aquel salón, pues tiempo atrás había venido a colocarlo él mismo en la pared, ayudando a un cuñado suyo que era vidriero de espejos.

Don Pedro al oír estas palabras miró hacia el espejo, se puso frente a él, se contempló despacio, y seguidamente se volvió hacia el carbonero y le dijo en voz baja:

—Lleváis razón. Ese hombre que se ve por esa ventana, como vos le llamáis, es quien mató al caballero Guzmán. Pero de ahora en adelante os prohíbo que lo digáis a nadie más, so pena de mandaros ahorcar.

Y después añadió, ya en voz alta para que lo oyeran todos:

—Verdaderamente, este buen hombre me ha denunciado al verdadero matador del hijo del conde de Niebla, por lo que mando que mi mayordomo le entregue de presente las cien doblas de oro prometidas, y vaya muy en paz.

Acudieron los Guzmanes, con don Tello de Guzmán por mayoral, a ver al rey y a exigirle que cumpliera lo que había prometido por pregón, de poner la cabeza del homicida en un nicho en la calle de los Cuatro Cantillos, y el rey aseguró:

—Podéis ir allí esta misma tarde, que la cabeza quedará puesta en su lugar tal como he prometido.

Aquella tarde, no sólo los Guzmanes sino toda Sevilla estaba en los alrededores de los Cuatro Cantillos, esperando a que el verdugo cortase la cabeza al matador del caballero Guzmán. Pero cuando aguardaban que llegaría el verdugo con el reo montado en una burra, o arrastrándole metido en un serón, según era costumbre, llegó el verdugo, acompañado de fuerte guardia de soldados, y portando en un carretón un cajón de recias tablas de roble.

El pregonero que iba con la guardia echó su redoble de tambor, mandó callar a todos y leyó su pregón:

«Manda el muy alto y poderoso rey don Pedro, que la cabeza del hombre que mató al hijo del conde de Niebla sea puesta en un nicho en la pared de este lugar, donde cometió su homicidio. Pero por tratarse de persona muy principal, y por importar a la tranquilidad, sosiego y paz de esta ciudad, el que no se conozca quién fue el dicho matador, ya que entre las familias del matador y el muerto se podría hacer bandos y luchas ordena el rey que la cabeza se ponga en el nicho, tal como está metida dentro de este cajón, sin que nadie sea osado a abrirlo para reconocerla. Y pónganse por delante fuertes rejas de hierro, para que nadie pueda robarlo.»

Así se hizo, y tras subir con gran trabajo el cajón al nicho que los albañiles habían dispuesto, un herrero empotró en la pared una gruesa reja de hierro, tras lo cual permanecieron allí durante bastantes meses los soldados dando guardia.

El vulgo, empezó a llamar al lugar de los Cuatro Cantillos con el nombre de Calle del Candilejo, por la curiosidad de que aunque en Sevilla había frecuentes duelos entre caballeros que acababan con muertes a cuchilladas, nunca se había visto que dos personas para batirse llevasen consigo un candil, que era lo que creían las gentes, pues nadie imaginaba que el candil había caído de las manos de la vieja desde el ventano.

Pasaron años. Se suscitó la guerra entre don Pedro y su hermano bastardo don Enrique de Trastámara. Pusiéronse los Guzmanes en contra de don Pedro, y tras la muerte de éste, asesinado en Montiel, los Guzmanes volvieron a Sevilla, dueños ya del mando de la ciudad, pues el nuevo rey nunca quiso venir a esta ciudad.

Don Tello Guzmán, tan pronto como se vio gobernador de Sevilla mandó que quitasen aquella reja, y que abriesen el cajón de roble, en el que pensaba encontrar la cabeza, o calavera, del matador de su hijo, y que clavaría en un garfio para público espectáculo.

Pero he aquí que al romper las tablas del cajón el carpintero, el público que presenciaba este acto, lanzó una exclamación de sorpresa. La cabeza que había en el nicho, era la cabeza de piedra de una estatua del rey don Pedro I. Para cumplir su palabra de poner allí la cabeza del homicida, había hecho descabezar una estatua suya del Alcázar, y meter la cabeza en aquel cajón; así que verdaderamente su cabeza era la que estaba en el lugar prometido.

No se atrevió don Tello a destrozarla como habría sido su gusto, pues aunque vencido y muerto don Pedro había sido rey, y el nuevo monarca, don Enrique, no habría consentido una afrenta y agravio contra la efigie de su hermano. Por lo que se dejaron las cosas así, y solamente se le puso a la cabeza cortada un añadido para convertirla en busto, y se dejó en la hornacina o nicho donde aún está y puedes verla, lector. Y la calle, esquina a la del Candilejo se llamó desde entonces, y se sigue hoy llamando, Calle de la cabeza del rey don Pedro.

Leyenda del fraile espadachín

El rey don Pedro I se preciaba de ser el más hábil esgrimidor de espada de toda Sevilla, en lo cual no le faltaba razón, puesto que desde su más tierna infancia se había ejercitado con los mejores maestros.

Sucedió que al convento de San Francisco, vino como fraile lego un hombre misterioso, que por su aspecto más parecía noble y guerrero que piadoso y humilde. Mucho se hablaba de él en toda la ciudad, y aunque nadie conocía a ciencia cierta su procedencia, las personas más allegadas al convento relataban que se trataba de un caballero muy ilustre de Navarra, que por haber cometido cierta muerte en desafío, arrepentido se había metido a fraile, ocupándose por penitencia en bajos menesteres conventuales.

Ello es que lo único que en realidad se sabía es que el tal fraile lego venía acompañado de gran fama de esgrimidor, y que en cierta ocasión él mismo involuntariamente dijo que había sido hasta hacía pocos meses, el mejor espadachín de Navarra.

El rey don Pedro, al saber esta novedad, pensó que le estaría bien medirse con el mejor esgrimidor de Navarra, puesto que ya se había medido, victoriosamente, con los mejores espadachines de Castilla, así que decidió probar fortuna. Pero no quiso invitar al fraile a que viniera a la sala de armas del Alcázar, puesto que quizá se dejara ganar por cortesía, y el rey lo que deseaba era un encuentro formal y sin ventaja.

Así que, en sus paseos por la ciudad, a que tan aficionado era el rey, que cada noche abandonaba el Alcázar, y deambulaba solo por las calles sevillanas, dio en rondar por los alrededores del convento de San Francisco por ver si tenía oportunidad de encontrarse con el fraile. Por si tenía tal oportunidad, el rey llevaba ocultas bajo su larga capa, dos espadas, una para él y otra para el fraile, quien, naturalmente, no estaría armado.

Cierta noche, al pasar por lo que hoy es la calle Méndez Núñez en su desembocadura a la plaza Nueva, encontró el rey abierto un postigo que daba a un patinillo posterior del convento, y que por olvido habían dejado abierto.

Entró el rey, hizo ruido, y tuvo la fortuna de que saliera el fraile lego a quien él buscaba, el cual tenía a su cargo las faenas domésticas de aquella parte del convento. Creyó el fraile que quien entraba era un ladrón y salió a su encuentro animosamente, y el rey dejó caer una de las dos espadas, como casualmente, con lo que el fraile la cogió y pelearon. En todos los asaltos que intentaba el rey, su espada encontraba como una barrera infranqueable la espada del lego, que le oponía una resistencia invencible. Durante largo rato se batieron sin que ninguno de los dos cediera, hasta que al fin, y cuando el rey ya estaba cansado y sudoroso, el fraile con un hábil revés, le hizo saltar la espada de la mano, arrojándola lejos. Quedó el rey desarmado, y el lego por escarmentar al ladrón que él suponía, alzó la espada para herirle en la cara y dejarle marcado, según costumbre, pero el rey le detuvo con un gesto y se dio a conocer:

—Tente, lego, que soy el rey.

El lego bajó el arma, y sonrió.

—Ya me lo imaginaba, señor. Ningún esgrimidor en toda España hubiera podido mantenerse frente a mí durante tanto rato, y ponerme en tan recios apuros como me habéis puesto. Y no os avergüence el haber sido desarmado perdiendo la espada, pues no habéis sido vencido por un vasallo, sino por un igual vuestro. No diré mi nombre, porque me ha sido impuesto en penitencia por el propio Santísimo Padre en Roma el guardar el secreto de mi nombre por humildad. Pero baste deciros que en mis venas hay sangre de la estirpe real de Navarra, y de la estirpe imperial de Carlomagno.

Quedó satisfecho con esto don Pedro, y despidiéndose le dijo al lego que si deseaba alguna gracia. A lo que contestó el fraile:

—Sí, por cierto; nuestro convento de San Francisco está sin agua, pues solamente disponemos de un pozo, escaso y salobre. Os pido por única gracia que concedáis a esta comunidad un caño de agua de la que viene al Alcázar del acueducto de los caños de Carmona.

Así lo prometió el rey, y al día siguiente se empezó a tender una conducción desde el Alcázar al convento Casa Grande de San Francisco, con lo que se remedió su necesidad.

Leyenda del lego ingenioso

Regresaba el rey don Pedro de una cacería, y al pasar por junto al convento de San Francisco decidió entrar para visitarlo. Preguntó por el Prior, y le dijeron que había ido a predicar una novena en Jerez.

—No quiero yo para esto a mis religiosos, ni me agrada que salgan de la ciudad para irse a predicar a otros lugares apartándose de su convento. Bien podría Su Paternidad haber predicado aquí, y dejar que en Jerez lo hiciera alguno de los muchos y buenos predicadores que allí asisten.

—Es que nuestro Muy Reverendo Prior es un verdadero sabio, y le llaman en todas partes para predicar sin que pueda excusarse de ir a iluminar a tantas ciudades con su sabiduría.

—¡Hola! ¿Conque sabio tenemos? Pues mañana se verá si es tan sabio como vos presumís, y él se tiene. Mirad que sin demora, en cuanto vuelva a Sevilla, acuda al Alcázar, a comparecer ante nuestra Real presencia.

Y añadió con voz de amenaza:

—Advertirle a vuestro Muy Reverendo Prior, que se vaya preparando para contestar tres preguntas que le haré, donde veremos si es tanta su sabiduría.

Regresó el Prior de Jerez, y al informarle los frailes de lo sucedido se llenó de temor, y se encerró en su celda a rezar a todos los santos para que le librasen de la cólera del monarca, pues sabía muy bien hasta dónde llegaba la severidad del rey.

En estas inquietudes y desasosiego estaba pasando la noche el Prior, esperando que amaneciera para ir al Alcázar, cuando llamó a la puerta de la celda un fraile lego que le llevaba una taza de caldo, y al verle tan afligido le dijo:

—No se abrume Vuestra Paternidad, que Dios aprieta pero no ahoga, y yo le aseguro que podrá salir bien fácilmente de este trance.

—¿Fácilmente decís? Cómo se conoce que su reverencia no conoce el mal genio del rey nuestro señor.

—Si Vuestra Paternidad me lo permite, le diré que yo antes de ser fraile fui hombre de campo, y tengo mucha gramática parda.

¿Por qué no me deja ir al Alcázar, y ser yo quien soporte la primera indignación del rey, hasta amansarlo?

El Prior, que de todos modos se veía ya destituido, desterrado, y quién sabe si ahorcado, pensó que poco podía perder con fiarse de la gramática parda del lego, y recomendándole que llevase la capucha bien echada a la cara para no ser conocido, le dejó ir en sustitución suya.

Llegado a la presencia del rey, el lego sin quitarse la capucha y con los ojos bajos como en señal de máxima humildad, saludó al monarca, procurando no ser conocido.

—Me tenéis muy enojado, Padre —comenzó el monarca con voz que estaba preñada de malos presagios—. No me gustan los frailes andariegos, ni los priores que desamparan a su Comunidad, dejándola sin cabeza ni gobierno para irse a predicar en otras ciudades, donde hay otros religiosos que muy bien pueden hacerlo.

Encasquetóse más la capucha el fraile, y bajó aún más la cabeza, como si estuviera muy compungido.

—Y puesto que os habéis arreglado tan bien para infundir en vuestra Orden esa creencia de que sois un sabio, vais a demostrármelo a mí, contestando a estas tres preguntas: La primera. ¿Cuánto valgo yo? La segunda. ¿Dónde está el centro de la tierra? La tercera. ¿En qué cosa estoy yo equivocado? Reflexionad bien y contestad con sabiduría porque si no, Padre Prior, os juro que lo pasaréis muy mal.

Tras estas enérgicas y amenazadoras palabras del rey, quedó el fraile inmóvil, metió las manos en las mangas como quien medita. Y después de permanecer así unos instantes contestó:

—A la primera pregunta de Vuestra Alteza, de cuánto podéis valer, os digo que veintinueve reales; recordad que a Jesucristo lo vendieron por treinta monedas, y no creo que Vuestra Alteza, pretenda valer tanto como Nuestro Señor.

Satisfizo al rey la respuesta y aguardó.

—A vuestra segunda pregunta, de dónde está el centro de la Tierra, y sin que lo toméis a lisonja, os diré que el centro de la Tierra está mismamente donde tenéis puestos vuestros pies, no porque seáis rey, sino porque siendo la Tierra redonda, por cualquier sitio tiene ella debajo su centro.

También satisfizo al rey esta respuesta.

—Y finalmente, a vuestra tercera pregunta, sobre en qué cosa estáis equivocado, no sería yo quien me atreviese a señalar a un un rey en sus asuntos de gobierno en lo que pueda estar equivocado, pero sí en ciertas cosas menudas y domésticas. Y así por ejemplo, os diré, que en lo que ahora mismo estáis pensando, estáis completamente equivocado.

—¿Por qué?

—Porque en este momento pensáis que estáis hablando con el Prior del convento de San Francisco, pero estáis equivocado porque con quien estáis hablando no es más que un lego de la cocina.

Y levantándose la capucha dejó ver su rostro.

Quedó maravillado don Pedro I del ingenio, aplomo y sobre todo del valor que el lego había tenido para comparecer ante él.

—¿Y por qué ha venido el leguito de la cocina en vez del Prior, a quien había llamado?

—Porque la sabiduría de mi Prior es tan grande, que no era necesario para estas preguntas, y pensó que para contestarlas sería suficiente el último lego del convento.

Comprendió el rey la sutileza con que el lego quería salvar a su Prior, y contestó con otra argucia semejante.

—Está muy bien. Pues podéis decirle a vuestro Prior, que su grandísima sabiduría es lástima que se desperdicie en una ciudad como ésta, en la que nos podemos bastar con la sabiduría de un lego. Así, que prepare su maleta, monte en su mula, y se vaya hacia otra ciudad de mayor calidad y grandeza que la nuestra, donde aprovechen mejor a Dios y a los hombre sus talentos. Yo me conformo con la modesta sabiduría de un lego, para que luzca y brille el primer convento de Sevilla. Así, que desde hoy vos seréis el Prior de San Francisco.

Tradición del reo que llevaban a ahorcar

Habían prendido por la justicia a cierto bandido que tenía cometidos en Sevilla numerosos delitos, y tras juzgarle en la Casa Cuadra o Audiencia de la Plaza de San Francisco, le condenaron a morir ahorcado, así que le sacaron de la cárcel, que estaba en la calle Sierpes, esquina a calle Bruna (donde hoy está el edificio del «Banco Hispano Americano»), y le conducían hacia Tablada donde estaba la horca pública.

Al llegar el reo a la Puerta Jerez, comenzó a dar grandísimos gritos diciendo:

—No podéis ahorcarme, porque el rey me había perdonado. No podéis ahorcarme porque el rey me había perdonado.

Ante semejante novedad, se detuvo la comitiva, y el juez acudió al Alcázar a dar parte a don Pedro I de lo que sucedía.

El rey dijo que él ni conocía a aquel reo, ni le había jamás dado el perdón, y mandó que siguiese adelante el cumplimiento de la sentencia.

Pero no bien había salido el juez de las habitaciones del rey, cuando éste reflexionó, y mandó que le llamasen nuevamente antes de que saliera del Alcázar. Regresó el juez a su presencia, y el rey don Pedro dijo:

—Aunque yo no había concedido el indulto, ni siquiera me lo habían pedido, es mejor que no se cumpla la sentencia, porque habiéndolo gritado en público, no quiero que pueda quedar en el ánimo del pueblo de Sevilla, que yo le había indultado y que después he faltado a mi palabra Real.

Y así, el reo fue devuelto a la cárcel y se libró de la horca, por el respeto que el rey tenía a su pueblo, y a su palabra.

La elección de un juez

Habiendo vacado en Sevilla un puesto de juez, de la mayor importancia, acudieron al Alcázar varios pretendientes a solicitar el cargo, apoyados cada uno de ellos por sus familias, que eran las más principales de la ciudad, los Guzmanes, los Mendoza, los Tello, los Ponce de León.

No satisfizo mucho al rey el que este puesto se diera a personas de tales familias, porque forzosamente habrían de ser parciales en favor de los suyos, y en perjuicio de los otros, lo que encendería bandos y luchas dentro de la propia nobleza sevillana.

Hizo el rey que compareciesen a su presencia en los jardines del Alcázar, y mientras escuchaba la pretensión del primero le interrumpió preguntándole:

—¿Qué es eso que está flotando sobre el estanque?

—Señor, son unas naranjas.

Interrogó después al otro sobre sus aspiraciones, y también a mitad de su conversación, le preguntó:

—¿Qué es eso que está flotando sobre el agua del estanque?

—Señor, son seis naranjas que habrán caído de uno de los árboles.

—No me explico, señor Ponce, cómo pretendéis un cargo tan importante. ¿Creéis que os van a obedecer? Ya veis, a mí mismo que soy el rey no me obedecen. Llevo toda la vida diciendo a mis criados que me gusta ver limpios los estanques de los jardines, y ya veis lo sucios y descuidados que están. ¿Qué veis flotando ahí en ese agua?

—Señor, unas naranjas.

Los nobles, de unas y otras familias que presenciaban esta conversación estaban sorprendidos y al mismo tiempo enojados, porque creían que el rey se burlaba de ellos.

Bien: ¿Y no hay más pretendientes al cargo? Pocos son, y así mando que vaya un alguacil y se traiga al alcaide del mercado, que es quien pone paz entre las vendedoras cuando riñen por causa de sus placerías.

Acudió el alcaide del mercado, que era un segundón de la familia, Pineda, hildalgos y nobles, pero de mucha menos categoría y riqueza que los otros.

—Señor Pineda —dijo el rey—. Estoy en un mar de confusiones, porque varios nobles caballeros se disputan el ocupar un cargo de juez, y no sé a quién dárselo, y os he hecho venir para que me ayudéis a salir de mis dudas.

—Señor, ¿cómo voy yo a atreverme a aconsejar en asunto de tanta importancia y gravedad, y más cuando quienes son partes en el pleito me aventajan todos en calidad y rango? Pero en todo caso, mandadme y os obedeceré según mi leal saber y entender.

—Bien, pues os iré relatando las prendas que adornan a cada uno de los pretendientes para que podáis valorar cuál sería más idóneo

Hércules fundador de Sevilla y César la amuralló (Estatuas en el Arquillo del Ayuntamiento).

El tesoro de El Carambolo (piezas de la colección que se conserva en el Museo Arqueológico de Sevilla).

Santa Justa y santa Rufina copatronas de Sevilla (grabado antiguo).

El rey Amalárico, la princesa Clotilde y su hermano Chilberto, protagonistas de la leyenda del Pañuelo de la Princesa.

La prisión de San Hermenegildo, antigua puerta de Córdoba, en la Ronda de Capuchinos.

La Casa de los Leones en la calle Zaragoza, donde durmió Don Rodrigo antes de salir para la batalla de Guadalete.

La Virgen de la Hiniesta

La Virgen de la Antigua

La Virgen del Coral

La torre hoy llamada La Giralda, tal como era en la época árabe.

El Cid Campeador, Rodrigo Díaz de Vivar, en la glorieta de su nombre a la entrada del Parque de María Luisa. (Escultura realizada por la artista Mrs. Hungtinton.)

Único retrato verdadero del rey San Fernando, tomado directamente de su cadáver, entonces todavía incorrupto, por un dibujante del siglo XVIII .

Garci Pérez de Vargas; estatua al pie del monumento a san Fernando en la Plaza Nueva.

Ramón de Bonifaz; estatua al pie del monumento a san Fernando de la Plaza Nueva.

La Virgen de los Reyes, obra de los ángeles según la tradición.

La Torre de Don Fadrique en la calle Santa Clara.

El lema NOMADEJADO en la fachada del Ayuntamiento.

Verdadero retrato de Don Pedro I, copiado de la mascarilla que se sacó a su cadáver para el monumento funerario.

Calle Bustos Tavera, donde ocurrió el trágico suceso de Estrella Tavera, llamada la Estrella de Sevilla.

La calle donde ocurrió el suceso del Candilejo, del rey Don Pedro.

La cabeza del rey Don Pedro, en la calle donde ocurrió este suceso.

La puerta de la Montería del Alcázar, donde Don Pedro escuchó la súplica de la mujer del zapatero.

La calle Cruz de la Tinaja, lugar del suplicio de Urraca Osorio y heroísmo de Leonor Dávalos.

para el cargo. Pero antes os contaré cómo les he querido quitar de la cabeza su pretensión, pues que poco han de ser obedecidos en ese cargo de juez, en una ciudad donde ni siquiera el rey es obedecido. Yo he dicho muchas veces a mis criados de este Alcázar que me gusta ver los estanques limpios y aseados. Y sin embargo, ya veis cómo se encuentran de sucios. Decidme, señor Pineda, ¿qué es lo que hay flotando ahí sobre el agua?

El alcaide del mercado repuso:

—No sé, señor, qué es lo que hay flotando sobre el agua. Será cuestión de averiguarlo.

Y quitándose los zapatos y el jubón se quedó en calzas, y así se echó al agua del estanque, que era profundo, más que la altura de un hombre.

Se sostuvo nadando, y recogió algunas de las que estaban flotando y gritó desde el agua:

—Son seis medias naranjas, señor. Y como dos medias hacen una entera, os digo que aquí hay tres naranjas.

—En efecto, —aseveró el rey—. Son tres naranjas, cortadas por la mitad, que yo mismo las puse cuidadosamente esta mañana en el agua, para que parecieran seis naranjas. Vos habéis sido el único que lo ha averiguado porque habéis sido cuidadoso en cercioraros, no juzgando por las apariencias.

Y volviéndose a los pretendientes, que estaban confusos y avergonzados, les dijo severamente:

—Ea, grandes señores. ¿Cómo iba yo a dar el cargo de juez a quienes no son capaces de informarme del fondo de las cosas, y juzgan por lo superficial? Id con Dios, que ya está nombrado el que ha de ocupar el cargo. Vos, señor Pineda, pasaréis al Palacio de Justicia, a tomar posesión hoy mismo.

Leyenda de doña María Coronel

Doña María Fernández Coronel era una bella joven, perteneciente a una familia muy principal, que tenía su casa en la esquina de la calle Arrayán con el mercado de la Feria, casa que en parte ha sido derribada en el año 1973, y una fachada queda aún, la que da al Mercado, donde se conserva un hermosísimo ventanal de estilo mudéjar, cuya casa ha sido en los siglos XVI al XIX palacio de los marqueses de la Algaba, y durante el XIX y XX, teatro, corral de vecindad, bodega y almacén.

Casó doña María Fernández Coronel, con el caballero don Juan de la Cerda, descendiente de la familia real de León. Y cuando se alzaron contra el rey don Pedro I sus hermanos bastardos, encabezados por don Enrique de Trastámara, se adhirió al bando de éstos el caballero don Juan de la Cerda, aportando dineros, armas, y soldados a la causa de don Enrique. Esto motivó que el rey legítimo le condenase por traidor, y habiéndole cogido prisionero en una batalla, lo mandó decapitar.

Pasado algún tiempo, el rey don Pedro conoció a doña María Fernández Coronel, quien ya consolada en parte de la muerte de su esposo, vivía tranquila, administrando los bienes que le pertenecían a ella por su dote, puesto que los bienes de su esposo habían sido incautados por el rey, y su casa situada junto a la iglesia de San Pedro había sido derribada y sembrado su suelo de sal para que ni naciera allí la hierba, como escarmiento para traidores.

Conocerla y enamorarse de ella fue todo uno, y desde aquel día, el rey don Pedro persiguió a doña María Coronel, con ánimo de rendirla, aun cuando ella lo rechazaba y huía de donde él pudiera encontrarla. Por esto, se refugió en casa de sus padres, en la calle Arrayán, confiando en eludir esta persecución.

Pero el rey, inflamado de deseos amorosos se propuso robarla de la casa de sus padres y habiéndole ella sentido llegar con unos criados, mientras el rey asaltaba el edificio por un lado huyó doña Mara cubierta con un velo, saliendo por la puerta que daba frente a la iglesia de Omnium Sanctorum, y desde allí corriendo cruzó la Feria, rodeó la Laguna (hoy paseo de la Alameda) y llegó desolada a pedir amparo y refugio en el convento de monjas de Santa Clara.

Las monjas, imaginando que el rey no tardaría en llegar allí a buscarla, la ocultaron en una zanja que había en el jardín, sobre la que pusieron unas tablas y la cubrieron con un poco de tierra. Al amanecer, llegó en efecto el rey, quien había recibido una confidencia y recorrió todo el convento buscándola, sin encontrarla. Las monjas cuentan que milagrosamente hizo Dios que sobre tierra que cubría aquel improvisado refugio naciera hierba y brotaran flores en un momento, con lo que el rey no pudo descubrirla.

Pasado algún tiempo y confirmado nuevamente en sus sospechas el rey, se presentó de improviso en el convento, donde doña María Coronel estaba viviendo ya más descuidada. No le dio tiempo a esconderse, y el rey la persiguió por los corredores, con ánimo de reducirla y llevársela al Alcázar. Pero ella en su carrera entró en la cocina, donde estaban en aquel momento preparando la comida unas legas. Doña María se dirigió al hogar, cogió una sartén que estaba llena de aceite hirviendo, y se la derramó por la cara, deseando desfigurarse para que así el rey no sintiera más apetito por ella. En efecto, el aceite le produjo horrorosas quemaduras que desfiguraron su bello rostro, y cuando el rey entró en la cocina y vio aquella cara, desollada, chorreando sangre, y contraída por el horrible dolor, huyó despavorido y desconsolado.

Mandó el rey a la abadesa de Santa Clara que cuidase y atendiese muy bien a doña María Coronel, que él estaba arrepentido y no volvería a molestarla, y le concedería cuanto ella pidiese.

Entonces doña María Coronel, una vez que estuvo repuesta, pidió al rey que le devolviese el solar de la casa de su marido, junto a la iglesia de San Pedro, donde ella se proponía fundar un convento.

El rey le dio el solar, donde ella hizo construir el Convento de Santa Inés, y una vez edificado, organizó comunidad, siendo ella la primera priora que tuvo.

Doña María fue priora durante muchos años, pues murió de avanzada edad. Fue enterrada en el coro, pero en el siglo XVI, al hacer unas obras, encontraron su ataúd y al abrirlo apareció el cadáver perfectamente conservado, por lo que las monjas lo colocaron en una urna de cristal, al descubierto. Todos los años el día 2 de diciembre puede visitarse en la iglesia de Santa Inés esta urna, donde se ve el cuerpo de la fundadora, y pueden apreciarse en su rostro las cicatrices que le produjo el aceite hirviendo.

El zapatero y el Rey

Durante la primera parte de la Reconquista, desde Asturias a Sevilla, los reyes han tenido necesidad de conceder extraordinarios privilegios a los grandes señores, y a la Iglesia, porque eran quienes podían disponer de más fuerzas militares, y espirituales. Pero la participación de las mesnadas feudales, o de las Órdenes Militares eclesiásticas —Santiago, Alcántara, Montesa, San Juan de Jerusalén, Calatrava—, si arrancaba al moro sus castillos y ciudades, era a costa de arrancar a la Autoridad de la Corona, jirones de su soberanía. Así los grandes caballeros tenían privilegios de poseer ejército propio, y administrar justicia, incluso en causas criminales, por sí mismos, en los lugares y villas de sus señoríos, y hasta designar ellos mismos los alcaides, alguaciles y autoridades locales. La Iglesia, por su parte, cobraba impuestos —los diezmos—, gobernaba con autoridad civil en los pueblos de su pertenencia —villas dependientes de una Encomienda de las Órdenes, o propiedad de un monasterio, o de un prelado—, todo ello al margen de la Autoridad Real. Y hasta en los pueblos y ciudades realengos, tenía la Iglesia sus fueros y sus tribunales aparte, que trataban con distinta medida al clérigo y al seglar.

Don Pedro procuró a lo largo de toda su vida, ir suprimiendo estos privilegios, y recortando estas autoridades particulares, para fortalecer el Poder Real, y para ello se apoyó en las clases populares, en los gremios y en los municipios, enfrentándolos al feudalismo señorial o eclesiástico.

Entre las justicias que hicieron más estimado y querido al rey don Pedro por el vecindario sevillano, fue la que tuvo mayor resonancia, aquella en que juzgó un caso entre un zapatero y un clérigo.

Ocurrió que cierto clérigo se había encargado unos zapatos en el taller de un zapatero, y una vez que recibió los zapatos fue demorando el pago de ellos.

Transcurrido un plazo bastante prolongado, el zapatero acudió a la puerta de la catedral, para esperar a que el clérigo saliese del Coro, y recordarle su deuda. Pero el clérigo, no solamente no le pagó, sino que le llamó importuno, y atrevido, y deslenguado, y alzando la vara o bastón de su dignidad, le dio una tunda de palos, que le rompió las costillas, y el zapatero hubo de pasarse tres meses en la cama.

Cuando ya estuvo repuesto, el zapatero acudió a presentar querella en el tribunal, y por ser el sujeto un eclesiástico, y el tribunal de la propia Iglesia, la sentencia fue asaz benigna, pues el clérigo fue condenado tan sólo a que durante un año no se sentaría en el coro de la Catedral en su sillón, y al mismo tiempo se amonestaba al zapatero para que no volviese a molestar al clérigo con reclamaciones inoportunas.

No satisfizo al zapatero esta sentencia, en la que no se le satisfacía su dinero, ni se le vindicaban sus costillas, y tomándola más bien como una burla o sarcasmo, decidió acudir personalmente a remediar su derecho por medios más eficaces, así que cogiendo un grueso garrote, esperó a la puerta de la catedral a que saliese su cliente, y en la misma calle Alemanes junto a la Puerta del Patio de los Naranjos, le dio tal mano de palos al clérigo, que le rompió las costillas y le envió a reposar a la cama del hospital.

Inmediatamente prendieron al zapatero, y por agresión, agravada por ser el agredido persona consagrada, y por el lugar que era en las gradas altas, que al estar dentro del recinto de jurisdicción es sagrado, y otros varios considerandos y resultandos, resultó como no había menos de resultar que el zapatero salió condenado a ser ahorcado, aunque eso sí, en la Horca de Buenavista, que estaba en el campo de Tablada, y era limpia y aseada para tener una muerte decente.

Ocurrió que el día que iban a ahorcar al zapatero, su mujer se fue a la puerta del Alcázar, sabedora de que el Rey debía de salir a cazar, y en el arco del Patio de la Montería, se echó al suelo, de rodillas, delante del caballo. Refrenó el rey la cabalgadura y enterado del caso, determinó suspender la cacería y se volvió al Alcázar, adonde ordenó inmediatamente que trajeran al zapatero preso, y que compareciera el clérigo, y todo el Tribunal.

—¿Es cierto, maestro zapatero, que vos hicisteis unos zapatos a ese clérigo, y que no os los pagó?

—Sí, Alteza, es cierto que se los hice y no me los pagó.

—¿Y es cierto que cuando le reclamasteis el pago, os dio de palos y os rompió las costillas?

—Sí, es cierto, Alteza; me rompió las costillas.

—Señor Juez Eclesiástico, ¿a qué pena condenasteis al clérigo que rompió las costillas al zapatero?

—Le condené a privación de su sillón del coro por un año.

—Justa cosa es ésa, y yo como Rey me inclino ante vuestra ejemplar justicia. Quiere esto decir que el precio de romper unas costillas ha de pagarse con la privación del asiento del oficio durante un año. Pues bien, supongo que por algún error se condenó después a este hombre a la horca, cuando en el espíritu de vuestra justicia está claro que por haber roto unas costillas debió privársele de su asiento de oficio durante un año. Y como yo debo velar por que no se cometan errores, que servirían para desacreditar a vuestro Tribunal, quiero que en bien de vuestro prestigio se revise el caso, y desde aquí lo doy por revisado, y le impongo al zapatero la misma pena que se impuso al clérigo.

»Así que, maestro zapatero, id en paz a vuestra casa, pero ¡cuidado! que no me entere yo de que en el espacio de todo un año os sentáis ni una sola vez en la banqueta de vuestro taller, donde soléis sentaros para coser zapatos. En lo sucesivo os sentaréis en cualquier otro lugar, aunque sea en el escalón del zaguán, pero de ningún modo en la banqueta, so pena de que si desobedecéis esta mi sentencia os haré castigar severamente.

Severísima sentencia contra otro clérigo

Ocurrió cierto día que en la collación o barrio de San Gil murió un pobre, y el párroco se negó a darle sepultura en el cementerio que era propiedad de la Iglesia, y que estaba en la plazuela aledaña al templo.

Acudieron los parientes y vecinos, y el párroco dijo que había de cobrar el precio del entierro, tanto la sepultura como la ceremonia, y que si no le pagaban no admitiría el cadáver; y todavía con soberbia y burla les dijo que el campo que se veía desde el arco de la Macarena era bien grande, y que en toda su extensión podían enterrar a aquel pobre, si no podía costear el lujo de ser enterrado en tierra sagrada.

Enterado el rey, se escandalizó de que un sacerdote quisiera hacer granjería de una obra de misericordia como es el enterrar a los muertos, y más aún que quisiera que un cristiano se enterrase en medio del campo, sin tierra bendita, como si fuera un pagano. Y pensando que en Sevilla había tres religiones, la cristiana, la mahometana y la judía, y que este hecho podría significar que muchos pobres cristianos abandonasen su religión, acordó hacer un castigo ejemplar, y condenó a muerte al párroco de San Gil. La leyenda dice que le condenó a ser enterrado vivo, en la sepultura que debía haber destinado a enterrar a su feligrés pobre, y que el lugar donde se enterró al clérigo fue en el antiguo cementerio parroquial de San Gil, cuyo terreno ocupa hoy la basílica de Nuestra Señora de la Esperanza de la Macarena.

Tradición de la Cruz de la Tinaja y heroica muerte de Leonor Dávalos

Durante la sangrienta guerra que promovió el bastardo don Enrique de Trastámara, apoyado por la nobleza y el alto clero, contra don Pedro I rey legítimo de Castilla, uno de los caballeros que más se distinguió en la facción enriqueña fue don Alonso de Guzmán, señor de Sanlúcar la Mayor, y uno de los personajes de mayor riqueza e influencia del reino.

Este don Alonso era hijo de aquel otro don Alonso de Guzmán, a quien por su fidelidad al rey, y por su heroico sentido del honor, se dio el sobrenombre de Guzmán *el Bueno* ya que prefirió perder su hijo antes que entregar a los moros la ciudad de Tarifa, de la que era gobernador. Pues bien, la fidelidad de aquel padre no fue lección para don Alonso, puesto que sublevó sus gentes y aportó su dinero y su espada para que sublevase todo el país contra el rey.

Estaba casado este don Alonso, con una ilustre dama, llamada doña Urraca Ossorio, la cual con idénticas ideas, secundó a su marido y aun le aventajó en astucia para atizar el fuego de la rebelión, llegando a ser dentro de Sevilla la persona más peligrosa y más dañina, tanto que cuando pudo ser apresada, se la condenó a muerte que, según las leyes de la época, para aquella clase de delitos, era la muerte en la hoguera.

El lugar donde iba a ejecutarse la sentencia era en la orilla de la Laguna de la Feria, que era como se llamaba una gran laguna que había ocupado todo lo que hoy es el paseo de la Alameda de

Hércules, antes de que se construyese este paseo. En dicha orilla de la Laguna, se congregó inmenso gentío, para ver suceso tan extraordinario y novedad tan asombrosa, como que se ejecutase pena de muerte en una mujer, y de tan elevada alcurnia.

Colocada doña Urraca Ossorio, en el centro de la pira de leña, y con las manos atadas a la espalda, a un poste, el verdugo prendió fuego a la leña, mientras el pregonero redoblaba el tambor, y echaba el pregón acostumbrado: «Ésta es la justicia que...»

En aquel momento el aire, calentado por las primeras llamas, alzó un tanto las faldas de doña Urraca Ossorio, y ésta lanzó un grito de desesperado pudor, al ver que las llamas la mostrarían deshonestamente ante el numeroso público, en su mayor parte desocupados y populacho que presenciaban la ejecución.

Al escuchar el grito, una mujer joven que estaba entre el público, vestida de negro y con la cabeza cubierta con un manto, se abrió paso entre la gente, y sin que nadie pudiera impedirlo, subió a la pira en que comenzaban ya a elevarse las llamas. Se abrazó fuertemente con doña Urraca Ossorio, cubriéndola con su propio cuerpo, para evitarle la vergüenza de que se le volvieran a alzar las faldas. Y así, tapándole pudorosamente, se dejó quemar junto con ella por el fuego que ya había convertido la pira en un mar de llamas.

La mujer que realizó este acto heroico se llamaba Leonor Dávalos, y pagaba así una deuda de gratitud, puesto que siendo niña y huérfana, doña Urraca Ossorio la había recogido y criado en su casa como a una hija.

Cuando se extinguió el fuego, los huesos y cenizas de ambas mujeres, confundidas y mezcladas, fueron entregados a la familia Guzmán, que los hizo enterrar en un rico sepulcro en la iglesia del Monasterio de San Isidoro del Campo, junto con los restos de don Alonso Guzmán. El mausoleo en rico alabastro, tiene las dos estatuas yacentes de don Alonso y su esposa, y a los pies de ésta un retrato de Leonor Dávalos, en actitud de cubrirle las piernas con sus faldas.

En el lugar donde se verificó la ejecución, se hizo levantar una cruz, sobre un pedestal, que por tener forma parecida a un gran jarrón, recibió el nombre de Cruz de la Tinaja, nombre con que aún se conoce a dicha calle.

El médico de su honra

En el palacio de los Solís, en la Plaza del Duque (edificio que existió hasta hace poco, en donde está situado el comercio «Lubre») ocurrió en el siglo XIV un terrible y sangriento suceso, que nos da idea sobre cuáles eran las costumbres de la época, y hasta qué punto se mezclaban en aquel entonces los sentimientos del amor, los celos y el honor caballeresco.

El caballero don Gutierre de Solís (en cuyo escudo había un sol, de donde según los genealogistas deriva el apellido de su dueño) estaba casado con doña Mencía Ponce de León.

Ocurrió que el infante don Enrique, hermano del rey don Pedro I, se enamoró de doña Mencía, y aun siendo ella casada, la asediaba constantemente, pretendiendo conseguir sus favores.

Habiéndose declarado la guerra entre Granada y Castilla, don Gutierre de Solís fue nombrado jefe del ejército, y empezó a preparar las tropas. Atemorizada doña Mencía de que el infante don Enrique aprovecharía la ausencia de su marido para estrecharla más con sus amorosas pretensiones, decidió esquivarle, a cuyo efecto le escribió una carta diciéndole que cesase en su empeño, pues ella era fiel a su marido, y durante el tiempo que don Gutierre estuviera en campaña, ella se metería en un convento de clausura, donde estaría a salvo de asechanzas, y se dedicaría a rezar para que su esposo volviera sano y victorioso.

La mala fortuna quiso que don Gutierre supiera inmediatamente por un criado, que doña Mencía había escrito al infante don Enrique, y sospechando que esta carta habría sido aceptando sus amores aprovechando la ausencia del esposo, loco de celos, antes de marcharse a la campaña quiso dejar vengada la que él suponía afrenta; a cuyo efecto hizo venir al palacio a un sangrador y le ordenó que le abriese la venas a doña Mencía, hasta desangrarla.

Al conocerse en Sevilla la terrible ocurrencia el infante don Enrique acudió a su hermano el rey, a quien mostró la carta que había recibido de doña Mencía, proclamó la inocencia de ella, y pidió al monarca que castigase a don Gutierre Solís, a cuya petición de castigo se unieron los poderosos familiares de ella que eran los Ponce de León, una de las familias más influyentes del reino.

Sin embargo el rey don Pedro, dio por buena la conducta de Gutierre Solís, basándose en la célebre frase latina de que «la mujer de César no solamente debe ser honrada sino que además debe parecerlo». El rey dijo que si cuando sospechamos una enfermedad es lógico medicinarse, Gutierre Solís había sospechado una enfermedad en su honra, y había puesto, aunque equivocado, el humano remedio, convirtiéndose así en «médico de su honra».

Este suceso auténtico, por la calidad de los personajes y por la importancia que Sevilla tenía en aquel entonces como la ciudad más populosa de Europa, hizo que la noticia se esparciese dando lugar en distintos países a cuentos, romances y obras teatrales. Se cree con algún fundamento que en el episodio sevillano, de un esposo que mata a su mujer por celos creyéndola infiel, aun siendo ella inocente, y por un informe erróneo de un criado, se inspiró dos siglos más tarde Shakespeare para escribir su tragedia *Otelo*. También Calderón de la Barca compuso, hacia 1638, una de sus mejores comedias dramáticas con el título de *El médico de su honra*, utilizando para el título, precisamente, la frase pronunciada por el rey don Pedro, al perdonar a Gutierre Solís su homicidio desdichado.

Las manchas de sangre del maestre

Si visitáis el Alcázar Real de Sevilla, al entrar en una pieza llallamada Sala de los Azulejos, el guía os señalará unas manchas que hay en el suelo, y os explicará que son las manchas de sangre del Maestre de Santiago don Fadrique, hermano bastardo del rey don Pedro I. Absorbida por las losas, de blanco mármol, ha quedado la mancha pardo rojiza, como un testimonio imborrable de un trágico suceso ocurrido allá por los años de 1350.

El episodio nos lo cuenta con estremecedoras palabras el célebre cronista don Pedro López de Ayala:

«Estando el rei don Pedro en Sevilla, en el su Alcázar, martes veintinueve, deste año, llegó su hermano don Fadrique, Maestre de

Santiago. E luego como llegó, fué a facer reverencia al rey; e fallóle que jugaba a las tablas en el su Alcázar. E luego que llegó besóle la mano, él e muchos caballeros que venian con él.»

A continuación pasó don Fadrique con todo su lucido acompañamiento a visitar a la reina doña María de Padilla y cumplimentarla también.

«E doña María sabía todo lo que estaba acordado contra el Maestre, e quando lo vió fizo tan triste cara que todos lo podían entender, ca ella era dueña muy buena, e pesábale mucho de la muerte que era ordenada dar al Maestre. E el Maestre, desque vió a doña María e a las fijas del rey sus sobrinas partió de allí e fuese al corral del Alcázar a do tenía sus mulas.»

Sin embargo en el corral o Patio de la Montería, donde tenía sus mulas, y cuando se disponía a marchar, porque había comprendido que corría peligro, recibió un recado de que volviera a la presencia del rey, que le aguardaba en el Palacio del Yeso, que es una de las alas del Alcázar. Turbado por siniestros presagios, aunque no atemorizado porque no era hombre cobarde, el Maestre abandonó su mula ricamente enjaezada, dejándole las riendas a un criado, y volvió hacia el Alcázar con su acompañamiento. Pero al ir a entrar, los centinelas retuvieron a los escuderos en el patio, y dejaron pasar al interior del edificio solamente a los caballeros, que eran como dieciséis, de su séquito.

Al final de una galería, otros centinelas retuvieron también a los caballeros, dejando pasar solamente con don Fadrique, al Maestre de Calatrava don Diego García, y a los dos comendadores, uno de Santiago y otro de Calatrava, que les acompañaban. Los cuatro pasaron a la antecámara del rey, en la que estaban de guardia los ballesteros de maza, que eran Pero López de Padilla, Nuño Fernández, Garci Díaz, Rodrigo Pérez de Castro, y el siniestro Juan Diente, de fama terrible, porque era el que siempre ejecutaba las muertes que el rey ordenaba.

La antecámara era una sala cuadrada, espaciosa, y con sólo dos puertas, la que daba a la galería, y la que comunicaba con el aposento del rey. Esta puerta, grande y recia, tenía un pequeño ventanillo o mirilla, cuya puerta estaba cerrada. Y al entrar los cuatro en la antecámara, los centinelas que estaban por fuera, cerraron también la puerta de la galería. Quedaron los cuatro nobles suspensos, y sin atreverse a hablar, esperando cada uno de ellos lo peor, pues ninguno está informado, y solamente habían podido sospechar una terrible amenaza, deduciéndolo de las lágrimas de la reina.

Pasado así un largo rato, en total silencio, se abrió la mirilla de la puerta del aposento del rey, y se oyó la voz de don Pedro que ordenó solemnemente:

—Ballesteros, matad al Maestre.

Mudóse el color en el rostro de ambos, don Fadrique, el de Santiago, y don Diego García, el de Calatrava, pues cada uno pensaba que era él quien había de morir.

El ballestero Juan Diente, dirigiéndose hacia el ventanillo preguntó:

—Señor, ¿a cuál Maestre mataré?

Y la voz del rey volvió a oírse a través de la rejilla:

—Matad al Maestre de Santiago.

Al oír estas palabras, don Fadrique intentó escapar, empujando la puerta de la galería, pero la halló fuertemente cerrada con cerrojos por fuera. Se revolvió y dando saltos de un lado a otro, de pared a pared pretendía hurtarse a los golpes que le tiraban con sus mazas los ballesteros, mientras desesperadamente intentaba sacar su «broncha» o puñal.

El Maestre pugnaba por sacar una broncha que traía. Mas nunca lo pudo conseguir porque el puño se le trabó en la cinta.

Por fin en una de sus embestidas contra la puerta de la antecámara consiguió forzarla y escapó perseguido por los ballesteros, hasta refugiarse en esta Sala de los Azulejos, en donde Juan Diente le dio alcance, golpeándole la cabeza con su maza derribándole en tierra.

Llegó después el rey don Pedro, y viendo a su hermano que se retorcía en el suelo en un charco de sangre, sacó su puñal y se lo alargó al ballestero Juan Diente para que hiciera misericordia del Maestre acabándole de matar, para que no sufriera más.

Esta muerte la ordenó el rey don Pedro, porque su hermano, aun siendo bastardo de su padre y de doña Leonor de Guzmán, había sido recibido por don Pedro con tanto amor y cuidado como si fuera hermano legítimo, y cuando llegó a edad oportuna le dio grandes mercedes y cargos. Y habiendo deseado el rey casarse con la sobrina del rey de Francia, doña Blanca de Borbón, envió a su hermano don Fadrique como embajador a traerla desde París a Sevilla. Mas por el camino don Fadrique requirió de amores a doña Blanca, y ella le correspondió, con lo que aunque doña Blanca casó con don Pedro, fue la manceba de don Fadrique y tuvo con él un hijo. Y cuando el rey don Pedro lo supo mandó poner en prisiones a doña Blanca en un fuerte castillo y después la mandó matar, y una vez muerta ella, se casó el rey con doña María de Padilla. Y cuando don Fadrique vino a Sevilla le hizo quitar la vida en la forma que queda dicha.

Leyenda de la calle Hombre de Piedra

En el barrio de San Lorenzo, y pasando desde la calle de Santa Clara a la de Jesús del Gran Poder, discurre una calleja larga y estrecha que se llama calle Hombre de Piedra, porque en ella, y empotrada en una hornacina a nivel de la acera, puede verse una estatua de piedra, de borrosos relieves, que lleva allí varios siglos. La calle se llamó desde el siglo XIII hasta el XV calle del Buen Rostro, pero en época del rey don Juan II cambió su nombre al aparecer la estatua del hombre de piedra, junto con la leyenda de su milagroso y dramático origen.

Para entender la leyenda es preciso que antes nos traslademos a la Plaza del Salvador, en la esquina a calle Villegas, donde encontraremos adosada al muro de la iglesia Colegial, una cruz de gran tamaño, la Cruz de los Polaineros, y bajo ella una lápida, escrita en caracteres y ortografía antiguos, que dice así:

EL REY DON JUAN. LEY 11
El rey i toda persona que
topare el Santísimo Sacramento
se apee, aunque sea en el lodo
so pena de 600 maravedises
de aquel tiempo, según la loable
costumbre desta ciudad
o que pierda la cabalgadura
y si fuere moro de catorce años arriba
que hinque las rodillas
o que pierda todo lo que llevare vestido...

Por esta lápida, colocada en la iglesia del Salvador, vemos la devoción que existía en Sevilla, de ponerse de rodillas en el suelo cuando pasase el Santísimo Sacramento, aunque hubiera lodo por haber llovido; piadosa costumbre de la que no se libraba ni siquiera el rey ni los más altos caballeros, so pena de perder el caballo y pagar seiscientos maravedises de multa; y el que no tuviera caballo ni bienes, perder la ropa que llevase puesta.

Vista así, la reverencia con que se miraba al Santísimo Sacramento en tiempos pasados, volvamos a la barriada de San Lorenzo, en cuya calle Buen Rostro, había una taberna, allá por los años del siglo XV.

Y sucedió que se encontraban en la taberna varios compadres, bebiendo vino, cuando se oyó venir por la dirección de la parroquia de San Lorenzo, el tintineo de una campanilla acompañada de un susurro de voces que rezaban.

Se asomaron los compadres a la puerta de la taberna, y vieron aparecer en el comienzo de la calle, un reducido grupo de personas, con velas y faroles, que iban acompañando al cura párroco, el cual llevaba en las manos y apretada contra su pecho, la cajita del Viático en la que llevaba la hostia para dar la última comunión a un enfermo.

Al ver aproximarse la comitiva, los bebedores de la taberna, aunque eran gentes poco religiosas, más dados al vino y al juego que a la piedad, interrumpieron sus conversaciones y se aprestaron a arrodillarse un instante mientras pasaba el Sacramento. Pero uno de ellos, llamado Mateo *el Rubio,* que se tenía por valiente y era el matón del barrio, haciendo alarde de incredulidad para demostrar su temple ante los otros, dijo en voz alta:

—Ea, hatajo de gallinas, que os arrodilláis como mujeres. Ahora veréis un hombre terne. No me arrodillaré, sino que me quedaré de pie, para siempre.

Y en efecto permaneció allí para siempre, pues un trueno ensordecedor estalló sobre la calle, y sobre el impío cayó un rayo que le convirtió en piedra, y le metió de pie hasta las rodillas en el suelo.

Y allí está todavía el cuerpo petrificado del pecador blasfemo, que se atrevió a desafiar a Dios.

Por este ejemplar escarmiento, la calle Buen Rostro se llama desde entonces del Hombre de Piedra, donde aún puede verse el testimonio de aquel terrible suceso.

NOTA. — *Menos literaria y maravillosa pero más real, es la interpretación arqueológica de la estatua del hombre de piedra. Al parecer se trata de una estatua romana, que presidió las termas que hubo en ese lugar, y que durante la época árabe aún seguía existiendo, lo que dio nombre a unos célebres baños moros, que se llamaron «los baños de la Estatua», y que ha sobrevivido a las diversas reformas que ha sufrido durante dos mil años el edificio en cuya fachada aún está empotrada.*

La matanza de la judería sevillana (episodio histórico)

No puede dejar de relatarse en una enumeración de sucesos históricos de Sevilla, el dramático episodio de la matanza de la Judería sevillana en el año 1391.

Los datos de este trágico suceso figuran en la *Historia de España* de don Modesto Lafuente, en la *Historia de la Ciudad de Sevilla* de Joaquín Guichot, y en otros textos de indiscutible veracidad, y de nada sospechosa integridad moral. Quiero aclarar esto, puntualizando bien que no se trata de una página de la «leyenda negra» antiespañola, sino de un hecho cierto, comprobado, y relatado por serios y veraces historiadores, incluso sacerdotes.

Los hechos ocurrieron así. En la primavera de 1391, el Arcediano de Écija, don Fernando Martínez, comenzó a recorrer la ciudad de Sevilla, arengando y exhortando a los sevillanos en contra de la raza judía. En aquella época vivían en Sevilla, sin mayores dificultades en su convivencia, judíos, moriscos y cristianos, de modo semejante a como hoy en 1968 viven las tres razas y las tres religiones en Ceuta o en Melilla, o como vivieron hasta hace poco tiempo bajo el Protectorado español en Marruecos.

Desde la conquista de Sevilla por San Fernando, la autoridad de los reyes había velado por respetar y hacer respetar los derechos de las minorías hebrea y musulmana, dejándoles el libre culto de sus religiones respectivas, en una mezquita sita en la Plaza de San Pedro actual y las tres sinagogas, la una en lo que ahora es solar de la Plaza de Santa Cruz, otra en lo que ahora es iglesia de Santa María la Blanca, y otra en el actual templo de San Bartolomé.

Tanto San Fernando, como don Alfonso *el Sabio* y sus sucesores habían impedido que a los moriscos y judíos se les hiciera ninguna fuerza ni perjuicio.

Ocurrió, pues, que don Fernando Martínez, llevó sus predicaciones mucho más allá de lo que la prudencia aconsejaba, soliviantando los ánimos populares contra los judíos, so color de un acendrado fervor religioso.

En el mes de marzo estalló al fin el odio sembrado por el Arcediano de Écija, promoviéndose un motín popular, en el que la plebe, siempre dispuesta a toda clase de excesos, entró por el barrio de la Judería, saqueando las tiendas, y maltratando a los moradores.

Al saber la noticia de lo que estaba ocurriendo, acudieron inmediatamente con alguaciles don Álvar Pérez de Guzmán, que ocupaba el cargo de Alguacil Mayor de la Ciudad, y los alcaldes mayores Rui Pérez de Esquivel y Fernando Arias de Cuadros, prendieron a algunos alborotadores y desmandados, dos de los cuales fueron condenados a azotes.

Sin embargo el Arcediano de Écija no cejó en sus predicaciones contra los judíos, antes las exacerbó más, y el pueblo excitado nuevamente se entró por el barrio judío saqueando las tiendas y apaleando e hiriendo a los hebreos. La asonada fue de tales proporciones que el Alguacil Mayor don Álvar Pérez de Guzmán, no encontrándose con fuerzas bastantes de alguaciles para reprimir el alboroto solicitó el concurso de toda la nobleza, que acudió al barrio con numerosos lacayos armados, escuderos, y algunos hombres de armas, y a duras penas se pudo reprimir el alboroto popular, teniendo incluso el Alguacil Mayor que ofrecer el perdón de los que habían sido condenados a azotes en el motín anterior.

Pero esta impunidad alentó al populacho, que enardecido con nuevas palabras del Arcediano de Écija, el día 6 de junio a los gritos de «a muerte los judíos», entraron nuevamente en el ya saqueado barrio. Esta vez el pueblo bajo no se detuvo en saquear sino que con cuchillos, dagas, y herramientas se dieron a buscar a los judíos persiguiéndoles como a fieras por las estrechas calles de la Judería. En aquel entonces la Judería comprendía los actuales barrios de

Santa Cruz, Santa María la Blanca y San Bartolomé, y estaba separado del resto de la ciudad por un muro, casi muralla, que bajaba desde el comienzo de la calle Conde Ibarra, pasando por la Plaza de las Mercedarias, hasta la muralla de la ciudad. Así el barrio judío quedaba encerrado, por un lado, por el muro del Alcázar, callejón del Agua arriba. Por otro lado, por ese muro de la calle Conde Ibarra; por abajo por la muralla de la ciudad que iba bordeando la Puerta de Carmona, Puerta de la Carne, a enlazar con el Alcázar. Y por arriba otro muro desde Santa Marta al Alcázar y por Mateos Gago a Conde de Ibarra. Este barrio judío solamente tenía dos puertas, una en Mateos Gago, y otra, la Puerta de la Carne, al campo.

Por ambas puertas, a la vez, se precipitó el populacho, para impedir la huida de los míseros hebreos. Hombres, mujeres y niños fueron degollados sin piedad, en las calles, en sus propias casas, y en las sinagogas. La matanza duró un día entero y perecieron la enorme cifra de cuatro mil criaturas.

Los pocos supervivientes, que lo fueron aquellos que de los alborotos de días anteriores huyeron fuera de Sevilla, al conocer la terrible noticia, acudieron a la Regencia en demanda de protección y de garantías, dada la terrible situación.

No pudo la Regencia dar muchas seguridades, ya que en aquellos tiempos en que el rey tenía once años de edad, la autoridad andaba fragmentada en varias manos, y difícilmente era respetada. Precisamente por esta falta de gobierno había sucedido todo aquello.

Pasado algún tiempo, y no sin recelo volvieron algunas familias judías a Sevilla, reconstruyendo sus tiendas y sus casas. Sin embargo, jamás volvió a haber ya un barrio judío. De las tres sinagogas, dos fueron expropiadas, y convertidas, la una en parroquia de Santa María de las Nieves —vulgarmente llamada la Blanca—, y otra en parroquia de Santa Cruz, pero no la actual, sino que estuvo en el terreno que hoy ocupa la Plaza de Santa Cruz.

Pasados algunos años, cuando Enrique III alcanzó la mayoría de edad para reinar, uno de sus primeros actos de gobierno fue procesar y encarcelar al Arcediano de Écija don Fernando Martínez, quien con sus imprudentes predicaciones había desencadenado la inhumana persecución y matanza de los judíos de la judería sevillana en 1391. El cronista Gil González Dávila escribe estas severas palabras: «El rey castigó así al Arcediano, porque ninguno con apariencia de piedad no entienda levantar al pueblo.»

Asimismo impuso el rey una crecidísima multa al vecindario de Sevilla y a su Ayuntamiento, tan elevada que no fue posible pagarla de contado, y durante más de diez años estuvo el municipio de Sevilla abonando cantidades de oro, para pagar la pena impuesta por la destrucción de la Judería, según vemos en las cuentas del «Libro del Mayorazgo» en el archivo municipal.

Los judíos de Sevilla no volvieron a reponerse de aquel exterminio. La Judería, que había llegado a contar más de cinco mil vecinos, quedó reducida a unas docenas, que con dificultad pudieron componer el número suficiente para organizar una sinagoga, siendo ésta la que hoy está convertida en iglesia parroquial de San Bartolomé, construida después de aquella matanza. La decadencia de la Judería fue tal que a fines del siglo XV no había prácticamente judíos en Sevilla, por lo cual el decreto de expulsión de los judíos dictado por los Reyes Católicos en 1492 fue notado en todas las ciudades del reino, menos en Sevilla, de donde no se expulsó prácticamente a nadie, puesto que no había ya judíos en nuestra ciudad.

Susona la fermosa fembra

Los judíos sevillanos, tras la persecución de que fueron objeto en 1391, habían obtenido la protección de la Autoridad Real, y vivían con ciertas garantías, pero no por ello se sentían del todo seguros, y soportaban innumerables vejaciones. Esto despertó en algunos de ellos un rencor que pronto había de convertirse en afán de venganza.

Y al efecto, un judío muy principal llamado Diego Susón, ideó un plan que habría de sembrar el terror en Sevilla, y con la idea, quizá, de organizar un general levantamiento de judíos en todo el reino.

Recordaban los judíos que las persecuciones de los visigodos, dieron ocasión a que los judíos de aquel entonces organizasen arteramente una rebelión, al mismo tiempo que facilitaron a los árabes la invasión de España. Ahora quizá podrían hacer lo mismo. Así comenzaron en casa de Diego Susón a celebrarse reuniones secretas para estudiar el plan de la que sería la gran sublevación judía de España.

Tenía Diego Susón una hija, a la que por su extraordinaria hermosura se llamaba en toda Sevilla «la fermosa fembra». Y ella, engreída por la admiración que despertaba su belleza, llegó a hacerse ilusiones de alcanzar un alto puesto en la vida social. Así a espaldas de su padre se dejaba cortejar por un mozo caballero cristiano, de uno de los más ilustres linajes de Sevilla, que tenía en su palacio un escudo de gloriosa heráldica.

La bella Susona, se veía a escondidas con el galán caballero, y no tardó en ser su amante.

Cierto día, cuando Susona dormía en su habitación, se reunieron en la casa los judíos conjurados, para ultimar los planes de la sublevación. Pero Susona no dormía porque como todas las noches, aguardaba a que su padre se acostase, para huir ella, sigilosamente de la casa, a reunirse con su amante hasta el amanecer.

Susona, escuchó palabra por palabra toda la conversación de los conspiradores.

—Sublevaremos a todos los esclavos, negros y mulatos, y les daremos armas, para disponer de un ejército.

—Sí; y también conviene en seguida asaltar la cárcel y soltar a los presidiarios. Son gente violenta, y armándolos bien podríamos hacer frente a los alguaciles.

—También hay que apoderarse por sorpresa del puerto. En las galeras, y en Atarazanas hay más de trescientos galeotes, que cumplen su condena como remeros. Si les libramos de sus cadenas, podremos disponer de ellos para lo que se nos antoje.

—Y en seguida, para evitar que los cristianos se rehagan, hemos de matar a todos los caballeros y gente principal de la ciudad.

—Yo tengo ya enviadas a Portugal tres mil doblas de oro, para que envíen las armas precisas para empezar. Vendrán en un barco cargado de lana, escondidas bajo los fardos. Y después, con las que vayamos cogiendo en la Atarazana, y en los alguacilazgos dispondremos de armamento suficiente para todo un ejército. Si nos sostenemos dos semanas, en ese tiempo habrá suficiente espacio para que vengan ayudas de África, y España vuelva a poder de moros.

Susona escuchaba aquellas palabras, y mientras tanto, su corazón latía angustiado, pensando que entre los primeros a quienes darían muerte, estaría su amante, que era uno de los caballeros más principales de Sevilla.

Aguardó a que terminase la reunión de los judíos, y cuando todos se marcharon y su padre se acostó, la bella judía abandonó la casa, marchó por las calles de la Judería, hacia la actual de Mateos Gago, por donde se salía del barrio. Desde allí se dirigió a casa de su amante, y entre sollozos le refirió todo lo que había oído.

Inmediatamente el caballero acudió a casa del Asistente de la Ciudad, que era el famoso don Diego de Merlo, y le contó cuanto la bella Susona le había dicho.

Acto seguido don Diego de Merlo, con los alguaciles más fieles y de confianza, bien armados, recorrió las casas de los conspiradores, y en pocas horas los apresó a todos.

Pasados unos días todos ellos fueron condenados a muerte y ejecutados en la horca de «buena vista» en Tablada, donde se ejecutaba a los facinerosos, parricidas, y peores criminales, cuyos cadáveres quedaban todo el año colgados, y una vez al año se cogían sus restos y se enterraban en el cementerio de ajusticiados en el Compás o Patio del Colegio de San Miguel frente a la Catedral.

La lista de los conspiradores, cuyos nombres constan en el proceso, según los cronistas que lo han examinado es la siguiente: Diego Susón; Pedro Fernández de Venedera, mayordomo de la Catedral; Juan Fernández del Albolasya, llamado *el Perfumado* por su acicalamiento en el vestir y arreglarse; éste era nada menos que letrado y alcalde de Justicia; Manuel Saulí, Bartolomé Torralba, los hermanos Adalfe, de Triana; y hasta veinte ricos y poderosos judíos, mercaderes, banqueros y escribanos, de Sevilla, Utrera y Carmona.

Se dice que el rico Diego Susón era hombre con fama de humorista, y su donaire no le abandonó ni en el momento de la muerte. Y así cuando los sacaron de las cárceles de la calle Sierpes, para llevarlos a ahorcar, al pasar por la Plaza de San Francisco, como le iba molestando el cabo de la cuerda de esparto con que llevaba las manos amarradas, y se lo pisaba y no le dejaba andar dijo estas palabras a uno de los curiosos que estaban en la acera, tan ingenioso como siempre:

—Amigo, ¿sería tan amable de alzarme esta rica tira de seda bordada que llevo colgando?

Lo de llamar rica tira de seda bordada (toca tunecí) a una soga de esparto no deja de ser una ironía que aunque macabra en tales circunstancias, provocó la risa de los espectadores.

—¿Y qué ocurrió con la Susona?

El mismo día que ahorcaron a su padre, la fermosa fembra reflexionó sobre su triste suerte. Aunque su denuncia había sido justa, no la había inspirado la justicia sino la liviandad, pues el motivo de acusar a su padre fue solamente para librar a su amante y poder continuar con él su vida de pecado.

Atormentada por los remordimientos, acudió Susona a la Catedral pidiendo confesión. El arcipreste, que lo era don Reginaldo Romero, obispo de Tiberíades, la bautizó y le dio la absolución, aconsejándole que se retirase a hacer penitencia a un convento, como así lo hizo y allí permaneció varios años, hasta que sintiendo tranquilo su espíritu volvió a su casa donde en lo sucesivo llevó una vida cristiana y ejemplar.

Finalmente cuando murió Susona y abrieron su testamento encontraron una cláusula que decía: «Y para que sirva de ejemplo a las jóvenes y en testimonio de mi desdicha mando que cuando haya muerto, separen mi cabeza de mi cuerpo, y la pongan sujeta en un clavo sobre la puerta de mi casa, y quede allí para siempre jamás.»

Se cumplió el mandato testamentario, y la cabeza de Susona fue puesta en una escarpia sobre el dintel de la puerta de su casa, que era la primera de la calle que hoy lleva su nombre. El horrible despojo secado por el sol, y convertido en calavera, permaneció allí por lo menos desde finales del siglo XV hasta mediado el XVII según testimonios de algunos que la vieron ya entrado el 1600. Por esta razón se llamó calle de la Muerte, cuyo nombre en el siglo XIX se cambió por el de calle Susona que ahora lleva.

Ésta fue la triste historia de una mujer que movida por el amor y por el pecado carnal, entregó su propio padre al patíbulo, y que después acosada por los remordimientos no pudo gozar de aquel placer que tan sangrientamente había buscado.

Este episodio aunque parezca legendario es rigurosamente histórico, incluso la frase jocosa que pronunció Diego Susón cuando le llevaban al suplicio, y de la que hay constancia por testigos presenciales.

El titiritero conquistador de América

Los Reyes Católicos se encontraban en Sevilla, a donde había venido doña Isabel a dar a luz, y pasados algunos días del nacimiento del príncipe heredero, salió la reina del Alcázar para ir a misa de parida en la santa Catedral hispalense. Iba con gran acompañamiento de nobles, clérigos y damas principales, y el público se agolpaba en el trayecto del palacio a la iglesia, para verla pasar.

De repente, se interrumpieron los vítores y aplausos y todo el mundo comenzó a mirar hacia arriba, y se oyeron algunos gritos de susto entre las mujeres. Miró la reina a lo alto, como todos hacían, y vio que en la torre de la catedral, y por una larga viga que sobresalía varias varas por el ventanal más elevado, un niño, salía haciendo equilibrios, hasta llegar al extremo de la viga, y se detenía allí.

El niño sacó de su faltriquera dos naranjas y comenzó a lanzarlas al aire y recogerlas cambiándolas de mano, con la habilidad de un artista de circo. Este juego de manos, en inverosímil equilibrio sobre una estrecha viga, y a tal altura, ponía pavor en el ánimo de los espectadores, y la inmensa multitud que presenciaba el paso de la reina, estaba en silencio, y casi sin atreverse a respirar, esperando y temiendo que de un momento a otro, el muchacho caería desde la torre a la calle. Sin embargo, no parecía él preocuparse en absoluto del peligro, pues se puso a saltar en la punta de la viga, y cuando se cansó de estos peligrosos brincos, volvió a caminar desde el extremo del palo hacia la torre y allí levantando un pie lo apoyó contra los ladrillos de la pared y en esa posición lanzó con todas sus fuerzas las dos naranjas para que pasando por encima del campanario cayeran al otro lado del edificio. Después de toda esta diversión, el muchacho volvió a meterse por el ventanal de la torre y desapareció de la vista de los espectadores, que dieron un suspiro de alivio al ver que había salido con bien de su travesura. Mandó la reina que lo detuvieran y lo trajeran a su presencia, y en efecto, varios soldados entraron en la torre de la Giralda y subiendo la rampa encontraron al juvenil titiritero, quien no opuso resistencia a dejarse coger.

Llevearonle al Alcázar, y terminada la misa lo presentaron a la reina doña Isabel, quien al reconocerle quedó muy sorprendida, ya que se trataba de un paje de su real servicio.

—¿Cómo te has atrevido, Alonsillo, a realizar semejante locura? ¿No sabías que podías matarte?

—Sí, Alteza, pero lo hacía para llamar la atención de una persona, que solamente haciendo una cosa tan arriesgada como ésa podría fijarse en mí.

—¿Y quién es esa persona que tanto te interesa que te viera? ¿Alguna camarista tal vez? Temprano empiezas a enamorarte, Alonsillo.

—No, Alteza, no era por amores sino por algo que me interesa más. Necesitaba llamar la atención de la reina, para pedirle que me conceda una gracia.

—Estás loco, Alonsillo. ¿Y piensas tú que para hacer yo una gracia a cualquiera de mis pajes, necesito que arriesgue su vida como titiritero?

—En este caso sí. Porque la gracia que quiero es que me concedáis una plaza en el ejército. Y tenía que demostrar que aunque no tengo más que trece años, soy valiente, y capaz de arriesgar la vida sin miedo.

La reina quedó maravillada del atrevimiento del paje, pero encontró muy puesto en razón el concederle aquella merced que pedía, aunque no fuera más que pensando en que la había ganado de sobra al afrontar semejante peligro. Así pues, le otorgó una banda de alférez, con lo que Alonso de Ojeda vino a ser el oficial más joven del ejército con sólo trece años de edad.

Acreditó que la reina no se había equivocado al darle aquel grado, pues se distinguió mucho en las guerras, y pasó a América ya con el grado de capitán que había ganado por sus méritos en los campos de Italia.

La ciudad del mal gobierno

Los sevillanos se han quejado siempre (y casi siempre con razón) de la desorganización y mal gobierno con que se rigen los asuntos municipales de esta ciudad. Hay a propósito de esto, no una leyenda, sino un suceso real, ocurrido en el siglo XV y que viene muy al caso.

En la Puerta de Osario, existía desde hace mucho tiempo, una especie de puesto de control. Allí, un alguacil de la Hermandad, inspeccionaba a las personas que entraban y salían por la puerta de la muralla, a fin de impedir que pudiera entrar algún facineroso, o que pudiera escaparse algún delincuente fugitivo; a su lado había un almotacén o alguacil de impuestos, encargado de reconocer los carros y caballerías de carga que entraban en Sevilla, para hacerles pagar a sus conductores el arbitrio o impuesto de las mercancías que transportaban; y finalmente había un escribiente, quien sentado ante una mesilla, y provisto de un tintero y pluma, anotaba cuidadosamente todos los entierros que salían por dicha Puerta Osario hacia el cementerio que estaba situado en la pendiente de lo que hoy es la calle Gonzalo Bilbao, y quien cobraba religiosamente el impuesto de salida por cada entierro.

Ocurrió que cierto día, por una fuga de un preso de la Cárcel Real, se corrió la voz de que quizás el fugado, contando con cómplices, habría salido de Sevilla metido en un ataúd, y con acompañamiento fúnebre de sus cómplices, así que se hizo una indagatoria o pesquisa, por parte de los alcaldes de la Hermandad, a fin de comprobar todos los entierros que se hubieran hecho en Sevilla en aquel día. Y cuando acudieron al Ayuntamiento en demanda de las listas o anotaciones pertinentes, resultó que en el Ayuntamiento no existía ninguna lista del diario de entierros.

—Eso no es cosa nuestra —decía el secretario del Común.

—Quien lleva la cuestión de entierros es la Iglesia; seguramente el señor provisor del obispado, o la colecturía de sufragios —dijo un regidor.

—No —insistió el alcalde de la Hermandad—; es aquí en el Ayuntamiento donde debe haber esos datos, puesto que ustedes tienen un funcionario en la Puerta Osario, y precisamente se cobran allí unos derechos, no para la Iglesia sino para el erario municipal.

Revisaron la plantilla de los empleados municipales, y por ninguna parte aparecía tal cometido de recaudación de arbitrio de salida de los entierros.

—¡Pero ustedes lo saben tan bien como yo, que ese empleado existe, y que está allí ese control de entierros desde tiempo inmemorial!

En efecto, todos los presentes conocían dicho puesto de control, y todos, más o menos, habían pagado alguna vez esos derechos al salir por la Puerta Osario con algún entierro de algún pariente o allegado difunto. Pero por ninguna parte aparecían ni las listas, ni el nombre del empleado recaudador, ni siquiera referencia de a qué sección o servicio del Ayuntamiento correspondía aquella dependencia. Así que para aclararse, enviaron a la Puerta Osario a un portero, con encargo de que dijera al empleado de cobranza de entierros, que viniera al Corral de los Alcaldes (que era así como se llamaba entonces el Ayuntamiento, que estaba situado en la actual calle Alcázares, desde su mediación, hasta la actual calle Sor Ángela de la Cruz).

Recogió el hombre su tintero y sus papeles, vino al Corral de los Alcaldes, y habiéndole preguntado que a qué sección municipal enviaba sus listas diarias, y de qué regidor o jurado dependía su servicio, con gran sorpresa de todos, dio un gran suspiro y dijo:

—Ea, señores, que no es como ustedes se piensan. Que yo no tengo nada que ver con el Ayuntamiento, ni pertenezco a ninguna sección, ni dependo de ningún señor Regidor ni Jurado. Yo estoy en la Puerta Osario, porque allí estuvo mi padre que en gloria esté, y allí mi abuelo. Nuestro oficio es ése, como el del zapatero hacer zapatos, o el del saltimbanqui hacer títeres. Un oficio tan honrado como cualquiera otro. Yo me pongo en la Puerta Osario muy de mañana, emplazo mi mesita, apresto mi papel y mis plumas, destapo mi tintero, y eso es todo. Ellos pasan, yo los apunto, y ellos me pagan por apuntarles. Un cuarto por cada difunto, que con cuatro entierros hacen un real de vellón; y con ocho muertos tengo los dos reales que me son necesarios para mantener mi casa, y dar pan a mis hijos.

—¡Ay tan gran bellaquería! —gritara todo descompuesto el secretario del Común, mesándose los cabellos.

—¡Y ya desde su padre y su abuelo, lo que significa más de cincuenta años, cobrando un impuesto ilegítimo, y sisando al Ayuntamiento sus ingresos! —clamaba el regidor de Arbitrios.

A lo que el alcalde de la Hermandad apostilló filosóficamente:

—Yo había venido en busca de informes para capturar a un delincuente. Pero puesto que ustedes dicen que este hombre ha sisado, y obrado ilegítimamente, yo me lo llevo preso, y ya no he dado mi viaje en balde.

Estuvo el hombre —quien por más señas dicen que no era cristiano viejo, sino moro de los últimos que quedaban en Sevilla—, obra de tres o cuatro meses en la Cárcel Real, y cuando salió de ella, decidió tomar una sabrosa venganza. Así que por la noche, habiéndose provisto de un gran lienzo, hecho con varias velas o toldos, cosidos entre sí, escribió en él un enorme rótulo que decía:

«Caminante: llegas a la ciudad de la desorganización y del mal gobierno.»

Esta gigantesca pancarta la colgó de las almenas de la muralla sigilosamente, entre la Puerta Osario y la Puerta Carmona, de tal modo que cualquier viajero que viniera de la Corte o de los pueblos, al asomar por la Calzada de la Cruz del Campo pudiera leer tan desvergonzado letrero.

«Caminante: llegas a la ciudad de la desorganización y del mal gobierno.»

Bueno: pues a la mañana cuando se vio el cartel, que todo el mundo comentaba con chanza, se suscitó un problema. ¿Correspondía al Ayuntamiento mandar quitarlo? ¿Tenía jurisdicción el Ayuntamiento en las murallas, que eran más bien una defensa o baluarte militar? ¿No sería más razonable dirigirse al Alguacil Mayor de la Ciudad, que ni era del ramo militar ni del Ayuntamiento, pero cuya persona era depositario de las llaves de todas las puertas? Claro que este cargo, más bien era honorífico, pues las puertas se cerraban con llave por mano de los alguaciles del Común... O bien que acaso sería cosa de los señores de la Casa Cuadra, puesto que podía considerarse como delito de desacato, y ello sería más bien jurisdicción de la Justicia Real...

El resultado es que el letrero, por no aclararse a quién correspondía quitarlo, permaneció durante una semana colgado de las almenas de la muralla sirviendo de chacota, y demostrando que en realidad, su texto no estaba falto de razón. Tan de mal gobierno era el haber permitido durante cincuenta años, a un fresco el cobrar un arbitrio por su cuenta, como esto de no saber los trámites para descolgar un letrero burlesco.

CAPÍTULO VII

LAS LEYENDAS Y TRADICIONES DE LOS SIGLOS XVI Y XVII

Maravilloso suceso de la profecía que una gitana hizo en Sevilla a Hernán Cortés

Una de las familias más distinguidas de la ciudad de Medellín, en tierras de Extremadura, eran los del apellido Cortés, siendo el jefe de esta noble casa don Martín Cortés, viejo muy respetado en toda la comarca. Tenía don Martín un hijo al cual envió a estudiar a Salamanca para que se doctorase en Leyes, con el propósito de que pudiera servir al rey en puestos de gobierno. Sin embargo, el joven Cortés, que tenía por nombre de pila Hernán, mozo de sangre ardiente, soñaba más que con puestos en la magistratura, con una espada y al mando de un Tercio de los que luchaban en Italia a las órdenes del Gran Capitán.

Habiendo regresado a Medellín durante las vacaciones salmantinas, Hernán Cortés vestido con su ropilla y manteo escolar, acudió a la reja de cierta doncella por nombre Elvira, también de noble familia, de la cual estaba enamorado, y de quien era correspondido.

Sin embargo el padre de Elvira, hidalgo falto de dineros porque le había arruinado su afición al juego, intentaba casar a su hija con un personaje de inmensa fortuna que con su dinero devolviera al arruinado noble su antiguo bienestar.

Así durante la ausencia del joven Hernán Cortés, el padre de Elvira trató y concertó el matrimonio de ella con el comendador de la Orden de Santiago, el hombre más poderoso y rico de toda Extremadura.

Aquella noche mientras Hernán Cortés hablaba con Elvira a través de la reja, y ella le contaba su triste desventura, y pensaban ambos la manera de evitar aquel matrimonio que le iba a ser impuesto por la fuerza, Hernán le dijo:

—Finge que estás enferma, o que has perdido el seso. Lo importante es ganar tiempo. Entretanto yo, abandonaré los estudios, me iré a Italia como soldado, y en breve tiempo con mi valor y con el rango de mi apellido, podré alcanzar un empleo de alférez, con el cual pueda abrirme camino en la milicia. Entonces secretamente nos casaremos y te sacaré de aquí...

Mientras esto hablaban, se oyó por las esquinas de la calle ruido de pasos y hablar de gente. Hernán Cortés se apartó de la ventana, para no comprometer la reputación de Elvira, y por mantener mejor su secreto. Intentó ganar la esquina opuesta y desaparecer en la oscuridad, pero se encontró allí, al parecer aguardándole, un hombre de gentil y bizarra apostura que le dijo:

—Téngase allá señor estudiante, que he de cortarle las orejas por escarmiento para que no vuelva a rondar la ventana de la que ha de ser mi mujer.

Y diciendo esto metió la mano a la espada.

Hernán Cortés, que como noble, iba también armado, sacó la suya, y empezaron a pelear. Sin embargo el comendador de Santiago no lo hizo muy caballerescamente, pero cuando vio que el joven estudiante manejaba bien, y no podía con él, hizo sonar un silbato, y desde la otra esquina vinieron sobre él dos hombres que eran los que antes había sentido hablar, y que estaban como emboscados guardando la calle.

Hernán Cortés, aun apretado por los tres, luchó tan animosamente y con tal habilidad que en pocos minutos derribó al comendador en el suelo, atravesado el corazón, y puso en fuga a los dos criados.

Regresó precipitadamente a su casa, Hernán, y allí contó a su padre don Martín lo que acababa de ocurrirle.

—Mal suceso, hijo mío, pues haber matado a un comendador de Santiago significa haberte echado los más poderosos enemigos: tanto su familia, como los caballeros de la Orden santiaguina. Huye, pues, ya que no tardarán en venir a prenderte.

—¿Y a dónde debo ir, padre? —preguntó Hernán.

—No podrás ir a Italia, puesto que allí en el propio ejército castellano encontrarías a lo principal de la Orden de Santiago. Más bien debes ir a Sevilla, y desde ella embarcar para las Indias. Dicen que en esas nuevas tierras recién descubiertas habrá oportunidad para que los hombres audaces puedan alcanzar gloria y dineros.

Tomó Hernán Cortés un caballo y abandonó velozmente el pueblo, cuando ya iban a buscarle en su casa para prenderle.

Hospedóse Hernán, a su llegada en una posada de ínfima clase, que había en la actual calle Trajano, que en aquel entonces se llamaba calle del Puerco. Por estar allí al lado el Hospital del Amor de Dios, paraban en dicha posada familiares de enfermos de los pueblos, arrieros que venían a traer provisiones al hospital, gentecilla menuda que acudía a hacerse ver por cuatro ochavos, de alguno de los médicos que pasaban consulta para gente forastera en la enfermería del hospital. Era buen sitio para pasar inadvertido, pues imaginaba que en pocas horas llegaría tras él una requisitoria para ponerle en prisión, por la muerte que había dado en Medellín.

Cambiado su vestido de estudiante por otro de soldado que compró a un mercader en la misma posada, arreglado el cabello y medio tapándose la cara con el vuelo del birrete o boina adornada con plumas, se fue Hernán al puerto para buscar acomodo en alguna de las naves que partían para Indias.

Se encontraba junto a la Torre del Oro, cuando se le acercó una gitana que le pidió limosna.

—¿Quiere su merced que le diga la buena ventura?

No estaba Hernán para adivinanzas, pero por socorrer a la gitana le alargó un real de plata, cantidad mucho mayor que la que nunca le habían dado a la mujer. Pensaba Hernán que socorriendo al desvalido, Dios le socorrería a él en su huida y le depararía buen viaje y feliz aventura como soldado.

Pero la gitana, al recibir la moneda de plata se quedó mirándole la mano con que se la entregaba y dijo:

—Déjeme que le mire esa mano, que por Dios y la salvación de mi alma me parece que veo en ella cosas insólitas y de maravilla.

Y sin que él se pudiera oponer le abrió la mano y le examinó las rayas una por una. Después poniendo un gesto grave en su moreno semblante, dijo la gitana:

—Señor, a pesar de vuestro traje de simple soldado, conozco que sois de alto linaje, y que venís huyendo de algo. Tenéis escrito en estas rayas que saldréis con bien de este trance, y aunque no acierto a entender su significado, dicen que lucharéis con reyes y emperadores y los venceréis. Y aún más: seréis creador de nuevos pueblos, y vuestra fama durará tanto como dure el mismo mundo.

Hernán, que solamente pensaba en Elvira, interrumpió bruscamente:

—Todo eso que me cuentas está muy bien, pero ¿volveré rico? ¿Conseguiré realizar mis proyectos de amor?

La gitana no contestó. Con gesto aún más grave en su semblante extendió su flaca mano apuntando en dirección a los cerros por donde blanqueaba el caserío del cercano pueblo de Castilleja de la Cuesta.

Veamos ahora cómo contaba Cortés lo que sucedió a continuación. He aquí las palabras con que él mismo lo relató a sus amigos:

—De repente en la dirección que señalaba la mano de la gitana, vi cómo se levantaba una nube, que a medida que se situaba sobre el pueblo de Castilleja iba tomando un color oscuro hasta volverse negra. El viento fue modelando su forma hasta que prodigiosamente tomó los contornos de un féretro. Sí, aunque parezca imposible, la nube tomó la forma de un féretro. Y entonces ocurrió lo más sorprendente: el sol, que estaba ya muy bajo porque era hora de atardecer, descendió sobre aquel féretro, se introdujo en él, y se ocultaron ambos sepultándose por entre los tejados y azoteas de Castilleja.

La profecía gitana, y la visión prodigiosa que tuvo Hernán, se cumplieron puntualmente. Hernán Cortés conquistó un imperio, alcanzando gloria eterna. Pero a cambio de ello perdió su juventud, sus ilusiones y sus amores, y pasado el tiempo vino a morir triste, desengañado y solo, en Castilleja de la Cuesta. Nadie le fue fiel hasta el final sino su caballo. Era un fogoso caballo al que había puesto de nombre *Cordobés,* con el que conquistó México. A su regreso a España, Cortés se trajo el noble animal, y lo mantuvo en su finca de Castilleja hasta que murió de viejo. En los jardines del antiguo palacio de Cortés, hoy colegio de religiosas, puede verse desgastada por las lluvias, entre la hierba de un arriate, una piedra oscura, en la que está labrado el nombre del caballo, que Cortés hizo enterrar en aquel lugar.

La española inglesa

Por los años de 1564, vivió algún tiempo en Sevilla el joven hidalgo, estudiante, don Miguel de Cervantes y Saavedra, quien andando el tiempo habría de llegar a ser autor del *Quijote* y renombrado como Príncipe de los Ingenios.

Cervantes, casi un niño, pues andaba entre los dieciséis y diecisiete años de su edad, tuvo ocasión de ver representar comedias al célebre cómico y autor Lope de Rueda, lo que influyó no poco en la futura vocación literaria de Cervantes.

Pero si aquí se aficionó a las letras y al teatro, también se aficionó a las mujeres, enamorándose por primera vez. Fue esto en el barrio de San Marcos, esquina a la calle Castellar, donde vivía cierta dama llamada Isabel. No sabemos más detalles, pues Cervantes no los contó nunca. Ignoramos si era soltera o casada. Ello es que Cervantes burlaba la vigilancia que le tenía puesta, no sabemos si sus padres, su tutor, o su marido, y mantenía coloquios con ella, por señas que le hacía, subiéndose clandestinamente a la torre de la iglesia parroquial de San Marcos, y que ella entendía asomada a la azotea de su casa que estaba frontera.

Así, pues, la tal Isabel vivía en la casa de esquina en calle Castellar a San Marcos. Muchos años más tarde, entre 1600 y 1613, Cervantes, ya sesentón escribiría una de sus famosísimas «Novelas Ejemplares», y recordando con nostalgia, y con ternura, aquellos sus primeros amores de mozo, va a situar en una de sus novelas, la titulada *La española inglesa,* en el palacio de la calle Castellar, esquina a San Marcos, y va a ponerle a la protagonista precisamente el nombre de Isabel.

El argumento de *La española inglesa* es como sigue: La niña

Isabel, de siete años, vivía en Sevilla con sus padres, en su palacio del linaje de los Castromonte, en la calle Castellar. Habiendo viajado a Cádiz en 1596, coincide su veraneo con el ataque de los buques ingleses, que desembarcan tropas en la bahía gaditana. Durante esta peripecia militar un aristócrata inglés encuentra a la niña de siete años, y la recoge, llevándosela a Inglaterra, donde él y su esposa, que no tienen hijos, la cuidan y educan como si fuera hija suya. En los años siguientes Isabel, ya convertida en una bella joven, causa la admiración de la corte inglesa, tanto por su hermosura como por su talento y discreción. Un noble, llamado Richard se enamora de ella, y le pide a la reina que se la conceda en matrimonio, pero la reina Elisabeth antes de otorgársela quiere probar el valor del caballero, al cual le confía el mando de un buque en corso. Richard realiza varias proezas con su navío apresando buques turcos y rescatando cautivos cristianos. Entre estos cristianos se encuentran los verdaderos padres de Isabel, que son conducidos a Inglaterra liberados.

Por fin, Isabel va a casarse con Richard, pero el odio de una camarista de la reina, está a punto de provocar la muerte de Isabel, mediante el veneno. Isabel se salva, pero queda desfigurada su belleza. Para reponerse decide viajar a Roma, y España, en donde por fin reconoce a sus padres. Curada poco a poco de los estragos del veneno, recobra su salud y su belleza, y por fin se casa con Richard.

Los seises de Sevilla

Uno de los más bellos espectáculos que pueden contemplarse en Sevilla es el baile de los niños «seises» de la Catedral, en los ocho días siguientes a la festividad del Corpus Christi, y en la semana de octava de la Inmaculada. Los «seises» forman un grupo de canto y baile, con la particularidad de que sus trajes y sus canciones son del siglo XVI.

La fundación del grupo de «seises» data, según testimonios que se poseen en la Catedral, del año 1439 al menos. Se les llamó primitivamente «niños cantorcillos» y «mozos del coro». El reglamento o estatuto por que se rigen data de 1508.

En los dos primeros siglos vestían de pastorcillos, con una pelliza mostrando la lana del cordero hacia afuera, calzones cortos, y unos borceguíes o botas de becerro. También se cree que en alguna festividad eucarística se ataviaban con trajes de ángeles, a la manera como hemos visto en nuestros tiempos algunas niñas de primera comunión vestidas de angelitos. Hay un tabernáculo o caja de guardar las Hostias que se conserva en la catedral, que tiene pintadas sobre la madera unas figuras de angelitos que llevan las alas sujetas a los pies, con unas polainas, y que se supone es una representación de los primitivos «seises». El nombre de «seise» es una modificación fonética, mediante el «seseo» andaluz, de la palabra de castellano antiguo «seize» que significaba dieciséis. Así pues, en un principio los «seises» fueron, sin duda, un grupo de dieciséis niños, aunque actualmente se han reducido su número a doce.

Ya en el siglo XVI o XVII se cambió la ropa por un trajecito de paje al estilo de la corte de los Austrias, con un juboncillo o coleto, que viene a ser como una chaquetilla sin mangas, muy ajustado al cuerpo. Por debajo de él asoman las mangas de una prenda a manera de camisa, plisadas y abullonadas. El juboncillo es de color rojo para los días de la octava del Corpus, y de azul celeste para la octava de la Inmaculada Concepción. La prenda inferior es un calzón corto, de seda blanca, y de color blanco también las medias. El atuendo se completa con una banda que cruza el pecho, zapatos forrados en raso, y un sombrero con plumas.

Primitivamente los «seises» bailaban acompañándose con el «adufe» o pandero, instrumento muy popular en Sevilla en épocas pasadas. Pero desde el siglo XVI se sustituyó el pandero por las castañuelas, que utilizan todos los niños en sus bailes.

La música que interpretan cantando y bailando, era en principio «villancicos» de carácter medieval, entre ellos el célebre *Guárdame las vacas, Carillo*. A fines del siglo XVI ya se van sustituyendo por canciones musicales de mayor empeño, creadas por los maestros de capilla de la catedral, con acompañamiento de órgano y de orquesta, de formas musicales polifónicas, y que han evolucionado según el gusto de cada siglo, desde las «gallardas» y «gigas» hasta las «pavanas», pero siempre con la particularidad de que el compás en que se interpretan sea lento y ceremonioso. En todos los actos en que participan los «seises», echan tres bailes, uno en honor del Santísimo Sacramento, o en honor de la Virgen; el segundo baile en honor del prelado, y el tercero en honor de las autoridades y pueblo.

Además de participar en los cultos, y bailar ante el altar, en las dos actavas, suelen salir en otras ocasiones excepcionales. También durante la procesión del Corpus acompañan a la Custodia en su recorrido por las calles, y van cantando delante de ella. Al llegar a la Plaza del Ayuntamiento y a la Plaza del Salvador, en las cuales se instalan altares, se detiene la Custodia, y entonces los «seises» interpretan sus bailes en dicho lugar.

Aunque los bailes de los «seises» son totalmente ceremoniosos, y no cabe nada más respetuoso y más honesto, no siempre han sido aceptados por los arzobispos que vinieron a ocupar la sede hispalense. Muchos de ellos rechazaron esta tradición y procuraron por todos los medios suprimir los niños «seises» y acabar con el baile ante el altar mayor. Pero el Cabildo catedralicio, que posee bulas pontificias, hizo valer sus derechos y acudió ante el Papa, consiguiendo que la autoridad pontificia prevaleciese sobre la del arzobispado, como era justo.

El prelado que más se distinguió por su afán de suprimir los bailes de los «seises» fue el arzobispo Palafox, quien dispuso que no salieran los bailes. Acudieron los canónigos a querellarse en Roma, y hubo un ruidosísimo proceso eclesiástico, en el que se aportaron toda clase de datos y documentos antiguos para demostrar el derecho que asistía a la Catedral. Por fin —dice la tradición—, el Papa, no queriendo contradecir violentamente al prelado, pero al mismo tiempo para satisfacer a la Catedral, dispuso que «*continúen los «seises" y sus bailes en la Catedral de Sevilla como hasta ahora, pero solamente por el tiempo que les duren los actuales vestidos, y cuando éstos sean desechados no se les hagan vestidos nuevos y se dé por terminado este uso*».

Volvieron los diputados del Cabildo muy satisfechos, puesto que habían conseguido salvar de la desaparición a los «seises». ¿Por cuánto tiempo? Ah, quien hace la ley hace la trampa, y siempre quedan por entre las mallas de la disposición legal, resquicios por los que evadir su cumplimiento.

Así, que el Cabildo, para que nunca se desechasen los vestidos de los «seises», puesto que no se les podrían hacer nunca otros nuevos, determinó que en lo sucesivo se hicieran a tales vestidos solamente reparaciones, pero nunca sustituirlos por otros nuevos. Las reparaciones consistirían en cambiarles un mes una manga, al otro mes otra manga, sustituir más adelante un delantero, y reponer al año siguiente la banda. Del mismo modo que los sombreros no se podían desechar enteros, pero sí cambiarle un año las plumas, otro la copa, y el otro el ala, y así remendando siempre, pero sin deshacer nunca la prenda entera, siguen desde aquella fecha hasta hoy.

Finalmente conviene saber que la Iglesia católica debe a los «seises» de Sevilla nada menos que el color litúrgico del celeste, para las fiestas de la Virgen. Ocurrió que en el siglo XIX, cuando se proclamó el dogma de la Inmaculada Concepción, se planteó en el Vaticano el problema de qué color asignarle a las fiestas concepcionistas. Entonces el Papa, recordando que en Sevilla desde el siglo XVII se estaba usando el color celeste para los niños «seises» para la fiesta de la Virgen, determinó hacer este color oficialmente litúrgico, y extensivo su uso a toda la Cristiandad para las fiestas de la Inmaculada.

Suceso trágico del auténtico don Juan Tenorio en la calle Calatravas

En la Sevilla del siglo XVII, en que entraba el oro de América en los célebres «convoyes de la plata» o «flota general de Indias», la facilidad de la riqueza dio lugar a una gran relajación de las costumbres, hasta el punto de que algunos cronistas llamaron a nuestra ciudad «la Babilonia del pecado». En este ambiente, la juventud se mostraba afanosa de placeres, alborotada y violenta. Tanto los días corrientes en las famosísimas «casas de la gula», donde se comía, se bebía y se amaba a destajo, como en los grandes días de fiesta, con corrida de toros en la Plaza de San Francisco, *carrousel* a caballo por todas las calles céntricas, y finalmente baile, sarao y máscaras en algunos de los palacios principales, una numerosa pléyade de jóvenes caballeros de las más linajudas familias, hacían gala de su gallardía, de su donaire, y de su liviandad, a pesar de las predicaciones de algún exaltado y ascético fraile, que desde el púlpito de los Mínimos o del de los Descalzos, tronase contra tanta ligereza.

Junto con la dilapidación, la gula y la lujuria, abundaba en Sevilla la ira, pues como cada cual llevaba espada, al menor pique de amor propio salían a relucir los aceros, y raro era el día en que en Sevilla no morían uno o dos caballeros acuchillados en desafío.

Uno de los mozos más enamorados y más espadachines de Sevilla era don Pedrito Ribera, de la ilustre familia de los Ribera, marqueses de Tarifa, marqueses de la Torre, duques de Alcalá y duques de Medinaceli. El joven Ribera, mancebo de gentil apostura, lindo rostro y pocos escrúpulos, tenía escandalizada la ciudad con sus pendencias, amoríos y audacias, alborotando por doquiera.

En cierta ocasión urdió una pesada burla contra el obispo auxiliar, que era don Luis Camargo, el cual vivía en la Alameda de Hércules a su comienzo, conforme se entraba por el lado del Hospital del Amor de Dios.

Era medianoche cuando llegaron a la Alameda don Pedrito Ribera, sus amigos don Juan de Hinestrosa, conde de Arenales, y don Lorenzo Miranda; acompañaban a los tres jóvenes unas cuantas mozas de vida alocada, con quienes iban corriendo su nocturna juerga. Al llegar ante la puerta de la casa del obispo, dijo don Pedrito:

—Vamos a divertirnos sacando a Su Ilustrísima de la cama en paños menores.

Y desenvainando la espada comenzó a golpear con ella en las piedras del muro para que hiciese ruido. A continuación dio un gran grito diciendo: «¡Ay, que me han muerto!» En seguida se agarró al aldabón y empezó a llamar a la puerta insistentemente mientras voceaba:

—Eh, señor obispo, señor obispo; salga Su Ilustrísima apriesa, que aquí hay un hombre agonizando y pide confesión.

El obispo, celoso de su ministerio, se echó abajo de la cama y, en camisón como estaba, sin meterse más que las zapatillas, echándose la estola por los hombros, bajó las escaleras y salió a la calle para dar la absolución al moribundo que le habían dicho. Pero apenas pisó el umbral, cuando en la oscuridad le asieron entre todos y con gran algazara le llevaron hasta el pilón que había entre las dos columnas de Hércules de la Alameda y allí le dieron un chapuzón entre carcajadas.

El obispo, que era viejo y prudente, no protestó, sino que les dijo con calma:

—Por este desacato a mi persona eclesiástica os podría hacer ahorcar, pero no es preciso que apele a la justicia de los hombres, porque antes de un año los tres habréis muerto, castigados por la justicia de Dios.

No se impresionaron lo más mínimo los tres mancebos, sino que con sus compañeras de diversión continuaron su camino.

Sin embargo, al día siguiente se supo la noticia en Sevilla y todo el vecindario se espantó, tanto del sacrílego atrevimiento de los tres jóvenes como de la tremenda profecía que les había hecho el obispo. Aunque se susurraba quiénes habían sido los autores del hecho, nadie se atrevió a prenderlos, porque los tres eran personas de familias importantes, y aunque los vecinos del barrio contaron el caso a la Justicia, el obispo no quiso ratificarlo, así que quedó el asunto sin diligenciar.

Esto ocurría en febrero. Un mes más tarde, durante las fiestas de Carnavales, que en Sevilla eran de gran animación y lucimiento, haciéndose el paseo de coches por la Alameda (paseo principal de aquel tiempo en que aún no existían los jardines de las Delicias, ni el parque de María Luisa, ni los jardines de Murillo), el caballero don Lorenzo de Miranda iba a caballo, piropeando a unas damas que paseaban en su coche, y otro galán, molesto, le desafió. Sacaron las espadas, y el Miranda cayó muerto, precisamente junto a las columnas de Hércules.

Unos meses más tarde, don Pedrito Ribera, que ya hemos dicho era tan enamorado como audaz, comenzó a enamorar a una panadera, mujer de grandísima belleza, pero casada, que vivía en un horno de pan cocer situado al final de la Alameda, en la cuesta donde empieza la calle Calatravas. Sin preocuparse del marido ni del escándalo público, acudía don Pedrito de Ribera por las tardes a hablar con la panadera, y a veces se la llevaba montada a la grupa de su caballo, a merendar a alguno de los ventorros que había en la orilla del río, por la Barqueta, o hacia San Jerónimo.

Cierta tarde, el panadero se enfrentó a Pedrito Ribera, y como éste sacase la espada para castigarle, un mozuelo de doce años que estaba en la panadería salió corriendo hacia las Lumbreras y entró por la calle Arte de la Seda, gritando:

—¡Que matan al panadero de las Calatravas!

Unos tejedores de seda, que eran compadres o parientes del panadero, empuñando los «guisques», especie de leznas o agujones con mango que se utilizan para el tejido de los tapices, bajaron por las Lumbreras, y se dirigieron a la explanada de la Cruz del Rodeo. Esta explanada, que ocupaba el lugar donde empieza la calle Calatravas, se llamaba La Cruz del Rodeo, porque allí había una cruz de piedra, en donde daban el rodeo o vuelta las procesiones del barrio de San Lorenzo, y las del Omnium Santórum, por ser el límite de separación de ambas parroquias.

Los sederos, armados con sus «guisques», atacaron a don Pedrito Ribera, el cual se amparó de espaldas contra la cruz de piedra, mientras jugaba con la espada para defenderse. Así se mantuvo un rato, batiéndose contra todos, y consiguió herir a alguno, pero al fin el número pudo más y en los mismos escalones de la cruz le acuchillaron hasta darle muerte.

De esto hay una sumaria que se siguió por la Real Audiencia en la que constan puntualmente los nombre de los matadores, a saber: Cristóbal de Paredes, que era el marido de la panadera; Galindo, su compadre, tejedor del arte de la seda; Navarro, mozo de mulas, su pariente. Al Paredes le condenaron a la horca, no por la muerte de don Pedrito Ribera, sino por la muerte de su mujer, a la cual, según consta por testimonio, le cortó la cabeza con una navaja cabritera. El Galindo y el mulero Navarro, aunque se probó que uno de ellos le había metido el «guisque» por un costado a don Pedrito Ribera, no salieron demasiado mal librados, pues los condenaron a diez años de galeras, y por buena conducta y haber participado su barco en la defensa contra los ingleses en La Coruña cumplieron solamente la mitad. El ahorcamiento de Cristóbal Paredes se verificó en la misma plazuela del Rodeo, en vez de en la plaza de San Francisco, y como a todos los parricidas, después de ahorcado lo metieron en una cuba de madera que llevaba pintados los cuatro animales que señalaban *Las Partidas*: un perro, un mono, un cerdo y un basilisco, y así le llevaron a enterrar los hermanos de la Caridad.

El tercero de los caballeritos del grupo, don Juan de Hinestrosa, conde de Arenales, asustado por la mala muerte de sus dos amigos, acudió al obispo, se echó a sus pies y llorando de arrepentimiento le pidió perdón. Sin embargo no se libró de la profecía, porque algún tiempo después, cuando estaba en el teatro viendo una comedia, le acometió de súbito un mal de apoplegía, y ni siquiera dio tiempo a llevarle a su casa, pues sus criados le sacaron del Corral de Comedias de la Montería, y viendo que se ahogaba por momentos le metieron en la casa del marqués de la Fuente, en la esquina de la calle Borceguinería, actual Mateos Gago, y allí murió en pocos instantes.

La familia de don Pedrito Ribera, por expiación de sus pecados y sufragio de su alma, hicieron quitar la Cruz del Rodeo y poner en su lugar una capilla que todavía hoy existe, que se llama Capilla de la Virgen del Carmen que, como queda dicho, está a la entrada de la calle Calatravas en su acera izquierda. Capilla donde se dice todavía una misa al año, y en la que radica una Hermandad de la Virgen del Carmen y Ánimas del Purgatorio.

Posteriormente, la imaginación popular, mezclando el mito de don Juan Tenorio, creado por Tirso de Molina, con la realidad de la vida y muerte de don Pedrito Ribera, ha hecho de ambos personajes uno solo, y en versiones sucesivas de la obra teatral se ha añadido a las aventuras de don Juan Tenorio el haber robado una monja de la calle Calatravas, cuando en realidad fue una panadera; y la profecía auténtica del obispo ultrajado, ha venido a identificarse en la ficción teatral con el aviso de la próxima muerte que don Juan recibe de ultratumba.

Ojalá que en la actual fiebre de derribos de edificios antiguos que hoy padece Sevilla no cometan la barbaridad de derribar la capillita del Carmen, de la calle Calatravas, testimonio de un suceso tan destacado de la vida sevillana, y que ha tenido tal resonancia en la literatura dramática.

Adiciones a la leyenda del Tenorio

Con los elementos primitivos del don Juan, creado por Tirso de Molina (un joven calavera y libertino llamado don Juan, tras burlar a varias mujeres y cometer un sacrilegio desafiando al comendador de Calatrava, muerto, en su tumba, es castigado por Dios y llevado al infierno por el fantasma del propio comendador ultrajado), va forjándose la versión definitiva del Tenorio, prototipo del caballero sevillano, enamorado, audaz, cínico, y en último extremo arrepentido y piadoso.

A la leyenda primitiva de Tirso (quien seguramente bebió aquí en las fuentes populares, puesto que sabemos que Tirso pasó en Sevilla algún tiempo en su mocedad, y se hospedó en el convento de los frailes Mercedarios, hoy edificio del Museo Provincial, donde permaneció algunos meses, preparando los trámites para marchar a Indias se añadirá algo después el elemento del suceso de la calle Calatravas, aunque autores siguientes, para embellecerlo y darle *suspense* sacrílego, convierten a la panadera en una novicia. Así, el trágico episodio amoroso de don Pedrito Ribera queda modificado, y en lugar de enamorar a la mujer de un hornero, y acabar acuchillado al pie de la Cruz del Rodeo, el personaje de don Juan robará en ese mismo sitio a una novicia, doña Inés de Ulloa, y se la llevará en una falúa o barquilla desde el lugar de La Barqueta, río abajo, hasta San Juan de Aznalfarache, a cuyo pie del cerro hay todavía hoy, en 1975, las ruinas de una vieja quinta de recreo del siglo XVII, que la fama supone ser la «Quinta de don Juan».

Hay otro episodio, que es el ocurrido a don Miguel de Mañara. La verdad histórica, quitándole cualquier adorno, dice que el caballero sevillano don Miguel de Mañara y Vicentelo de Leca, descendiente del riquísimo Vicentelo de Leca *el Corso*, fue un hombre de carácter soberbio y de terrible mal genio. Ocurrió que le enviaron de la sierra de Huelva unos jamones, y el oficial del Ayuntamiento encargado de los arbitrios de consumo retuvo la partida de jamones en la Puerta de Triana, sin dejarla pasar dentro de la ciudad, mientras no se pagase dicho impuesto. Mañara, que como hemos dicho era soberbio y colérico, se puso furioso de que no hubieran dejado pasar su mercancía, pagando después el impuesto, así que ciego de ira tomó la espada y salió de su casa, que era en la calle Levíes, dispuesto a buscar al oficial municipal y darle muerte, afrentado por haber sido tratado como un plebeyo y no como un caballero. En su ciega rabia no vio un obstáculo, tropezó, cayó y se hirió en la cabeza. Durante el tiempo que estuvo en el suelo, inconsciente, tuvo un sueño o alucinación; en que le pareció que recogían su cadáver y le daban sepultura; miedo por otra parte muy justificable en aquella época en que no habiendo diagnóstico médico cierto, era muy fácil que enterrasen vivo a uno que pareciera difunto por estar conmocionado.

Una variante de este suceso la tenemos en la calle del Atahud, en la que según dice un azulejo colocado en una fachada, a una de estas casas trajeron con engaños al caballero don Miguel de Mañara, con ánimo de asesinarle, y antes de entrar oyó que una voz decía: «Traed el Atahud, que éste ya está muerto», por lo que salió huyendo despavorido. Algunos creen que ése fue el motivo de rotularse la calle con el nombre del Atahud.

El miedo que pasó le hizo cambiar de carácter, y en lo sucesivo fue menos violento, y se hizo hermano de la Santa Caridad, a cuya hermandad regaló el terreno donde hoy está asentado el Hospital de San Jorge u Hospital de la Santa Caridad.

El suceso de Mañara, suponiendo que veía recoger su propio cadáver y enterrarlo, es también utilizado por los escritores subsiguientes para añadirlo a la leyenda del Tenorio, que así va enriqueciéndose en episodios novelescos.

La versión definitiva de esta leyenda la escribió don José Zorrilla, en su célebre drama *Don Juan Tenorio*, cuyos actos se desarrollan, el primero en una Hostería del Laurel, que sería una de las llamadas «Casas de la Gula» que hubo muchas en Sevilla. El cementerio parece ser un hecho cierto, que una familia Tenorio tuvo cementerio propio, en extramuros de Sevilla, donde hoy está situado el Instituto Murillo, puesto que cuando se construyó este edificio, como pabellón para la Exposición Iberoamericana de 1929, aparecieron al hacer los cimientos algunas lápidas, y una precisamente con el nombre de don Juan Tenorio.

La escena del convento de las Calatravas, sería en el convento que está en dicha calle, esquina a calle Fresa, y la casa que compró don Juan a su regreso del destierro, sería en la calle Génova, hoy avenida de José Antonio, aproximadamente en donde hoy está el «Banco Central», a cuya puerta muere, en la ficción teatral, don Juan Tenorio, atravesado por la espada del capitán Centellas.

El regreso de la vuelta al mundo

Si pasáis el Puente de San Telmo, encontraréis al otro lado la Plaza de Cuba, y en ella, a mano izquierda, un pequeño edificio en que una lápida recuerda que allí estuvo el célebre «Muelle de las Mulas» donde se realizaban gran parte de los embarques para Indias, y donde dio comienzo uno de los episodios más gallardos y tremendos de nuestra época imperial.

En la primavera de 1520 se reunió en Sevilla una flota de cinco barcos para intentar la más asombrosa aventura intentada hasta entonces: la de darle la vuelta al mundo.

Desde el descubrimiento de América, veintiocho años antes, se venían realizando innumerables viajes, a cada uno de los cuales se completaba más el conocimiento que se tenía de nuestro planeta, pues se iban descubriendo nuevos países, como México y el Perú, se había comprobado que había otro Polo en el Sur, tan helado como el Polo Norte, al descubrirse la Patagonia, y se había hallado el Mar del Sur u Océano Pacífico. Pero todavía nadie había dado la vuelta completa al globo, demostrando claramente su redondez.

La expedición se organizó en Sevilla, al mando del navegante portugués Fernando de Magallanes, quien llevaba entre sus oficiales a un marino vasco llamado Juan Sebastián Elcano.

Poco antes de emprender la partida, Elcano estuvo en la catedral, que por entonces no estaba aún terminada de construir, y en una de sus capillas hizo oración de despedida, ante la imagen de la Virgen de la Antigua, patrona de los navegantes de Indias. Aun cuando hay quien afirma que la Virgen de la Antigua no estaba entonces en la catedral, sino en otro templo sevillano.

Tras la despedida de la Virgen, las naves emprendieron su viaje, río abajo, para tomar la ruta del Atlántico. Nunca nadie había navegado hacia la India por Occidente, pues los portugueses lo hacían siempre por el Cabo de Buena Esperanza. Magallanes dirigió su flota a Nueva Granada, hoy Colombia, y desde allí descendió al Atlántico sur, para pasar por el Cabo de las Tormentas, y cruzó del Atlántico al Pacífico por la Patagonia, dando su nombre al Estrecho que separa ambos mares.

A partir de la entrada en el Pacífico, las cosas fueron muy mal para la expedición. Hubo dos naufragios, perdiéndose por consiguiente no sólo dos barcos sino su valioso material, armas y víveres. La gente quería regresar, y estalló una rebelión que costó la muerte de varios jefes, y Magallanes se vio obligado a ahorcar a unos cuantos de los marineros levantiscos.

La navegación era cada vez más difícil, por la falta de vientos, pues los navegantes no conocían el régimen de vientos aprovechables en aquel hemisferio. Durante cuatro meses permanecieron en una ocasión, parados en plena calma chicha. Agotados los víveres, los infelices viajeros tuvieron que hervir los zapatos, los cinturones, y las correas de los arcabuces, para comerlos. El escorbuto estalló entre las tripulaciones, muriendo más de la mitad de los hombres.

Llegados a un archipiélago, las actuales islas Filipinas, Magallanes desembarcó al mando de un grupo de famélicos soldados, con objeto de buscar alimentos y agua. No era posible a estos hombres, sin fuerzas, y desconocedores del terreno, enfrentarse a los tagalos, así que en una emboscada fueron muertos Fernando de Magallanes, y su tropilla, a la vista de las naves.

Tomó entonces el mando el segundo comandante, Duartes de Mendoza, quien prosiguió la navegación teniendo que abandonar otro barco, en los arrecifes.

Llegados a Cebú, volvieron a desembarcar, y se repitió la desdichada ocurrencia de Filipinas. Duartes de Mendoza y sus compañeros de desembarco fueron muertos por los indígenas.

Entonces tomó el mando Juan Sebastián Elcano, quien redujo la flota a un solo barco, llamado *Victoria*, de poco más de cien toneladas, llegando hasta las islas Molucas, lugar extremo de las navegaciones portuguesas hacia Oriente. Es decir que navegando hacia Occidente, se había enlazado ya con la ruta portuguesa de Oriente, demostrando la redondez de la Tierra.

Cargó en las Molucas barriles de clavo, canela y ámbar, y emprendió el regreso hacia España, dando la vuelta por el Cabo de Buena Esperanza, llegando dos meses después de salir de Timor, a las islas del Cabo Verde. Pero al darse cuenta de que los portugueses, furiosos por la nueva ruta descubierta por los españoles, intentaban apresarle, como habían hecho con varios de sus marineros que desembarcaron, levó anclas, y a toda vela se dirigió a España, sin acopiar víveres ni agua, terminando así penosamente, entre hambre y sed, el viaje. La nave *Victoria* entró en el puerto de Sevilla el día 8 de setiembre de 1522 con sólo 31 hombres, de los 264 que habían salido. El viaje había durado casi tres años, y se habían recorrido 14.460 leguas, equivalente a 79.530 kilómetros.

Elcano desembarcó con su tripulación de espectros, y se dirigió a orar ante la Virgen de la Antigua dándole gracias por haberles dado la gloria de ser primeros en dar la vuelta al mundo.

El emperador Carlos I otorgó a Juan Sebastián Elcano el privilegio de usar un escudo nobiliario con un globo terráqueo alrededor del cual figura un rótulo con estas palabras *Primus circundedisti me;* «Tú fuiste el primero que me circundó».

Leyenda de la misa de ánimas

La plaza principal de Sevilla, que llamamos Plaza Nueva, es el solar del convento de San Francisco, derribado en el siglo XIX, edificio que por ser el mayor de los conventos franciscanos de toda España se llamó «La casa grande de San Francisco». De aquel convento, al derribarlo, solamente quedó una pequeña capilla, la capilla de san Onofre, que todavía existe hoy, junto al edificio de la «Telefónica», si bien esta capilla está casi siempre cerrada y la conocen muy pocos sevillanos. Es en esta capilla donde ocurrió el suceso que vamos a referir.

Un caballero llamado Juan de Torres, de la ilustre familia de este apellido (que tuvo palacio en la calle, que por este motivo se llama calle Torres), tras haber llevado una vida de disipación y pecado, quiso enmendarse, y entró de lego en el convento de San Francisco.

Entregado a la penitencia, tras hacer los oficios más humildes del convento, dedicaba sus escasos ratos libres a irse a la iglesia a rezar, y aun a veces a media noche, abandonaba su celda, y se iba al templo, donde se entregaba a la meditación.

Una de estas noches, y precisamente la del dos de noviembre, conmemoración de los Fieles Difuntos, encontrándose el lego en la capilla de san Onofre, oyó que alguien entraba, y vio con sorpresa que un fraile de su misma orden, se acercaba al altar, pasaba a la sacristía y volvía a salir al poco rato, revestido de alba y casulla como para oficiar la misa. El fraile depositó el cáliz, se situó ante el altar, miró hacia los bancos, dio un gran suspiro, y recogiendo el cáliz, sin haber dicho la misa, se volvió a la sacristía de la que salió a poco, ya sin revestir, y cruzando la iglesia, desapareció.

El lego quedó sorprendido y aun atónito al observar tan extraño comportamiento del fraile que se revestía y después no decía la misa.

A la noche siguiente, y una tercera más, volvió a repetirse el mismo extraño hecho. Llegó el fraile, se revistió, se acercó al altar, y después se retiró sin oficiar.

El lego, comprendiendo ya que algún misterio se ocultaba tras este suceso, lo comunicó con el prior del convento, el cual le dijo:

—Si vuelve a ocurrir lo mismo, acérquese al fraile y ofrézcase a ayudarle la misa.

En efecto, una noche más, el fraile apareció junto al altar con el cáliz en la mano y revestido con los ornamentos. Entonces el lego, saliendo de la oscuridad del rincón donde solía estar haciendo sus oraciones se acercó al fraile y le dijo:

—¿Quiere su paternidad que le ayude la misa?

El fraile no contestó, pero inició entre dientes con voz casi ininteligible las primeras palabras del Santo Sacrificio: sólo que en la primera secuencia, en vez de decir *leatificat juventutem mea* su voz se hizo más clara, para articular estas terribles palabras: *leatificat mortem mea.*

El lego comprendió que se las había con un aparecido, pero como había sido caballero y hombre de armas, no sintió miedo, y manteniendo firme la palmatoria con la vela encendida sin que le temblase el pulso, siguió respondiendo al oficiante, incluso cuando éste al llegar al «Confiteor Deo» añadió los versículos tremendos del *Dios irae dies illa.*

Por fin terminó de decir la misa, y cubriendo el cáliz lo puso en la mesita de la sacristía donde se despojó de la casulla y ornamentos, y volviéndose al lego le dijo:

—Gracias, hermano, por el gran favor que habéis hecho a mi alma. Yo soy un fraile de este mismo convento, que por negligencia dejó de oficiar una misa de difuntos que me habían encargado, y habiéndome muerto sin cumplir aquella obligación, Dios me había condenado a permanecer en el purgatorio hasta que satisfaciera mi deuda. Pero nadie hasta ahora me ha querido ayudar a decir la misa, aunque he estado viniendo a intentar decirla, durante todos los días de noviembre, cada año, por espacio de más de un siglo.

Y tras estas palabras el fraile desapareció para siempre.

Este suceso ocurrió según cuenta la crónica de dicho convento en el año 1600.

La leyenda de la calle Sierpes

La calle Sierpes, o más exactamente calle de la Sierpe, es una de las pocas vías urbanas que han rebasado su fama del ámbito de una ciudad llegando a alcanzar renombre universal.

A ello han contribuido los escritores que desde el siglo XVI en adelante se han referido a ella en sus obras. Cervantes, en la comedia *El rufián dichoso* indica que un francés jorobado por más señas, que se llamaba Pierres Papin,

En la cal de la Sierpe tiene tienda de naipes.

Tienda de naipes donde compraban sus barajas los tahúres, jugadores de ventaja, fulleros, que pululaban por Sevilla para engañar a los incautos que volvían de Indias con la bolsa llena de oro, y con ganas de divertirse o de lucir sus riquezas, y a los más incautos todavía que desde toda Europa acudían a Sevilla para comprar mercancías procedentes de Indias. Pues donde el dinero abunda demasiado, engendra toda suerte de vicios y delitos.

La calle, desde los tiempos de la Reconquista por san Fernando, se venía llamando calle de Espaderos en razón a tener en ella su hospital y hermandad quienes hacían espadas. Históricamente no se sabe con exactitud cuándo empezó a llamarse calle Sierpes, ni por qué. Consta que una ordenanza mandada hacer por los Reyes Católicos, emplea los dos nombres, de Espadero y de Sierpes. El ilustre polígrafo sevillano don Luis Montoto atribuye el nombre nuevo a haber vivido en esta vía un don Álvaro Gil de las Sierpes. Otros aseguran que en cierta barbería con honores de botica —pues los barberos eran al mismo tiempo sangradores, cirujanos y aún boticarios—, hubo una sierpe como muestra, junto a los botes de sanguijuelas y lancetas de sangrar. Otros dicen, en fin, que no fue una barbería y tienda de cirujano, sino un mesón, el que tuvo en su muestra este animal, y que del mesón de la Sierpe tomó su nombre la calle.

La fantasía popular, quizá con algún fundamento, ha tejido una leyenda en torno al nombre de esta populosa y castiza vía. Veámosla:

En los últimos años del siglo XV cuando aún no había terminado la Reconquista, era Sevilla ciudad de paso para las tropas que escaramuzaban contra los moros del reino de Granada. La frontera insegura, permitía infiltrarse fácilmente individuos armados y partidas merodeadoras, que no sólo hostilizaban a los castellanos en su retaguardia, sino que tomaban contacto con los moriscos residentes en las ciudades cristianas. Había también en muchas de estas ciudades, y por supuesto en Sevilla, barrios enteros habitados por judíos, descontentos y siempre dispuestos a fomentar con su dinero el bandidaje y la revuelta. Para agravar aún el triste panorama de la época, los nobles españoles andaban divididos en bandos, hostiles unos a otros, y todos ellos hostiles al poder real que intentaba disminuir sus privilegios para fortalecer la autoridad de la Corona. Eran frecuentes por todas estas causas, las muertes a mano airada, los pillajes y toda suerte de violencias que casi siempre quedaban impunes.

Por aquel entonces, comenzaron a ocurrir en Sevilla siniestros sucesos. Con frecuencia faltaban niños, sin que nadie pidiera por ellos rescate, ni aparecieran luego vivos ni muertos. Unas veces era durante la noche, en el interior de las casas, robados de sus propias cunas. Otras veces, a la hora de atardecer, no regresaba de sus juegos alguna criatura, sin que jamás volviera a saberse de ella.

Cundió la alarma en la ciudad, y las madres procuraban no separarse de sus hijos, llevándolos todo el día prendidos a las faldas, y acostándolos a su lado abrazados consigo por la noche.

Se susurraban en la ciudad, mil diversos rumores. Decían unos que robaban estos niños los judíos para sacrílegas parodias de la crucifixión de Cristo, y para mezclar su sangre inocente, con diabólicas mixturas destinadas a hechizos. Otros aseguraban que los niños robados eran conducidos por bandidos moros, a los palacios del rey de Granada para convertirlos en esclavos. Quien aseguraba que más bien eran piratas turcos que remontaban el Guadalquivir en barcas, y entraban en la ciudad disfrazados de mercaderes, para llevarse los niños y venderlos en los mercados del Gran Sultán de Constantinopla. Venganzas de los partidarios de los Ponce contra los Guzmanes, y represalias de los partidarios de los Guzmanes contra los Ponce, afirmaban otros.

Pero he aquí que cierto día, un hombre embozado, de gallarda apostura, se presentó en la casa de don Alfonso de Cárdenas, que regentaba por entonces la ciudad.

—Vueseñoría perdonará que no quiera mostrar mi rostro, ni decir mi nombre. Pero el asunto que me trae a verle, es cosa que mucho importa al sosiego de esta ciudad.

—¿Venís acaso a denunciar alguna nueva conjura de los Ponce, o de los Medina-Sidonia?

—Nada de eso, señor. Los intentos de esas dos nobles casas son tan conocidos, que sería excusado el venir a contarlos. Ya hasta andan en papeles rimados. ¿Conocéis los versos que andan de mano en mano?

Mezquina Sevilla en la sangre bañada
de las tus fijos e tus caballeros...

y que terminan

Despierta Sevilla e sacude el imperio
que face a tus nobles tanto vituperio...

»Todo eso anda hasta en boca de los ciegos de romance, y dello se habla en las fuentes públicas, donde las mujeres aguardan a llenar sus cántaros. No: vengo a hablaros de algo mucho más importante: de los robos de niños que tiene acongojada a la ciudad.

—¿De los robos de niños? Decidme: ¿quién o quiénes son los autores? ¿Habéis visto? ¿Podremos haberlos? Juro que si me ayudáis a prenderlos haré quemar a fuego lento en el campo de Tablada a esos criminales, o los mandaré descuartizar entre cuatro caballos en la plaza de San Francisco.

—A su debido tiempo haréis lo que convenga, si algo de eso os conviene, señor don Alonso, pero no es así el caso de mi venida, sino preguntar a Vueseñoría qué premio o recompensa puedo esperar si se acaba tan doloroso azote de Sevilla gracias a mi intervención.

—¿Premio? El que vos pidáis; os lo prometo.

—No quiero promesas, mi señor don Alonso, y no es desconfianza. Pero después, ya sabéis, cambian los hombres, cambian las memorias. Yo querría, no una promesa, sino un compromiso formal, ante escribano, y con las garantías que es razón en un asunto de tanta monta.

La estatua del *Hombre de Piedra* en la calle de este nombre, barrio de San Lorenzo.

El arzobispo Don Gonzalo de Mena y Roelas, fundador de la Hermandad de los Negritos. (Cuadro del siglo XV).

La calle Susona en el barrio de Santa Cruz.

La capilla del Carmen en la calle Calatravas, lugar donde mataron a Pedro Ribera, en la leyenda de Don Juan Tenorio.

Ruinas de la quinta de Don Juan Tenorio a orillas del Guadalquivir en Puebla del Río.

La capilla de san Onofre en la Plaza Nueva, donde ocurrió el suceso de la Misa de las Ánimas.

El Callejón de la Inquisición, recuerdo de la prisión que en el Castillo de Triana tuvo el siniestro Tribunal.

Edificio de la calle Sierpes, donde estuvo emplazada la Cárcel Real, en que permaneció preso Cervantes.

Bartolomé Esteban Murillo.

La Virgen de la Servilleta, obra de Murillo (Museo Provincial).

El Cristo de la Expiración, llamado «El Cachorro».

La Virgen de la Esperanza Macarena, imagen atribuida a la escultora Luisa Roldán de Mena, la Roldana, que fue cambiada por un reloj.

El Matusalén sevillano, Don Juan Ramírez Bustamante, que vivió 122 años.

El bandolero Diego Corrientes (cuadro de Néstor Rufino).

La calavera de Diego Corrientes encontrada en la iglesia de San Roque.

El convento de santa Inés fundado por Doña María Gronel, y donde también se desarrolló la leyenda de Maese Pérez *el organista*.

«La barbería de Fígaro», el Barbero de Sevilla, es la casa que vemos a la izquierda, hoy derribada, en la desembocadura de la calle Santander (al fondo vemos la Catedral). Esta fotografía fue hecha a finales del siglo XIX, por lo que constituye un valioso documento gráfico.

La Real Fábrica de Tabacos, donde trabajaba como cigarrera la célebre Carmen, protagonista de la novela y ópera de Mérimée.

Dolores Armijo, la sevillana por quien se suicidó Larra.

Mariano José de Larra.

La piedra llorosa, delante de san Laureano.

El costurero de la Reina, pabelloncito que aún existe en el Parque de María Luisa.

Alfonso XII y Merceditas Montpensier, cuando eran novios en Sevilla.

El reloj de la iglesia de San Lorenzo cuya campana descubrió el misterio de la Emparedada.

Los discípulos de Susillo sacando la mascarilla del maestro. (Cuadro de José María de Mena autor de este libro).

El Cristo de las Mieles que preside el cementerio.

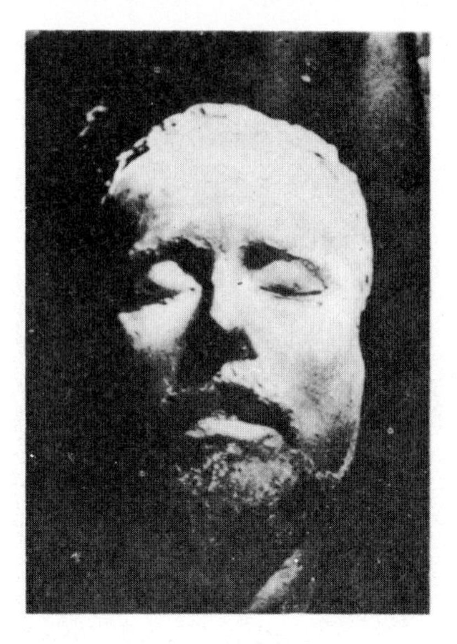

Mascarilla en yeso, del cadáver de Susillo.

La venera, centro geográfico de Sevilla en la calle José Gestoso.

—Se hará lo que decís, porque no me duelen prendas cuando prometo algo.

Y don Alonso de Cárdenas, comendador de León, y primer regidor de la ciudad de Sevilla, hizo venir a toda prisa un escribano, para que formalizase el documento.

—¿Cuál premio pedís?

—El primero, mi libertad, señor.

—¿Vuestra libertad? ¿Acaso sois esclavo?

—No; soy un preso fugitivo a quien la buena fortuna ha hecho descubrir el misterio del cómo y por dónde desaparecen tantos tiernos niños de esta ciudad. Veréis, hace pocos meses, fui conducido a Sevilla desde Marchena, precisamente por haber tomado las armas en rebeldía, contra el rey, siguiendo secretas órdenes de mi señor el duque de Arcos. Salieron mal las cosas, y el duque me dejó abandonado a mi destino, y vine a un calabozo de la cárcel. No me resigné a pudrirme en tan húmedo aposento, y di en escarbar bajo el camastro, sacando la tierra escondida en las faltriqueras, cada vez que me llevaba el guardián al patio a trabajar con los otros presos. Al cabo de cierto tiempo, llegué a tener un espacioso agujero por el que ganar la libertad, pues había topado por misericordia de Dios, con la cloaca antigua que va por debajo de la cárcel.

—Ya, ya he oído hablar de esas cloacas romanas, o de tiempo de los moros, que en esto nadie ha logrado aclararse. Les llaman el laberinto de Sevilla, y van por debajo de muchas de estas calles.

—En efecto; di cierta noche en huir por ese ruin camino, a oscuras, y a tientas procurando orientarme por sus tenebrosas estrechuras para salir de la ciudad. Y en tal sazón, fue cuando encontré a quien robaba los niños.

—¿Judíos sin duda que por los pasadizos secretos de la sinagoga...? —preguntó el escribano.

—¿Turcos que vendrían por las cloacas desde el río? —inquirió el regidor.

—Ni los unos ni los otros —respondió el desconocido—. Pero, escribid, escribid, señor escribano. Escribid el compromiso de don Alonso de Cárdenas, de devolverme la libertad, y yo continuaré mi historia. Sino, por Dios, que calle hasta el fin del mundo.

Escribió el escribano con sus garrapateados renglones de apretados formulismos.

—¿Vuestro nombre?

—Ahora sí lo diré. Me llamo Melchor de Quintana y Argüeso;

bachiller en letras por los estudios de Osuna.

El secretario terminó de redactar su escrito y lo leyó pausadamente:

—... Y por la grande importancia deste negocio, y servicio que presta a la ciudad remediando la aflición pública por la desaparición de muchos niños... vengo en perdonar y perdono en nombre de Su Alteza el Rey de Castilla, y de León, y del Algarbe... a Melchor de Quintana y Argüeso, del delito de rebelión armada otorgándole su cuerpo libre...

Firmó don Alonso de Cárdenas, y se quedó con el escrito en la mano, y dijo con voz grave y pausada:

—Ved que he firmado, no una promesa sino vuestra libertad. Este documento os entregaré y os dejaré ir libremente do queráis, tan pronto como me pongáis en disposición de prender al autor o autores de esos secuestros.

—Más haré todavía, no os diré dónde podéis prender al autor. Os llevaré donde está, muerto por mi mano hace dos días.

Requirió don Alonso a dos hombres de armas que tenía para su servicio; y junto con ellos y con el escribano ordenó a Melchor de Quintana:

—Conducidme entonces a ese lugar, y teneos ya por libre tan pronto como me convenza de que decís verdad.

Se dirigieron a la calle de Entrecárceles, donde estaban las dos cárceles, y entraron en el grande caserón de la cárcel Real. Requirió don Alonso al alcaide para que les condujese hasta el calabozo que había ocupado Melchor y donde estaba mal tapado aún, el agujero por donde huyó. Unos presos lo destaparon quitando el escombro que aquí se había echado, y apareció nuevamente la galería de la cloaca. Era tal como había dicho don Alonso, una vieja galería abovedada, de tiempos de los romanos, labrada quizá para desagüe en tiempos de inundaciones o para limpieza de la ciudad. Bajaron con luces, y acompañados del alcaide y de otros hombres de armas de los que guardaban la cárcel.

Delante iba con una antorcha en la mano izquierda, y una espada desnuda en la derecha, guiando al grupo, Melchor de Quintana.

Anduvieron como cosa de cien pasos, y llegaron a un lugar donde se cruzaban varias galerías.

—Estamos en la calle de Espaderos —dijo don Alonso—. Al menos eso es lo que deduzco por lo que hemos andado.

—Pues ahí tenéis al ladrón y matador de los niños —dijo Melchor—. Y levantando la antorcha para iluminar mejor la galería, mostró a los sorprendidos ojos de sus acompañantes, el cuerpo disforme de un monstruoso animal, que les pareció en principio un cocodrilo o dragón, pero que viéndolo más despacio, reconocieron ser una gran serpiente, gruesa como un hombre, y de más de veinte pies de largo. Aunque impresionaba su temible aspecto, aún más les espantó el ver que tenía clavada en el cuerpo una daga hasta la empuñadura, y por la herida resbalaba viscosa, todavía, una ancha cinta de sangre.

Cómo había podido aquel hombre, en la oscuridad tenebrosa de la cloaca luchar con el terrible animal y darle muerte, era cosa que parecía sin duda un gran milagro. Todos los circunstantes miraban con admiración y temor al bachiller Quintana, tal como si fuera un aparecido.

—En efecto, esta gran bestia era la que robaba los niños, sin duda saliendo por otras cloacas menores al interior de las casas —afirmó uno de los alguaciles armados que había estado reconociendo la galería—; pues he visto por el suelo algunos restos infantiles de sus horribles comidas.

—Señor bachiller; podéis ir libre como os he firmado. Marchad adonde os plazca, y para que no volváis a sentir necesidad de meteros en rebeldías, pasad por la casa consistorial donde os proveeré de algún empleo si queréis quedaros en Sevilla, o de algunos dineros si queréis volver a vuestro pueblo.

Don Alonso ordenó que el disforme cuerpo de la Sierpe fuera sacado de aquella galería, para que su corrupción pasando unos días no inficionase de pestilencia toda la ciudad. Fue expuesto el animal muerto en la misma calle de Espaderos, y el vulgo que venía a verlo desde todas las collaciones o barrios de Sevilla, a fuerza de repetir el relato de lo sucedido, vino a llamar a esta calle «La calle de la Sierpe», nombre que acabó por borrar la memoria del nombre de Espaderos que antes tenía.

Y es fama que el bachiller Quintana se quedó en Sevilla ocupando un puesto honroso, en el que su valor y juntamente sus letras, le dieron autoridad y provecho. Pasados unos meses vino a casarse con una hija del mismo don Alonso de Cárdenas, porque a las mujeres siempre les ha placido el hombre valeroso, y más si es letrado, y con ribetes de poeta como lo era Melchor de Quintana y Argüeso, bachiller en Letras por los Estudios de Osuna, que después de los de Salamanca y Sevilla, eran la tercera Universidad de España.

La inquisición de Sevilla

Si camináis por la calle Castilla en dirección hacia el Altozano, antes de llegar al mercado de Triana, os encontraréis a mano izquierda con un estrecho callejón, cerrado con una cancela de hierro y sobre el que hay un rótulo que dice: «Callejón de la Inquisición.»

Si marchamos por el Puente de Isabel II hacia Triana, os asomáis por la barandilla de vuestra derecha, veréis al pie del mercado trianero, y de las casas que le siguen, algunos arcos labrados en el muro, cuya sólida factura da a entender una gran antigüedad y el haber servido en tiempos pasados para algún castillo o fortaleza. Son los vestigios del castillo de la Inquisición.

¿Qué fue la Inquisición? Mucho se ha escrito sobre ese tribunal, mitad religioso y mitad político, que existió en España, desde 1482 hasta los primeros años del siglo XIX. Se ha escrito muchas veces en contra, pintándolo como un organismo siniestro y tenebroso; y otras veces se ha escrito en su defensa, presentándolo como un benéfico instrumento al servicio de la religión y de la patria. Procuremos no pecar en más ni en menos, y describir los hechos lo más escuetamente posible, sin ninguna parcialidad.

El tribunal de la Inquisición, o Consejo de la Suprema, como se le llamó también, fue fundado el 11 de febrero de 1482 por los Reyes Católicos, quienes habían obtenido para ello una bula del Papa Sixto IV, con el nombre eclesiástico de Santo Oficio.

Sin embargo, como los Reyes Católicos no estaban en muy buenas relaciones con la jerarquía eclesiástica, y pretendían imponer la autoridad real sobre la autoridad espiritual de los obispos y prelados, cometieron un funesto error. Pidieron y obtuvieron del Papa el privilegio de que el Tribunal de la Inquisición fuera totalmente independiente de la jurisdicción episcopal. Esto significaba nada menos que crear una Iglesia dentro de la Iglesia. Los inquisidores, sin tener que depender de los prelados, eran una autoridad sin freno, puesto que como al mismo tiempo su misión era de tipo religioso, tampoco obedecían a las autoridades civiles de la nación. Así, por el error de los Reyes Católicos, vino a encontrarse España con el sorprendente hecho de un tribunal que estaba fuera de la jurisdicción real porque era religioso, pero que también estaba fuera de la jurisdicción de la jerarquía de la Iglesia, pues aunque teóricamente dependía del Papa y sólo del Papa, en aquella época Roma estaba muy lejos, y la Inquisición podía impedir que llegasen hasta el Papa cualquier clase de reclamaciones. Los inquisidores, alambicando sus privilegios, llegaron a decir que cada uno de ellos disfrutaba la condición de «legado del Papa» y como tales se hacían tratar.

Es bien sabido que cuando alguien obedece a su propia autoridad, sin tener que dar explicaciones a nadie, y sin ningún organismo ante el que responder públicamente, suele caer en el pecado de abusar de su autoridad. Esto fue exactamente lo que ocurrió con la Inquisición. Y si en algún momento la jerarquía eclesiástica quiso irle a la mano, la Inquisición, usando de sus privilegios, consiguió aniquilarle. Así, por ejemplo, cuando el arzobispo primado de España, titular de Toledo, fray Bartolomé Carranza, se atrevió a enfrentarse con el inquisidor general, don Fernando de Valdés, éste le mandó prender, y le retuvo diecisiete años en prisiones. Cuando Carranza consiguió que el Papa tuviera noticia de lo que ocurría y se substanció el proceso, el Papa dictó sentencia declarando al arzobispo de Toledo «sospechoso de herejía», nada más que sospechoso, pero no hereje probado. Tras una declaración de Carranza sobre diecisiete puntos dogmáticos el Papa le declaró absuelto de todas las censuras, y por evitar nuevas complicaciones le separó del arzobispado toledano, pero dándole en indemnización una renta de mil escudos de oro mensuales, renta que jamás se señaló a nadie.

Recogemos este suceso, por ser el inquisidor general don Fernando Valdés inquisidor de Sevilla.

En nuestra ciudad, la Inquisición, con diversas y no muy claras habilidades, procuró desacreditar a la Catedral, acusando al canónigo magistral doctor Egidio, nombre latinizado del suyo, Juan Gil, de que profesaba ideas luteranas, por lo que se le tuvo preso, se le penitenció y se le condenó después a otro año de prisión en el Castillo de Triana.

Sucedió al doctor Egidio, en el cargo de canónigo magistral, el doctor don Constantino Ponce de la Fuente, insigne teólogo y predicador, que dominaba las lenguas latina, griega y hebreo, siendo asombrosa su erudición. El doctor Constantino había sido capellán personal del rey Carlos I, durante varios años. La Inquisición temió que su valimento y su amistad con el rey pudiera influir en que Carlos I intentase disminuir los abusos de los inquisidores, máxime cuando estaba ocupando en aquellos momentos el Pontificado el Papa Adriano, también amigo del rey.

Entonces los inquisidores, con el pretexto de que el magistral de la Catedral simpatizaba con los protestantes, le mandaron detener y conducirle a las cárceles del Castillo de Triana donde se le dio tormento, hasta la muerte. Más tarde, y para explicar su muerte, se comunicó al rey que el canónigo se había suicidado con los trozos de un vaso de vidrio, explicación que nadie creyó en Sevilla.

Seguidamente la Inquisición prendió a cuantos sevillanos tenían la menor relación con el magistral de la Catedral, incluso a sabios religiosos de probada piedad, lo mismo que a gentes modestas y pobres. Así fueron conducidos al Castillo de Triana el Padre Maestro García Arias, de la Orden de San Jerónimo, prior del monasterio de San Isidoro del Campo, de Santiponce, y hasta nueves frailes del mismo; el rector del Colegio de la Doctrina Cristiana, don Fernando de San Juan; sor Francisca Chaves, monja franciscana; el arriero Julián Hernández, llamado en los procesos Julianillo Hernández, y señoras principales como doña María y doña Juana Bohórquez, hermanas, de familia ilustre de Sevilla, doña María de Virués y doña Isabel de Baena.

Los delitos de que se acusó a estas personas variaban según el gusto de los inquisidores. Unas veces, cuando se trataba de religiosos, se decía que «habían tenido conversaciones en las que se hablaba con sabor de luteranismo». A las señoras se les acusó de que en las tertulias de casa de doña Isabel de Baena se habían expresado ideas simpatizando con los protestantes, y, en fin, al arriero se le acusó de que en sus viajes como arriero, había traído del extranjero libros del Nuevo Testamento, traducidos por el doctor Juan Pérez, que no tenían notas.

En la mayor parte de estos procesos, la falta de pruebas era suplida con una diligencia en la que se decía que los papeles y cartas luteranos, no estaban en el poder del interesado porque temiendo ser preso los había mandado a Alemania.

Dos historiadores que se han ocupado de la Inquisición en Sevilla ofrecen cifras realmente impresionantes: Zurita da la cifra de 4.000 condenados. Zúñiga, padre de la investigación histórica sevillana, da la cifra de 1.000 quemados en el período que va desde 1481 a 1524, o sea en cuarenta años.

Don Joaquín Guichot, en su *Historia de la ciudad de Sevilla*, dice: «Los inquisidores dispusieron la celebración de un auto de fe el

24 de setiembre de 1559 en la Plaza de San Francisco», y detalla a continuación lo siguiente:

Doña Isabel de Baena: mandóse arrasar su casa y poner en ella un padrón de infamia.

Don Juan Ponce de León, murió agarrotado.

Fueron quemados vivos: Juan González, prior de San Isidoro; fray García Arias, fray Cristóbal de Arellano, fray Juan Crisóstomo, fray Juan de León, fray Casiodoro, el médico don Cristóbal de Losada, y el rector del Colegio de la Doctrina, don Fernando Sanjuán.

Fueron agarrotadas doña María de Virués, doña María Coronel, doña María Bohórquez. (La doña María Coronel pertenece al mismo linaje que la famosa doña María Coronel del siglo XIII.)

También fue agarrotado el Padre Morcillo.

En total, en este auto de fe se ejecutaron veintiuna penas de muerte, y salieron penitenciados ochenta, con diversas penas.

Un año más tarde, el 22 de diciembre de 1560, hubo otro auto de fe en la Plaza de San Francisco, del que Joaquín Guichot nos da también puntual cuenta, y dice que salieron tres en estatua (porque habían muerto anteriormente). El doctor Egidio, el doctor Constantino y el doctor Juan Pérez.

Además, catorce condenados a muerte en la hoguera y treinta y cuatro penitenciados con diversas penas.

Entre los relatados que murieron en la hoguera figuraban doña Francisca Chaves, monja franciscana del convento de Santa Isabel, y persona de familia ilustre sevillana; Ana de Rivera; Francisca Ruiz, esposa del alguacil Durán; María Gómez, viuda de un boticario de Lepe; su hermana Leonor y sus tres hijas, Elvira, Teresa y Lucía, y el arriero Julianillo Hernández y un mercader inglés llamado Nicolás Burton.

Entre los penitenciados a diversas penas figuraban doña Catalina Sarmiento, viuda de don Fernando Ponce de León; doña María y doña Luisa Manuel; fray Diego López, fray Bernardino Valdés, fray Domingo Churruca, fray Gaspar de Porres y fray Bernardo, todos ellos monjes de San Isidoro del Campo.

Como un detalle sarcástico, en este auto de fe se declaraba absuelta y sin culpa a doña Juana Bohórquez, «la cual desdichadamente había perecido en el tormento que se le dio cuando estaba recién parida». Estas palabras entrecomilladas están tomadas de la *Historia de los heterodoxos españoles*, de don Marcelino Menéndez y Pelayo, autor nada sospechoso de fomentar la Leyenda Negra.

Aunque los suplicios se ejecutaban muchas veces en el propio Castillo de la Inquisición, como en el caso de doña Juana Bohórquez, a veces se hacían estos públicos y solemnes autos de fe, en los que había una ceremonia en la Plaza de San Francisco. A los reos se les vestía con ropas nuevas, y a las mujeres incluso con bordados y encajes a fin de que lucieran más en el recorrido. A algunos, por sentencias especiales, se les vestía con túnicas blancas, que llevaban aplicados trozos de tela roja cortados en forma de llamas, para significar con ello su destino de fuego.

El traslado desde el Castillo de Triana a la Plaza de San Francisco se hacía con gran pompa llevando los reos con gran acompañamiento, y con música, y en la plaza se disponía un tablao con alfombras, dosel y otros ricos exornos. Una vez que terminaba el desfile de los reos, y se leían las sentencias, se les trasladaba al «quemadero», que en principio estuvo situado en Tablada, según Guichot, y más tarde, ya entrada la segunda mitad del siglo XVI, se hizo un quemadero nuevo en el Prado de San Sebastián, quemadero que aparece en todos los planos y estampas antiguas de Sevilla a partir de mediados del siglo XVI, y que existió hasta el año 1809. Veamos la descripción que hace del quemadero el libro *Historia crítica de las riadas o grandes avenidas del Guadalquivir*, escrito por Francisco de Borja Palomo, uno de los mejores historiadores sevillanos. Dice así:

«Era éste una mesa cuadrada como de treinta varas, y dos de altura, cóncava en el centro, donde se encendía la hoguera. Había cuatro columnas de diez pies de alto empotradas en postes de ladrillo, y puestas sobre ellas otras tantas grandes estatuas de barro cocido de notable mérito artístico, afianzadas con un espigón de hierro.» Rodrigo Caro nos da noticia de la procedencia de estas columnas, que no estará de más en este lugar. «El rey don Pedro edificó unos palacios para dormir y posar cuando venía a cazar a la Marisma, de donde le quedó el nombre de Los Palacios a las primeras casas, y poco a poco el lugar fue creciendo, y Los Palacios y Villafranca, que es lugar del rey y está allí junto sola una calle por medio, es población de setecientos habitantes.» Una de estas torres, al sitio de Las Alcantarillas, estaba adornada con cuatro columnas de mármol, en las esquinas, que se quitaron de allí y están en las cuatro esquinas del Quemadero, junto a las murallas de Sevilla.

Don Justino Matute, otro respetable historiador, nos da cuenta de cómo se verificó el derribo del Quemadero en 1809, y que sus cimientos se cubrieron con tierra al hacerse el rellenado por frente a la muralla, en el lado Este de la Fábrica de Tabacos. No es difícil, con todos los datos y estampas, situar con rigurosa exactitud el lugar donde todavía hoy están los cimientos del Quemadero.

Para tratar este asunto con la debida ponderación, conviene resaltar que de la Inquisición, y especialmente de la de Sevilla, se han ocupado historiadores tan graves y dignos de crédito como Hernando del Pulgar, el Padre Andrés Bernáldez, Cura de los Palacios, Pedro Mártir de Anglería, Lucio Marineo Sículo, Jerónimo de Zurita, el Padre Juan de Mariana, y otros muchos, en su mayoría adictos a la Inquisición, pero que no pudieron menos de reconocer su crueldad y dureza, y a la despiadada actuación especialmente de la Inquisición de Sevilla. El Cura de los Palacios, que vivía en la época y fue cronista de los Reyes Católicos, afirma que en los primeros siete años en Sevilla se quemaron más de 700 reos, y salieron 5.000 penitenciados. Jerónimo Zurita dice que para el año 1520 iban ya quemados 4.000. El Padre Mariana cita en sólo un año 2.000 ejecutados en la hoguera, en Sevilla.

Las matanzas de los hugonotes en Francia, la de los puritanos en Inglaterra, los progromos contra los judíos en Polonia y Rusia en los siglos XVII y XIX, los horrores de los campos de concentración ingleses en la guerra de los bóers a principios del siglo XX, y de los alemanes en la Segunda Guerra Mundial, son sin duda episodios sangrientos de la barbarie humana, que podemos presentar como testimonio de que las otras naciones en distintas épocas han hecho lo mismo. Sin embargo, no debemos nunca tratar de silenciar ni de negar la evidencia de que también nosotros, en una etapa de nuestra historia, tuvimos en nuestra patria un organismo tan sangriento como pudiera serlo la Cámara Ardiente, la Gestapo o la GPU, que se llamó la Inquisición y que nos ha dejado en el Archivo Histórico de Simancas abundante documentación de sus innumerables ejecuciones, y en Sevilla el recuerdo siniestro de las cárceles del Castillo de Triana y del Quemadero tétrico del Prado de San Sebastián.

La picaresca sevillana

Como haber locos siempre los ha habido, locos a quienes la vesanía empujó al crimen, desde Caín, el primero de la historia humana; locos pacíficos, como el que en las calles de Sevilla, según cuenta Cervantes en el *Quijote*, se dedicaba a cazar perros vagabundos, y en teniendo uno en sus manos le «asentaba» un cañuto en la parte por donde soplándole podía hincharlo, con que lo ponía redondo como una pelota, y en teniéndolo de esta suerte le daba dos palmaditas en la barriga y lo soltaba, diciendo a los circunstantes, que siempre eran muchos:

—¿Piensan vuestras mercedes ahora que es poco trabajo hinchar un perro?

Locos simuladores, como el licenciado Vidriera, sin duda también de origen sevillano, porque Cervantes gran parte de las anécdotas y cuentecillos con que urdió sabiamente los grandes tapices de sus novelas ejemplares los había aprendido en Sevilla, donde pasó gran tiempo de su vida, huésped forzoso de la cárcel o asendereado en los trajines de su inquieto vivir.

La Sevilla de los siglos XVI y XVII está gloriosamente esmaltada de locos, mendigos y contrahechos: los más altos personajes de la comedia humana, a quienes la Antigüedad atribuye milagros cuando sus palabras incoherentes son tomadas por oráculos en Grecia, o cuando sus jorobas, sus cráneos hidrocéfalos y sus patas zambas dan conformación a los dioses más astutos y más pintorescos de la mitología clásica, como el zambo Hefaistos, el bebedor Baco, el peludo y contrahecho Sileno.

La Sevilla del siglo XVI está poblada de mendigos, que asoman entre los harapos de la capa hidalga, encasquetado el sombrero deforme pero prócer, la mano pedigüeña desde los atrios de las iglesias mudéjares, o desde el quicio de los zaguanes de los palacios renacentistas.

Mendigos que se apiñan a la hora de la sopa en la puerta de los conventos; que alborotan en el zoco de la calle Feria con plañideros pregones ofreciéndose para rezar por el alma de los difuntos de quien les dé limosna; sucia grey de hirsutas pelambreras y manos ganchudas; los ciegos que ven lo suficiente para robar escarcelas y faltriqueras en los apretujones de las calles en fiesta y en las aceras de la Semana Mayor, cuando pasan las procesiones de disciplinantes.

Y los enanos, calzones y piernicortos, tambaleantes al andar, tan serios en sus pequeños trajes, dando pescozones a los chiquillos que se atreven a arrimarse para medirse con ellos al salir de la escuela, y los lisiados enseñando el muñón junto a las muletas, o sentados en el carretón de madera sobre el que se deslizan por el suelo con agilidad simiesca, sirviéndoles de pies las manos.

Tan importantes en nuestro Siglo de Oro como los reyes y los duques, tan representativos como los dramaturgos de los autos sacramentales, tan ilustres como los banqueros y los negociantes de Indias, tan significantes en nuestra historia patria como los santos reformadores, como los teólogos tridentinos, como los catedráticos de Salamanca, son estos ejemplares de la raza, locos, tontos, mendigos, ladrones del patio de Monipodio, lisiados y vagos que forman la abigarrada corte de la pobretería picaresca.

Sin hacer de su drama individual cuestiones sociales, sin pretender envenenar la vida de la república con sus dolores o sus lacras privadas, los mendigos, locos y lisiados del Siglo de Oro se conforman, acatando cada cual su tragedia como una distinción con que Dios les ha honrado.

El loco se sabe loco, y como tal su obligación no es la de esconderse en un hospital, sino alardear su locura por calles y plazas. Y el mendigo sabe que sin él no podía el rico ejercitar el santo mandamiento de la caridad, y por consiguiente se presta a su papel pedigüeñando por las esquinas. Y el ladrón cumple honradamente su misión de robar al prójimo, porque si él no existiera no podríamos saber cuáles son los hombres honrados.

Toda esta parcela que brilla al sol del Siglo de Oro con los relumbrones más intensamente humanos acaso de toda nuestra historia, se deja retratar por los pinceles de Zurbarán, de Velázquez, de Valdés Leal y de Murillo. Mendigos que aparecen en el cuadro de *Santa Isabel,* niños piojosos que alegremente comen uvas y melón en las cunetas del camino y que debajo de los harapos dejan adivinar una espléndida y tierna anatomía como de príncipes disfrazados. Enanos tan orgullosos de su papel en la corte, que se hacen retratar por Velázquez, y que saben que a fin de cuentas, en la nómina de la Casa Real el puesto de bufón es un oficio de Cámara, tan oficio como el de mayordomo o el de copero mayor que se disputan los nobles.

Para conocer en toda su grandeza y en toda su picaresca la España del Imperio hay que mezclar, como Cervantes lo hizo en su Quijote, en las mismas posadas manchegas, al oidor, que desde las aulas de Alcalá de Henares pasa a la Real Chancillería del Perú, al capitán que vuelve de Italia, al mercader enriquecido con los lienzos de Holanda y los encajes de Amberes, al canónigo docto y severo, al cuadrillero, al arriero, y el pícaro Maese Pedro con su mono y su retablo.

Pero ni en la Mancha, ni en las riberas del Tormes, ni en el Zocodover de Toledo, ni en el Coso de Segovia, se encuentran pícaros, mendigos y locos tan auténticos, tan importantes, como en Sevilla. A ellos les debe España la mitad de nuestra mejor pintura y tres partes de la fama de nuestro vino.

El caballero «Barrabás»

En la calle que por esto se llamó de los Melgarejos, vivieron desde la Edad Media los miembros de esta ilustre familia sevillana, y ya en el siglo XVII fue Caballero Veinticuatro del Ayuntamiento don Fernando Ortiz de Melgarejo, último vástago de este linaje.

Fue don Fernando hombre sin miedo y sin respeto a nada, que osó desafiar a la opinión pública y a las costumbres y moral de su tiempo, dándose al juego, a las pendencias y a los amoríos. En 1630 casó con doña Luisa Maldonado, de preclara estirpe, pero al mismo tiempo se enredó en amores con doña Dorotea Sandoval, también noble y casada. Llegó la audacia de don Fernando a atreverse a engalanar un balcón de la calle Cuna, frente a la de Cerrajería, para presenciar la procesión del Corpus, acompañado de la doña Dorotea, en una exhibición pública de sus relaciones que escandalizó a la ciudad.

Parece ser que doña Luisa Maldonado, ofendida por este ultraje, hizo envenenar a doña Dorotea, y entonces don Fernando la hizo matar a ella.

La calle donde vivían los Melgarejo empezó a ser llamada calle de Barrabás, y así ha estado incluso rotulada, y hoy vemos en su azulejo «Calle Lope de Rueda, antigua calle de Barrabás», en el barrio de Santa Cruz.

No sobrevivió mucho don Fernando, porque en el año siguiente, 1632, entrando en la calle Escarpín por el extremo de la de San Pedro, le salió al encuentro don Bernardo Saldoval y le desafió. Cuando estaban batiéndose, un mulato criado de don Bernardino acometió por la espalda a Melgarejo y le atravesó el corazón.

Durante algún tiempo, los coros de campanilleros (que entonces no salían en Navidad cantando villancicos, sino en Cuaresma cantando coplas penitenciales) entonaban una que decía, a manera de aviso moral:

En la calle de Escarpín
mataron a Barrabás.
Si vives como él vivió,
lo mismo que él morirás.

Las lágrimas del capitán Cepeda

Por el año de 1624, la Hermandad del Cristo de la Expiración había sufrido la pérdida de la imagen que veneraba, destruida por un incendio que se produjo al prender las velas en los paños del altar en la noche siguiente a su fiesta.

El Cabildo general de los cofrades autorizó a su Junta de Gobierno para que encargase una nueva escultura del Cristo crucificado, la cual habría de ser, desde luego, labrada por manos de algún famoso artista, puesto que la devota Hermandad no solamente tenía dinero para pagarla, sino que estaba dispuesta a realizar cualquier costoso sacrificio con tal de reponer en su altar la figura de Nuestro Señor de la Expiración.

Un año entero transcurrió sin que se llegase a decidir cuál escultor sería designado para realizar la obra, pues aun existiendo en Sevilla muchos y muy gloriosos artífices, la Junta de Gobierno dudaba en pronunciarse en favor de uno u otro, bien por aquilatar la mayor maestría del que se eligiese, bien porque procuraba conseguir que su Cristo no se pareciese a ninguno de los que ya había en Sevilla, y existía el temor de que siendo obra de uno de los artistas conocidos, se pareciese la nueva imagen a las otras realizadas por el mismo escultor.

Así las cosas llegó a Sevilla noticia de la fama que alcanzaba por aquel entonces en la ciudad de Roma un escultor español, quien habiendo sido capitán de los Tercios, bajo cuyas banderas recorrió parte de Italia en gloriosas campañas contra los franceses, había aprendido a alternar la espada con la gubia, y siguiendo las huellas de los célebres escultores del Renacimiento italiano se había convertido él mismo en un insigne imaginero. Se llamaba el capitán don Marcos de Cepeda, aun cuando algunos le nombran también don Marcos Cabrera, quizá por estar emparentado con el linaje de los Cabrera, de rancio abolengo en la ciudad de Córdoba, de donde él era natural.

El capitán Cepeda, durante el ocio de sus estadías en las guarniciones de Italia, o en las licencias que podía alcanzar en su Tercio, había estudiado a fondo las obras de Miguel Ángel Buonaroti y de Donato de Betto, llamado Donatello, de quien en dulces versos escribió en lengua toscana:

Ninguno el bronce vivo trabajara
con más delicadeza, verdad tanta.
Parece que hablan mármoles con vida.

El capitán Cepeda, que había empezado su labor para simple recreo propio y distracción de sus compañeros de armas, acabó por ser tan conocido que el propio Papa le encargó algunas imágenes para el palacio del Vaticano.

Éste era el capitán Cepeda, quien en 1625 regresaba a Córdoba con el propósito de pasar solamente un tiempo descansando antes de regresar a Italia, donde tenía establecido su taller.

Regía por entonces la diócesis de Córdoba el obispo cardenal don Pedro de Salazar, el cual entretuvo al capitán Cepeda varios meses con trabajos de su arte, lo que dio lugar a que en Sevilla la Junta de Gobierno de la Hermandad del Cristo de la Expiración, sabiendo que el artista se encontraba tan cerca, envió comisionados para invitarle a venir a nuestra ciudad con el fin de concertar con él la hechura de imagen nueva de Cristo de la Expiración que sustituyera la antigua destruida en el incendio.

El capitán Cepeda vino a Sevilla, y tras algunas deliberaciones con el Cabildo de la Cofradía, expuso su pensamiento de hacer una imagen muy distinta a cuantas hubiera en Sevilla, tal como deseaba la Hermandad. En lugar de hacerla de madera, la haría en pasta reproduciendo por molde un modelado barro que se comprometía a realizar con tal propiedad en la anatomía como nunca se hubiera visto.

Firmóse el acuerdo entre el escultor y la Hermandad el 6 de diciembre de 1625, festividad de san Nicolás de Bari, y con la particular cláusula de que el artista, quizá por demostrar bizarramente su maestría, o quizá porque verdaderamente necesitaba marcharse de Sevilla antes de Navidad, se comprometía a entregar la imagen terminada dieciocho días después de la fecha del contrato, es decir, el día 24 de diciembre.

Si pareciesen pocos dieciocho días para construir tan maravillosa efigie, aún le sobraron tres al capitán Cepeda, pues pasados quince días de la firma del contrato, asombró al Cabildo de la Hermandad, presentándoles la imagen, tan original como verdaderamente no se había visto otra en Sevilla. La técnica seguida de reproducir el modelado en barro mediante pasta fundida a molde, daba a la imagen una suavidad de líneas y una morbidez de formas que la hacían aparecer mucho más humana que si se hubiera tallado directamente con la gubia.

La Junta de Gobierno al recibir la imagen, demandó sin embargo que Cepeda entregase el molde, porque no pudiera reproducir el Cristo nuevamente. Púsolo a cuestión el escultor, pero con el contrato firmado de su mano se encontraba cogido en una trampa que él mismo se había preparado. Cepeda sabía que aquella imagen era la mejor que él había labrado en toda su vida. Ni siquiera acertaba a creer que de los toscos materiales, que son el barro y el molde en escayola, pudiera haber salido aquel prodigio de carne que parecía vivir.

Ahora se figuraba que de él mismo podrían decirse aquellas palabras que se habían escrito sobre Donatello:

Rodas guardó con brillos sus estatuas
más convenientes fueron tales vínculos
para guardar las de este egregio artífice.
Cuanto con docta mano en escultura
hicieran muchos, sólo hizo Donato.

En mal hora había firmado aquella escritura. En realidad desprenderse de la imagen era ya como vender un hijo para que fuera esclavo a las prisiones del Turco. Pero si al menos pudiera salvar el molde...

Sin embargo toda su resistencia, sus razonamientos, sus súplicas, hasta sus amenazas fueron inútiles. La Justicia se encargó de que se cumpliera lo concertado, y un golilla, acompañado de dos corchetes, llevando consigo un escribano, transportó los moldes hasta la puente de Triana el día 24 de diciembre, fecha en que el contrato expiraba. La Junta de Gobierno y gran número de cofrades, acudieron también a aquel lugar. El alguacil con un martillo rompió los moldes en menudos trozos y los fue arrojando al río para que fuera imposible recuperarlos. El escribano levantaba de todo ello acta, con su parsimoniosa letra procesal, mojando la pluma en un tintero de asta, y apoyando el plieguecillo sobre una mesa que se había hecho traer de una taberna de la vecindad.

Desde cierta distancia el capitán Cepeda, envuelto en su capa roja contempló la escena mirando cómo rompían los moldes de su imagen. Quienes lo vieron aseguran que por las duras mejillas de aquel hombre que había luchado en veinte años de guerras contra los franceses y los turcos, corrieron dos hilos de amargas lágrimas. El capitán Cepeda lloraba en silencio sin sollozar. Cuando terminaron la destrucción de los moldes, el alguacil se sacudió el polvo de escayola que le había caído en la negra ropilla. El escribano cerró el tintero de asta y los cofrades se marcharon, porque ya el relente de la tarde les hacía temblar de frío en aquel lugar húmedo de la puente sobre el Guadalquivir.

Cuando se marcharon los últimos aún estaba allí inmóvil con la mirada fija en las aguas del río el capitán don Marcos de Cepeda. El viento helado de diciembre hacía tremolar los vuelos de su capa roja militar y sacudía las plumas blancas de su sombrero.

No se sabe cuánto tiempo permaneció así, porque nadie volvió a verle en Sevilla.

Dicen que se volvió a la guerra para hacerse matar, porque ya no quería seguir siendo escultor después de haber logrado su obra maestra.

Dicen que se marchó a Córdoba donde el cardenal Salazar preparaba la fundación del Hospital de Jesús Nazareno del pueblo de Montoro y allí profesó como fraile enfermero y murió cuidando a los apestados.

Dicen, y esto es más de creer, que aquella noche del 24 de diciembre, el capitán don Marcos de Cepeda, envuelto en su capa roja se echó al fondo del río desde el puente de Triana para ver si podía rescatar los pedazos del molde de la imagen.

Era Nochebuena, y en el cielo causó asombro el saber que alguien había elegido la hora del nacimiento del Niño Jesús para cometer el horrible pecado de suicidarse. El capitán don Marcos de Cepeda, todavía con su capa y su chambergo, fue llevado a presencia del Alto Tribunal que juzga a los pecadores.

—¡Pero si yo no me he suicidado, si sólo he querido recoger la imagen del Señor, cuyos moldes aquellos hombres habían roto!

Y entonces, desde su trono, Dios Padre, con voz infinitamente dulce, sentenció:

—Si no buscaste la muerte, si lo que buscabas era a mi Hijo, ya lo has encontrado. Siéntate al lado de los elegidos.

Y así ganó el cielo por el más extraño de los caminos, el capitán don Marcos de Cepeda, veterano de cien batallas y el más famoso escultor de su tiempo.

Tradición de la Hermandad de los Negritos

En los últimos tiempos del siglo XIV existían en los reinos de Castilla, Aragón, Navarra y Portugal, gran número de negros y mulatos, vestigios de los grupos invasores llegados con los almorávides, y que tras la reconquista del Sur de España, habían venido a convertirse en esclavos. Unos de los nietos de los que encadenados rodearon la tienda de Miramamolín en la batalla de las Navas de Tolosa. Otros, descendientes de los que desde el Senegal, incorporados a las tropas de los Beni-Merín o Benimerines, habían ensangrentado las comarcas de El-Andalus occidental. Otros, que procedían de las familias negras traídas como sirvientes por los primitivos invasores árabes de las oleadas del 711 y del 740. Otros, en fin, comprados por los grandes señores andaluces que viajaban en peregrinación a La Meca, en los mercados del Medio Oriente, niños negritos que se acostumbraban a traer como recuerdo para ofrecerlos a las damas en calidad de pajes, del mismo modo que pudiera traerse una media luna de plata batida comprada en el zoco de los bakalitos en Bagdad, o una piedra negra amuleto para colgar del cuello, reproducción en miniatura de la santa piedra que los creyentes de Alá veneran en el templo de La Kaaba.

Sangre de guerreros vencidos o sangre de esclavos sumisos, los negros que pervivían en España en los finales del siglo XIV componían un censo numeroso, acaso el diezmo de la población, ya que toda casa, tanto de gente principal como de artesanos burgueses o labradores, se tenía en menos si no disponía entre su servidumbre blanca, de algún esclavo negro, testimonio permanente del bienestar y holgura económica del dueño.

El número de negros esclavos en Sevilla sería probablemente superior al de otras muchas ciudades, por la proximidad de África que permitía renovar con frecuencia los esclavos, los cuales se vendían en el mercado público cada vez que arribaba a nuestro puerto del Guadalquivir alguna galera real que hubiera tenido la fortuna de apresar en aguas del estrecho de Gibraltar, alguna embarcación berberisca, cuyos remeros, generalmente negros, pasaban de servir al sultán de Marruecos, a ser propiedad del capitán de la galera castellana que los apresase.

Estos esclavos tenían una suerte bien miserable. Cuando ya por su edad o su desgaste no estaban en condiciones de seguir rindiendo trabajo en las faenas agrícolas, en el acarreo de aguas para usos domésticos, en la construcción de edificios, o en el simple azacanear con el fardo al hombro tras su amo mercader recibían generalmente la libertad o manumisión. Libertad bien irrisoria, puesto que solamente les servía para encontrarse desamparados, pues que su dueño al otorgársela, quedaba libre de la obligación de mantenerlos. Con esto se encontraban en las calles, acurrucados en los quicios de las puertas, o sentados en las gradas del pórtico de cada iglesia, docenas de negros famélicos, viejos, o enfermos o tullidos, esperando una caridad de pan si alguien se la daba, o que les cerrasen los ojos si allí les sorprendía la muerte.

Para remediar a esta masa desvalida de las pobres gentes de color, el arzobispo piadosísimo, caritativo y al mismo tiempo enérgico, don Gonzalo de Mena, decidió fundar un hospital.

Decimos que piadosísimo por la intención que le animaba de salvar aquellas almas amenazadas de perderse en la desesperación a que les inclinaba su indigencia. Decimos que caritativo, por el remedio que se proponía dar a las necesidades y lacerías de aquellos cuerpos pecadores. Y decimos que enérgico porque don Gonzalo de Mena fue el prelado que con pulso y brío supo regir la archidiócesis de Sevilla, atreviéndose a pleitear cuando fue preciso contra los poderosos de la familia de los Rivera, al imponer la paz y la concordia cuando las rivalidades y las banderías entre los Ponces y los Guzmanes ensangrentaron Andalucía, como en Verona había ocurrido entre los Capuletos y los Montescos.

No fue fácil a don Gonzalo de Mena allegar los medios necesarios para la fundación de su hospital, pero firme en su propósito caritativo, consiguió al fin hacia el año 1399 edificarlo, según se cree, al lado del entonces existente convento de San Agustín. El hospital estuvo puesto bajo distintas advocaciones de la Virgen, como Nuestra Señora de la Estrella, Nuestra Señora de los Reyes y Virgen de Gracia. Con el fin de que los negros no acudieran solamente al hospital cuando estaban enfermos a pedir que les socorriesen, sino que en salud fueran también a recibir enseñanzas de la doctrina cristiana y a practicar los Sacramentos, instituyó también don Gonzalo de Mena la fundación de una Hermandad o Cofradía que celebró sus cultos en la capilla del mismo hospital. Y se dio tan políticas y pastorales trazas el buen prelado para conseguir su objeto, convenciendo a los amos para que dieran permiso a sus esclavos para asistir a las misas y actos de Cofradía, y para inculcar en éstos el deseo de frecuentar la capilla donde se sentían, al menos unas horas sin otro dueño que Dios Padre, que pudo asegurarse que pertenecían a la Hermandad, todos los negros de la ciudad de Sevilla.

Esta Hermandad de los Negritos, durante el siglo siguiente comenzó a opular, pues recibió ricas mandas testamentarias de algunos devotos, siendo la principal acaso, mil maravedíes que el año 1463 y por testamento otorgado el 21 de enero, dejaba a la Cofradía don Juan de Guzmán, duque de Medina Sidonia.

El haberse reunido los negros para esta finalidad religiosa implicó, tal vez como lo previera el prudentísimo don Gonzalo de Mena, una importante mejora en la condición social en que se encontraban, pues ya ningún amo se atrevía a maltratar a su esclavo negro injustamente por temor a que la Hermandad, que contaba con el apoyo de la Iglesia y de algunos principales señores, le pidiese cuentas de su injusticia.

De este modo, gracias a la existencia de la Cofradía se suavizó notablemente la aspereza en que hasta entonces habían vivido los pobres esclavos. Ya a finales del siglo XV obtiene incluso cierta consideración política, puesto que los Reyes Católicos conceden a la Comunidad negra el derecho de administrar justicia en las rencillas y disputas que entre ellos se suscitaran, mediante la creación de un «mayoral» o juez de los negros, que era él mismo negro también. Y este mayoral tenía además el cargo público de representar a los negros ante las autoridades de la ciudad, de tal suerte, que podía entablar con fuerza legal, querella contra los dueños que hiciesen mal uso de sus esclavos.

Uno de estos mayorales fue el famoso Juan de Valladolid, negro que había sido portero de cámara de la corte de Isabel *la Católica*, y que erigido en representante de los negros, ejerció su cargo con tal dignidad, y consiguió de la reina tal apoyo, que mereció con justicia que se le considerase, se le respetase y aun se le temiese tanto como a cualquiera de los aristócratas de la Corte llamándosele el conde Negro, y, con tal sobrenombre ha pasado a la Historia y aún se conserva dicho nombre en una de las calles de nuestra ciudad.

Ya a mediados del siglo XVI la Hermandad de los Negritos tomó definitivamente perfil en cuanto a su constitución orgánica, al tomar como advocación de la Virgen para su patronazgo la de Nuestra Señora de los Ángeles y al ser aprobadas por la autoridad eclesiástica las reglas de la Hermandad el 17 de junio de 1554. Sin embargo, aún le faltaba lo principal que era una capilla independiente, tanto más, cuando que con motivo de la reducción de hospitales, al desaparecer éstos, por haberse creado el grandioso «Hospital de las Cinco Llagas» (hoy «Hospital Central»), desapareció el fundado por don Gonzalo de Mena, quedando sin domicilio la Hermandad. Vino a remediar esta dificultad la donación hecha por don Juan de Vargas y Sotomayor, donde se construyó la capilla que actualmente se conserva y sirve como sede a la Hermandad.

En el año 1653 ocurrió el asombroso episodio que ha dado verdadera fama a la Cofradía de los Negritos. Debatíase entonces intensamente la cuestión teológica del dogma de la Inmaculada, aún no definido por la Iglesia, pero aceptado como creencia firmísima por Sevilla, que fue la primera ciudad de España en formular el voto de defender la Inmaculada Concepción como punto dogmático. Las Hermandades sevillanas y las corporaciones eclesiásticas y Cabildos, acordaron costear dicho año cultos solemnes en honor de la Limpia y Pura Concepción de María, y la Hermandad de los Negritos no quería dejar de hacerlo con tanta devoción como la que más. Sin embargo había el obstáculo insuperable de la falta de medios económicos, lo que produjo entre los negros cofrades la mayor aflicción. Siendo como eran gente menesterosa, no pudieron recaudar entre ellos el dinero necesario y en aquellos momentos la Hermandad que había realizado gastos para atender a otras necesidades, no tenía un solo maravedí en caja.

Pero lo que faltaba de caudal suplíalo con creces el acendrado amor a la Virgen que rebosaba la Hermandad y así ocurrióse a los dos principales cofrades, que se llamaban Fernando de Molina, Hermano Mayor, y Pedro Francisco Moreno, Alcalde de la Cofradía, un sorprendente y heroico arbitrio para allegar recursos.

Al día siguiente de haberse celebrado el Cabildo en que se acordó diputar a ambos para organizar los cultos en honor de la Virgen, el pueblo de Sevilla presenció estupefacto, cómo aquellos directivos de la Hermandad, que aun siendo negros eran ciudadanos de condición libre, procuraban venderse como esclavos para con el dinero que les valiera su libertad, pagar la función solemne que había de celebrarse en la capilla de la fundación en honor de Nuestra Señora Inmaculada. Se sabe con precisión el lugar donde ocurrió la venta. Fue en la calle de Manteros, en la acera izquierda, tal como se va desde la Capillita de San José hacia la Plaza de San Francisco. Lugar de mucho tránsito, punto de reunión de tratantes de ganado, corredores de granos, mercaderes y vendedores de fincas, tal como aún hoy lo es ese sitio. La presencia de los dos negros, decentemente vestidos, pregonando a voces que voluntariamente se vendían como esclavos, debió causar escalofriante impresión entre los sevillanos que los escuchaban. Tanto, que conmovidos por aquel impresionante rasgo de devoción mariana, los espectadores del suceso se apresuraron a comprar a ambos negros, devolviéndoles luego su libertad, con lo que ambos pudieron volverse a la capilla de la Hermandad llevando el producto de la venta, con que se costearon los solemnísimos actos religiosos, que superaron en esplendor a cuantos hicieron las demás Hermandades de la ciudad aquel año.

Sin embargo, ellos no aceptaron por entero aquella libertad que se les devolvía, sino que reconociéndose desde entonces como esclavos de la Virgen, dedicaron totalmente su vida al servicio de la Hermandad, llevando un grillete al cuello en señal de servidumbre, renunciando a sus nombres y apellidos de ciudadanos libres para tomar otros más sencillos y propios de esclavos, de la Cruz, viviendo en la inmediación de la capilla donde moraba su Dueña y Señora, la Virgen de los Ángeles.

En memoria de tal acontecimiento, se erigió en la calle de Manteros una cruz de piedra que durante dos siglos justos permaneció en el lugar donde los dos cofrades se vendieron. La cruz desapareció exactamente en 1753, en que se quitó con otras muchas que adornaban piadosamente calles y plazas de la ciudad.

Velázquez, el pintor del aire

Diego de Silva y Velázquez nace en Sevilla como todos sabemos. Se le conoce sin embargo poco en nuestra ciudad, porque tempranamente marchó a Madrid en busca de fortuna en la Corte espléndida del Imperio de los Austrias. Fortuna que halló, alcanzando la amistad personal del rey Felipe IV quien le convirtió en su pintor de cámara.

Por su temprana ausencia cuando apenas tenía poco más de 19 años, Velázquez no ha dejado en Sevilla anécdota ni leyenda que le haya hecho ser conocido por el pueblo. Solamente los eruditos conocen, a través del estudio, su biografía.

A Velázquez se le ha llamado el pintor del aire, pues fue el primero que reprodujo fielmente, no sólo personajes con caracteres y paisajes con luz y sombra, sino también la atmósfera que hasta él había escapado a la posibilidad de ser reproducida. En el cuadro de *Las Meninas,* se aprecia perfectamente la atmósfera, en penumbra, de la espaciosa sala que en el palacio de Madrid servía de estudio al pintor. De igual modo que en los interiores, consiguió Velázquez la impresión de atmósfera auténtica, en los exteriores, como puede apreciarse en *Las Lanzas* o *Rendición de Breda* y en otros cuadros, que por cierto aún representando diversos países, suelen tener casi siempre por modelo los paisajes de la Moncloa y de otros alrededores de Madrid.

Para que no falte a Velázquez su gota de leyenda, vale la pena recodar aquí que habiendo entrado como discípulo en la casa del gran pintor Francisco Pacheco, se enamoró de su hija, Juana Pacheco, que tenía quince años. El maestro profetizó que Diego Velázquez podría mantener con decoro una familia. Y como alguno de sus amigos le reprochase esta excesiva confianza, replicó Pacheco:

—Estad seguro de que ese muchacho me dará nietos que valdrán más que vos y que yo.

Su interlocutor quedó bastante mohíno, pues se trataba nada menos que de un caballero del hábito de Santiago.

Pasados algunos años, cuando aún Velázquez no había alcanzado los cuarenta de edad, pintó el famosísimo cuadro de *Las Meninas.* El rey todas las mañanas iba a la cámara donde Velázquez trabajaba, y observaba cómo iba avanzando el grandioso cuadro. Finalmente una mañana, Velázquez con voz ligeramente velada por la emoción, pero al mismo tiempo orgulloso de su labor, dijo a don Felipe IV:

—Señor, el cuadro ya está terminado.

Don Felipe lo miró detenidamente, se apartó unos pasos atrás para verlo de lejos más a su sabor y mirando a Velázquez fijamente replicó:

—Pues no lo encuentro acabado, le falta algo.

Quedó sorprendido y corrido Velázquez al escuchar las palabras del rey. Seguramente se le había pasado por alto algún detalle en el que no había caído. Sin disimular su contrariedad preguntó modestamente:

—¿Qué es lo que falta, señor? Decídmelo y lo repararé en seguida.

—Pues falta pintar un detalle, pero prefiero ser yo mismo quien lo pinte.

Y tomando un pincel fino lo mojó en pintura roja, se acercó al cuadro, y sobre el pecho de la figura de Velázquez dibujó el rey con mano segura la cruz de Santiago.

De esta manera, el monarca don Felipe IV otorgó a Velázquez la preciada insignia de caballero de Santiago para lo que hasta los más encumbrados nobles tenían que hacer largos trámites y probanzas de limpieza de sangre.

Pero no quedó aquí el cumplimiento de la profecía que había hecho en Sevilla el pintor Pacheco. Diego Velázquez y su esposa Juana Pacheco tuvieron varios hijos, que en efecto dieron comienzo a un linaje de la más alta estirpe superando con mucho no sólo a Pacheco y al quisquilloso hidalgo sevillano con quien éste había dialogado, sino incluso al pintor de cámara del rey. Del hijo de Velázquez, don Isidro de Silva y Pacheco, por entronques con personas de sangre real, ha venido a descender en la actualidad una de las ramas de los Borbones y la familia real de Bélgica, de la cual es actual representante el rey Balduino.

Velázquez, al casarse con Juana Pacheco, dio verdaderamente a su maestro Francisco Pacheco, nietos que valdrían más que él.

El matrimonio del gran pintor sevillano con la niña de quince años Juana Pacheco, fue tan duradero como las vidas de ambos. A pesar de vivir en la Corte, donde las asechanzas a la fidelidad conyugal eran incontables, don Diego Velázquez se mantuvo durante su vida fidelísimo para con su esposa y su arte, las dos únicas cosas que le importaron en este mundo.

Tan grande fue el amor y la compenetración que existió en este matrimonio, que no pudieron sobrevivir el uno al otro, murieron con tres días de diferencia.

Estos detalles humanísimos de la vida de don Diego Velázquez tiene tanto interés como la más florida de las leyendas.

Vida y leyenda de Bartolomé Esteban Murillo

La ciudad de Sevilla conserva de Murillo no solamente sus mejores obras pictóricas, sino el recuerdo del hombre, que anda en refranes, dichos y coplas. Para los sevillanos, Murillo es, no sólo el mejor de los pintores, sino un prototipo de hombre glorioso, y al mismo tiempo familiar y próximo al pueblo.

Nació Bartolomé en el año 1617, en los últimos días de diciembre; no sabemos la fecha, pero así debió ser, puesto que se bautizó el 1 de enero de 1618 en la parroquia de la Magdalena, según consta en el Libro de Bautismos.

Era hijo de Gaspar Esteban y de María Pérez. En realidad el apellido de Murillo le viene de su bisabuela. El padre se llamaba Gaspar Esteban, pero el Esteban era segundo nombre, o sea nombre compuesto. En realidad el padre era Gaspar Esteban Pérez, y la madre María Pérez. Sin embargo, ya desde la generación de los abuelos venían ellos poniéndose el Murillo, que por línea directa no les pertenecía. Eran las fantasías propias de la época, y el deseo de mantener cierto viso de hidalguía, de tanta importancia social en aquella época.

El padre de Murillo, habiendo observado que el muchacho tenía afición y disposiciones para el dibujo le llevó al estudio de su pariente Juan del Castillo, excelente maestro del arte, quien le enseñó el dibujo y el color en temprana edad, desde los seis o siete años. A los diez quedó Murillo huérfano de padre y madre, haciéndose cargo de él una tía llamada Ana, casada con un cirujano. Para ayudar a esta modestísima familia (pues los cirujanos apenas eran más que barberos y sangradores en uno), se dedicó Murillo a pintar abundantes cuadros, de elemental y pobre estilo, como era natural en un principante. Así permaneció, produciendo pinturas ínfimas que se vendía en la calle Feria en el mercado semanal del «Jueves», o en las ferias de los pueblos. Pero Murillo deseaba algo más, y animado por una breve estancia que tuvo en Sevilla el pintor Pedro Moya, quien le estimuló a viajar y formarse, se dedicó a ello. Para no dejar a sus tíos sin alguna ayuda, y para tener con qué emprender su viaje, tuvo Murillo una ingeniosa idea: compró una pieza entera de lienzo, la dividió en trozos y pintó en cada uno de ellos un tema religioso, vendiéndolos todos a un mercader que marchaba a las Indias, con lo que le pagó muy bien, puesto que iba a revenderlas en Perú y Nueva Granada, donde había mucho dinero y falta de obras de arte.

Emprendió, pues Murillo su viaje a Madrid a los veinticinco años de edad, en 1643, y se presentó en casa del pintor, también sevillano, don Diego Velázquez, quien le animó y ayudó para que copiase cuadros de las colecciones del palacio real y del monasterio de El Escorial. Permaneció Murillo dos años dedicado a estudiar a fondo y copiar muchos cuadros de grandes maestros.

La caída del poder del conde-duque de Olivares perjudicó mucho al pintor de cámara Velázquez, y Murillo, viéndose sin ayuda, decidió volver a Sevilla. Ya en este tiempo había aprendido mucho y podía considerarse como un auténtico maestro, superior a la mayoría de los pintores que había en aquel momento en nuestra ciudad, a pesar de que los había muy buenos.

A su llegada a Sevilla, decidió casarse, y aquí ocurre un suceso que dio motivos para mucho hablar en Sevilla. La novia se llamaba Beatriz Cabrera Sotomayor y Villalobos. Murillo tenía de veintisiete a veintiocho años, y ella de veinte a veintiuno. Murillo era un joven pintor con brillante porvenir por delante, y que ya había sido nada menos que protegido de Velázquez, que tenía abundantes contratos para pintar cuadros para las iglesias sevillanas. Beatriz había nacido en el pueblo de Pilas y llevaba tres años viviendo en Sevilla, a donde la habían traído sus tíos al quedarse huérfana.

Y ello es que en el momento de la «toma de dichos» ante el fiscal eclesiástico, al preguntar éste a la novia si venía de su voluntad y libre para otorgarse con Murillo, dio Beatriz un tremendo suspiro, se echó a llorar, y retorciéndose las manos exclamó: «Que no, señor, que no vengo libre, sino obligada y forzada.» (Consta así exactamente en el expediente matrimonial que existe en el archivo del Palacio Arzobispal, descubierto por Santiago Montono y publicado por Juan de la Vega y Sandoval.) El fiscal, viéndola «llorar y retorcerse las manos», suspendió el acto del otorgo, y lo comunicó al provisor eclesiástico, quien puso al pie del inciado expediente un «No ha lugar».

Pero transcurrida una semana, Beatriz volvió a presentarse en el Palacio Arzobispal, y pidiendo ver al fiscal, declaró que venía libremente, y que no hicieran caso de lo que había acontecido días antes, pues ella era conforme en casarse con Bartolomé Esteban Murillo.

Nunca se sabrá probablemente el motivo de su primera negativa, ni de su rápido cambio. Es muy posible que en efecto la boda le fuera impuesta por su familia, ya que Murillo era un «buen partido». Quizás ella había dejado algún amor juvenil en su pueblo de Pilas. En todo caso, los consejos familiares consiguieron cambiar su ánimo, y así el 28 de febrero de 1645 se celebró en la Magdalena, a cuya parroquia pertenecían los dos novios, la ceremonia nupcial. Según un curioso erudito sevillano (el señor Díaz, quien firma sus artículos en *El Correo de Andalucía* con el seudónimo de «Proel»), Murillo y Beatriz tuvieron diez hijos. De ellos, como era sólito en aquella época, murieron siete y quedaron vivos solamente tres: Gaspar, que fue sacerdote; Gabriel, que fue militar, y Francisca, que se metió a monja.

La obra de Murillo

A lo largo de su larga vida, aparte de infinidad de trabajos para familias particulares que le encargaban cuadros religiosos, Murillo hizo gran número de cuadros para la catedral de Sevilla, el convento de la Merced (situado donde hoy está el Museo Provincial), Hospital de la Santa Caridad, y sobre todo para el convento de Capuchinos. Veinticuatro cuadros por lo menos pintó para el de Capuchinos, catorce para la catedral, siete para la Santa Caridad, dos para el Palacio arzobispal, y de diversas procedencias se conservan en el Museo del Prado, de Madrid, treinta y cuatro cuadros de este autor.

Entre ellos destacan las célebres «Inmaculadas», tema al que fue muy adicto, habiendo creado Murillo el verdadero prototipo de la Virgen en el Misterio de esta advocación, en figura de mujer bellísima, vestida con ropaje blanco y un manto color azul celeste, de la que hizo tres versiones, como pueden verse en el Museo de Sevilla: la «Niña», que se muestra en el candor de los doce o trece años; «la del Padre Eterno», en figura de mujer de veinte años, llena de espiritualidad y misticismo, y «la Grande», en figura de mujer de treinta años, que transmite su protección al mundo.

Muchos cuadros de Murillo son de temas profanos, generalmente tomando personajes y escenas populares sevillanas, que tan bien conocía, y sobre todo, relacionadas con la pobreza en que se desenvolvió su infancia, pero sin poner en ellos amargura, sino por el contrario, cuanto hay de ternura y de humor. Así, *Abuela despiojando a su nieto, Niños comiendo fruta, Niños comiendo un melón,* algunos de cuyos cuadros se encuentran en museos de Francia, Alemania, Rusia y Estados Unidos. Para que se haga una idea el lector de la cotización de los cuadros de Murillo, baste decir que el cuadro de la *Inmaculada Concepción,* que se conserva en el Museo del Louvre, no siendo de los mejores, fue pagado, a fines del siglo XIX, por dicho museo, en la formidable suma de seiscientos quince mil francos oro. La diferencia entre la cotización de la moneda entonces y hoy, puede muy bien hacer multiplicar por mil el valor de dicha obra. Y aún otras han valido más.

Un cuadro curioso, y que tiene su leyenda, es el de la *Virgen de la Servilleta,* que se conserva en el Museo de Sevilla.

La leyenda asegura que habiendo dedicado Murillo dieciocho años de su vida a pintar cuadros para la iglesia del convento de Capuchinos, diariamente le llevaba el almuerzo al propio lugar de su trabajo un hermano lego. Y habiendo terminado Murillo de pintar su formidable retablo, se despidió de los frailes.

El hermano lego que le había servido, le dijo:

—Señor Murillo, ya que os he acompañado y servido todo este tiempo, ¿me querríais hacer la merced de regalarme algún pequeño dibujo para vuestro recuerdo?

—¿Y qué dibujo queréis que os haga?

—Una virgencita para ponerla en mi celda. Así le rezaré todos los días y a la vez os recordaré a vos.

Entonces Murillo le pidió la servilleta o mantelito en que le traía diariamente el almuerzo, y sobre esa tela pintó en breves minutos, con firme y rápido trazo, la maravillosa figura de la Virgen con el Niño en brazos, que con el nombre de *Virgen de Belén* o *Virgen de la Servilleta* se exhíbe en lugar preferente del Museo Provincial.

Por cierto que otra leyenda afirma que ese Niño Jesús que aparece en éste y otros cuadros de Murillo, podría muy bien ser un hijo «de ganancia» que Murillo tuviera fuera de su matrimonio, quizá con una panadera del barrio de la Merced, dueña de un horno de pan cocer de la calle de los Monsalves.

Murillo, hombre generoso, y que conocía las dificultades con que los jóvenes tropiezan para formarse artísticamente, creó la primera Escuela de Artes de Sevilla, no sólo costeando de su bolsillo los materiales, sino dando él gratuitamente las enseñanzas, consiguiendo después la ayuda de otros pintores, y el apoyo de las autoridades. La escuela funcionó desde 1660 en la Casa Lonja.

Tenía más de 60 años y aún estaba Murillo tan vigoroso y joven que aceptó pintar el cuadro de *Los desposorios de Santa Catalina* en el convento de los Capuchinos de Cádiz, a pesar de que había de trabajar en lo alto de un andamio, de peligrosa disposición, y grandísima incomodidad. Ocurrió que a la terminación del cuadro, sufrió una caída, de la que resultó Murillo mortalmente herido. Acostado en un carruaje sobre un montón de paja, y soportando valientemente el dolor de las múltiples fracturas y lesiones internas, se hizo conducir desde Cádiz a Sevilla, a donde llegó moribundo. Murió a 3 de abril de 1682, al parecer en la casa número 5 de la plaza de Santa Cruz, aun cuando otros creen que en la calle Santa Teresa, frente al convento de las Carmelitas.

Trágico suceso de la Cruz de los Caballeros

Ésta no es leyenda, sino un suceso verídico, que ocurrió en el lugar que hoy ocupa la avenida Reina Mercedes, en el sector sur, que en el siglo XVII era campo, y por donde entonces discurría el río Guadaira para ir a desembocar en el Guadalquivir, hacia lo que hoy es el aeródromo militar de Tablada.

El suceso, transcrito al pie de la letra de las fuentes documentales del siglo XVII, es como sigue:

«A 14 de mayo del año de 1645, don José Zuleta Ordiales, caballero de muy ilustres linaje y prendas, habiendo tenido el día antes un desabrimiento con don Juan Gutiérrez Tello de Guzmán y Medina, Provincial de la Hermandad, lo desafió al campo señalándole por un papel el sitio pasado el Guadaira.

Don Juan Gutiérrez Tello llevó por padrino (que así fue el desafío), a don Blas Rodríguez de Medina, Caballero del Orden de Santiago, y el don José de Zuleta llevó a un primo suyo, don Jerónimo de Viedma, Caballero de la misma Orden de Santiago.

Llegaron al campo en sus caballos, solos cada uno de los desafiados con su padrino, en donde riñeron, estando los padrinos retirados conforme al estilo y punto de su caballería.

A breve rato dijeron los padrinos el uno al otro:

—¿Parécete que está este duelo cumplido? (que en realidad de verdad lo estaba bastantemente, habiendo sido por una cosa de no demasiada entidad y peso). Y respondió el don Blas Rodríguez:

—A mí me parece que está cumplido este duelo.

Y con las espadas desenvainadas que tenían como padrinos, llegaron cada uno a su ahijado, y los apartaron.

Juan Gutiérrez Tello sacó una pequeña herida en un brazo; y reconociéndolo don Blas Rodríguez de Medina, le dijo a don Jerónimo de Viedma que había de reñir con él, por haber salido su ahijado herido.

—¡Qué tiene que ver eso, Blas! —le dijo el don Jerónimo, que eran muy amigos entre sí y se trataban con llaneza—. Con el duelo destos caballeros, que han cumplido como quien son, y como que nosotros somos padrinos y ya los hemos dado por buenos y por cumplido su duelo, siendo accidente muy corto y no del caso, que al don Juan Gutiérrez le haya alcanzado esa corta herida, que lo propio pudiera haberle acaecido a mi ahijado y a mi primo, para que tú ahora quieras que riñamos nosotros sin qué ni para qué; pues hemos venido para mediar y no para reñir, sendo amigos, y que estos caballeros lo sean.

—¡No, voto a Cristo! —replicó don Blas Rodríguez, que era intrépido en la condición—; ¡que hemos de reñir nosotros!

Y se vino al don Jerónimo, el cual le dijo:

—Pues tú, Blas, quieres que riñamos, ¡riñamos!

Y pegando el uno con el otro, el don Blas Rodríguez de Medina vino tan destemplado y ciego con la cólera a matar a don Jerónimo de Viedma, que se entró por la espada del contrario y quedó muerto en la campaña, y el don Jerónimo mal herido, pasado de una a otra parte por una mortal herida.

Se dice que dio la casualidad de que un clérigo llamado el Licenciado Hontiveros, que era gran aficionado a pescar y que había ido de día con su caña al río Guadaira, viendo lo sucedido se acercó corriendo a aquel lugar y tuvo tiempo suficiente para dar la absolución *in articulo mortis* a don Blas Rodríguez de Medina quien expiró al momento. El cadáver quedó en el campo al cuidado del clérigo, mientras su apadrinado don José Gutiérrez Tello, salió a todo galope hacia Sevilla y volvió en seguida con parientes y otros caballeros, quienes condujeron en seguida el cuerpo muerto de don Blas, y le dieron sepultura en la bóveda que su familia tenía en la iglesia parroquial de San Bartolomé.» (Hasta aquí hemos copiado literalmente la crónica de la época. Lo que sigue es resumen del resto.)

Entretanto, don José de Zuleta aprovechando que un coche pasaba por aquel lugar (que era el camino real hacia Jerez), hizo cargar en él a su primo y padrino don Jerónimo de Viedma que estaba malherido, y le condujo al convento de San Diego (que estaba situado en los terrenos que hoy ocupa el casino de la Exposición, el «Teatro Lope de Vega», y jardines de San Telmo.

El asistente y la Justicia informados acudieron al campo, donde ya no encontraron ni el muerto ni el herido. Intentaron sacar al herido del convento, pero los frailes dieguinos y la autoridad eclesiástica se opusieron, y hubo de retirarse el asistente y sus guardias. Don Jerónimo permaneció entre la vida y la muerte veinte días, y expiró el 4 de junio, día de Pascua de Pentecostés en el propio convento, y allí lo enterraron.

También hubo algún intento de que el cadáver de don Blas fuera sacado de la iglesia de San Bartolomé, por haber muerto en duelo, y no tener derecho a sepultura en sagrado, pero el testimonio del Licenciado Hontiveros de que murió reconciliado y absuelto sirvió para que se le dejase reposar en la sepultura donde le habían enterrado.

En el lugar donde ocurrió este dramático suceso se erigió una cruz con peana de albañilería, que se llamó «La Cruz de los Caballeros» la cual existió desde 1645 hasta mediado el siglo XIX en que durante la época anticlerical se retiraron muchas cruces públicas. Y para evitar su destrucción, la célebre escritora doña Cecilia Bohl de Faber, que firmaba sus libros con el seudónimo de *Fernán Caballero* la retiró de la orilla del Guadaira, y la trasladó a su finca de Dos Hermanas, donde aún existe.

Leyenda del Cristo del Cachorro

En el famoso barrio de Triana al otro lado del Guadalquivir y donde se asientan las industrias cerámicas desde los tiempos más remotos, fue encontrada a finales del siglo XVI, una imagen de la

Virgen que estaba oculta en el fondo de un pozo, donde probablemente la pusieron los cristianos en el tiempo de la invasión árabe. El vecindario acogió esta dádiva del cielo con alegría y fervor, construyéndose con limosnas de todos los trianeros una pequeña capilla donde rendirle culto. Muy pronto y según costumbre sevillana, se fundó una hermandad para honrar a la Virgen tan milagrosamente hallada.

A mediados del siglo XVII se constituyó otra hermandad titulada de Nuestra Señora del Patrocinio, advocación que estaba muy en boga por ser una de las predilectas de la devoción del rey Felipe IV. Ambas cofradías se fusionaron en una sola en el año 1689, acordando titular la nueva corporación con el nombre de Hermandad de la Sagrada Expiración de Nuestro Señor Jesucristo y María Santísima del Patrocinio.

Vivía por aquel entonces en la Cava de Triana, donde esparcidas a la orilla del Guadalquivir, sobre la tierra arcillosa de los tejares estaban las chozas de los gitanos, un hombre de esta raza, todavía joven en la florida edad de los treinta años, en quien se unían las más gallardas prendas de la gitanería andante, de estatura prócer como descendiente de reyes, flexible de miembros, estrecho de cintura como bailarín y con las manos finas y alargadas, porque según su estirpe, se habría dejado antes morir de hambre que trabajar con ellas. Las manos del gitano, señoriales y finas, llamaban la atención por ser tan distintas de las de los ganapanes que trabajaban de sol a sol sacando tierra a paletadas en los barrancos de La Cava para fabricar los ladrillos, junto a cada horno de alfarería. Llamaban a este gitano *el Cachorro* y se le admiraba por su habilidad en tañer la guitarra y cantar con quejumbrosos quiebros de garganta los sones dramáticos del cante jondo, todavía entonces impregnados de los últimos temblores de la música morisca recién expulsada de España.

El Cachorro era, aunque cantaor, hombre serio, taciturno, reconcentrado y cuando participaba en las zambras gitanas o en las juergas de las tabernas, donde se despachaba el vino sacándolo con un cazo de estaño de los barreños colocados junto al mostrador, asumía siempre una actitud distante; como si cantara o bailara para él solo, aunque estuviera rodeado por la atención expectante de la tribu, o de los compañeros de fiesta. No se le habían conocido amores, pero todas las gitanas de La Cava suspiraban por él. Algunas voces despechadas susurraban que acaso al otro lado del río, en los barrios señoriales de San Vicente o de San Francisco, era donde los pensamientos de *el Cachorro* tenían alguna prisión en que cautivarse.

Aprobadas las Reglas de la nueva Hermandad de la Expiración, fue necesario dotarla de sus imágenes titulares y el Cabildo de Cofrades acordó concertar con algún artista de renombre, la construcción de una escultura que representase al Señor expirando. Y como en aquellos tiempos alcanzaba la palma y llevaba la gala de ser el más diestro escultor de Sevilla, Francisco Ruiz Gijón, se le confió a este insigne artífice el trabajo de labrar dicha imagen.

No conseguía Ruiz Gijón imaginar una nueva figura de Crucificado que pudiera destacar entre las muchas y muy buenas que ya existían en Sevilla hechas por ilustres predecesores en el arte de la gubia, como Juan de Mesa y como Martínez Montañés.

Durante varios meses realizó cientos de bocetos, tanto dibujándolos al carbón sobre papel, como sacándolos modelados de barro; pero siempre los rompía antes de terminarlos porque ninguno llegaba a satisfacerle. Obsesionado por su falta de inspiración, abandonó cualquier otro trabajo, olvidó de comer y enflaqueció a ojos vistas, sin salir día ni noche de su taller donde apenas interrumpía el trabajo cuando rendido por el sueño caía agotado sobre un camastro y aun durmiendo, seguía su cerebro imaginando nuevas figuras de Cristo en las que nunca encontraba la perfección que él deseaba. Porque Ruiz Gijón lo que quería reproducir era, más que un Cristo agonizando, la agonía misma por antonomasia.

No debían estar equivocadas por completo las voces susurrantes que maliciaban que *el Cachorro* tenía amores al otro lado del puente de Triana, porque con frecuencia se le veía desaparecer de La Cava y regresar al cabo de varios días, pero nunca se supo dónde iba. Y como los gitanos se dividían en dos clases, los gitanos caseros y los gitanos andarríos, los que tenían casas, o sea, los que vivían en chozas en La Cava, averiguaron de sus hermanos los nómadas, que andan en carretas y que ponen una manta o una lona formando techo al amparo del tronco de cualquier olivo en sus correrías, que *el Cachorro* nunca había sido visto por los caminos reales, por los cortijos ni por las ferias de los pueblos. No podía dudarse que cuando faltaba de La Cava permanecía oculto en algún lugar de Sevilla y se le veía tan ensimismado, cuanto puede estarlo quien vive enfermo de amores difíciles o secretos.

Cierto día apareció por La Cava un hidalgo cuya figura desusada por aquellos parajes, llamó la atención de quienes frecuentaban las tabernas del barrio. Resultaba en verdad un contraste demasiado extraño el ver al caballero vestido con jubón de terciopelo negro, cuello a la valona y rica y bien guarnecida capa de seda, en aquellos tabernuchos improvisados en una choza con honores de barraca, donde las moscas negreaban sobre la tabla que servía de mostrador y donde el vino, de tanto airearse en el barreño al meter y sacar los vasos de estaño, daba un olor espeso y acre a la atmósfera. El recién llegado bebió en más de uno de los míseros tabernuchos el vino o la copa de aguardiente, disimulando difícilmente la repugnancia que sentía de acercarse a los labios el vaso donde antes de él habían bebido otros clientes sin que el tabernero se tomase la molestia de enjuagarlo. El hidalgo preguntó en todas partes si conocían a un gitano llamado *el Cachorro* y aunque entre la gente del bronce es uso callar o fingir ignorancia, cuando se marchó de Triana llevaba la convicción de haber dado con la pista del gitano que buscaba.

Desde aquel día viose merodear por Triana, unas veces a pie, otras a caballo, al misterioso hidalgo, siempre bien lucido de ropas y con el ademán obstinado de quien espera pacientemente, como el cazador en su puesto de acecho.

Cayó enfermo Ruiz Gijón del tanto trabajar y del tan poco comer y casi no dormir. Le ardían las manos de la fiebre, pero aunque intentaban retenerlo en la cama, él se levantaba para dibujar y modelar.

Cierta noche en que la calentura le tenía amodorrado, se despertó de repente, se incorporó con trabajo en el camastro y buscando a tientas las botas y la capa se dispuso a salir. Ni siquiera se había vestido, sino que por entre la capa se le veía blanca y empapada en sudor la camisa. Intentaron sujetarle sus familiares, pero él se desasió de ellos gritando:

—Dejadme, ahora es cuando sé que voy a copiar la verdadera cara de agonía que necesito para el Cristo de la Expiración.

Y rechazando a su mujer y a su hija que llorando querían impedirle la salida, requirió un rollo de papeles y un puñado de carboncillos, abrió la puerta y se perdió en la negrura de la calle. Parecía como si le fueran guiando, aunque él no sabía hacia dónde se encaminaba. Tenía Ruiz Gijón su taller por el barrio de la Merced, cerca de la Puerta Real. Siguió por la calle de las Armas hacia un postigo, que por las noches permanecía abierto y salió fuera de las murallas cruzando el puente de barcas que unía Sevilla con Triana. Al llegar al Altozano, quedó un momento como dudando hacia dónde dirigirse, pero la inconsciencia de la fiebre de que estaba poseído, le hizo encaminar sus pasos hacia el lugar donde otras veces ya había estado, que era la capilla del Patrocinio. Llegado ante la puerta quedó un momento como extasiado, imaginando que en el interior estaría alguna vez la imagen que él iba a labrar. A través de la puerta cerrada su alucinación de enfermo hacía prever visible el altar con la imagen del Cristo y lleno de una loca alegría desenrolló el papel y empuñando el carbón intentó copiar lo que sólo en su imaginación estaba viendo. Pero al comenzar a hacerlo recobró la lucidez y se dio cuenta de que estaba ante una puerta cerrada de no sabía qué sitio, porque no se había enterado cuándo ni cómo ni por qué calles había llegado hasta allí.

—Indudablemente estoy volviéndome loco —pensó con terror—. Y desalentado se dejó caer, más que sentado, derribado en el escalón del pórtico de la iglesia.

De repente oyó gritos a lo lejos, gritos terribles de mujeres que taladraban el aire de la noche como cuchillos. Una algarabía de gritos femeninos, estridentes y prolongados; luego vio moverse luces y oyó el galope de un caballo. Y ante él pasó como volando un jinete que ondeaba a la espalda de los vuelos amplios de una capa de seda. Se levantó Ruiz Gijón y echó a andar hacia el lugar donde partían los gritos y donde se movían las luces. Era un grupo de chozas en que moraban los gitanos. Se acercó pensando en que había ocurrido allí alguna tremenda desgracia y su caritativo natural le empujaba a socorrer, si era posible, a quien lo necesitase.

A medida que se acercaba, precisaba más a la luz de los candiles, el grupo de mujeres que gritaban y se retorcían las manos con vivo dolor, desmelenadas y a medio vestir, como de haber salido de sus chozas arrancadas del descanso. Ya cerca, vio la causa de aquel llanto y de aquellos gritos. En el suelo había un hombre retorciéndose en los últimos espasmos de la agonía.

Parecía querer decir algo, acaso el nombre de su matador, y alzando la cabeza dejaba escapar con trabajo los estertores de una respiración que se acababa. Aquel hombre era *el Cachorro*, el gitano que había cumplido su cita con el destino, pagando con la vida sus secretos amores. Se le veía atravesado de pecho a espalda por una daga de rica empuñadura que su matador le había dejado hincada junto al corazón.

Ruiz Gijón viendo este espectáculo alucinante, olvidóse del hombre compasivo que llevaba dentro y se sintió salvajemente, gloriosamente artista y nada más que artista y mientras las mujeres intentaban devolverle la vida al moribundo arrancándole del pecho el puñal, Ruiz Gijón con un trozo de carboncillo iba dibujando sobre el papel, a la amarilla luz de los candiles, la cara de agonía del gitano. Después enrolló su boceto y abandonando el grupo trágico donde ya el muerto era levantado en brazos por algunos gitanos que iban llegando, emprendió el regreso paso a paso hacia el puente de Triana, lo cruzó, pasó el Postigo del Arenal, entró en su casa y se dejó caer en la cama sintiendo sobre sí ahora todo junto, el cansancio de tantos meses de fatigosa labor. En poco tiempo Ruiz Gijón trasladó a la madera con la gubia, el boceto que había hecho aquella noche. Consiguió que la imagen tuviera verdaderamente la más exacta expresión de la agonía.

Y cuando aquel año salió por primera vez en procesión a la calle el Viernes Santo, la nueva imagen de la Hermandad del Patrocinio, el vecindario de Triana al ver en la cruz el Cristo de la Expiración, comenzó a prorrumpir en gritos de admiración y de sorpresa.

—¡Mirad, si es *el Cachorro*! ¡Si es *el Cachorro*!

Y en el efecto, era *el Cachorro*, el gitano taciturno, cantaor y enamorado, el que mataron por amores una noche en La Cava de Triana y que el soplo del genio del gran artista Ruiz Gijón, había convertido en la figura del más hermoso y dramático de los Cristos Crucificados que forman el tesoro escultural de la Semana Santa sevillana.

El matusalén sevillano

En los años de 1550, aproximadamente, había nacido en Sevilla, de familia hidalga, aunque modesta, don Juan Ramírez Bustamante, el cual deseoso de mejorar su fortuna, de vivir aventuras, y de alcanzar la fama, se embarcó para Indias como solían hacerlo en aquel tiempo los jóvenes animosos, y hambrientos de gloria.

Se hizo piloto de la Carrera de Indias, y participó no solamente en los célebres «convoyes de la plata» que venían desde Veracruz a Sevilla con los galeones cargados de metales preciosos, y defendiéndose contra tempestades, y contra filibusteros, piratas holandeses, y corsarios ingleses, sino que también tuvo ocasión de formar parte de algunas de las heroicas expediciones que descubrieron para el mundo civilizado, islas ignoradas, archipiélagos inimaginables, en los mares de Oriente, allá por las Carolinas, los Palaos, las Molucas, y frente a las costas de Sumatra, Borneo, Java y la Sonda.

Fue, pues, don Juan Ramírez Bustamante, uno de los afortunados semidioses del Siglo de Oro español, a quien cupo la fortuna de vivir plenamente las aventuras, los viajes, los peligros y la gloria.

No obstante, como incluso la aventura y la gloria cansan, acabó por retirarse de los viajes de exploración y conquista, y se ajustó a una vida más moderada, consiguiendo el cargo de piloto mayor de la Carrera de Indias, con el que podía disfrutar de un año de navegación y seis meses de puerto, a las órdenes de la Casa de Contratación de Sevilla. En este tiempo, tendría él alrededor de los cuarenta años de edad, se casó, enviudó, volvió a casar y volvió a enviudar, porque en aquel entonces las mujeres morían con gran facilidad de los achaques del parto y del sobreparto.

En resumen, nuestro don Juan Ramírez de Bustamante, en sus diferentes matrimonios, llegó a juntar una prole de cuarenta y dos hijos legítimos, y por aquello de que no era un santo, y las costumbres de la época lo toleraban, allegó otros nueve de los llamados «de ganancia» o «habidos en buena lid». En total cincuenta y un hijos que por ley, o por dispensación, llevaron sus apellidos.

A los sesenta años don Juan Ramírez Bustamante abandonó el mar, y se dedicó en Sevilla a la enseñanza de las Matemáticas y la Astronomía, en la Escuela de Mareantes. Así estuvo durante algunos años más; hasta los ochenta y cinco.

Decidió entonces jubilarse de la enseñanza, pero no siendo de condición perezoso, arbitró otra actividad en que entretener su tiempo, y fue ésta la de realizar dibujos topográficos, entretenimiento que alternó con la lectura de libros bíblicos y obras de los Santos Padres de la Iglesia. De resultas de cuyas lecturas, a los noventa y dos años, decidió empezar a estudiar la carrera de sacerdote, carrera que había implantado poco antes el Concilio de Trento. Así pues, a los noventa y dos años se hizo seminarista, y curso por curso, hizo sus cuatro de Humanidades y sus tres de Teología, y consiguió ordenarse sacerdote a los noventa y nueve años de edad.

Y el día siguiente de recibir las sagradas órdenes, acudió a temprana hora al palacio arzobispal y pidió ver a su ilustrísima.

Cuando el prelado le recibió, don Juan Ramírez Bustamante, tras hacerle una modesta y humilde reverencia, le dijo:

—Ea, señor arzobispo: ya he terminado mis estudios, y me he ordenado. Ya tiene usted un nuevo pastor dispuesto a atender a la cura de almas. Así, que he venido a pedirle que me destine a algún curato en donde pueda ejercer mi ministerio.

Sorprendióse el prelado y arguyó:

—Pero, ¿con noventa y nueve años de edad, quiere un ejercicio tan trabajoso? Mejor será que limitéis vuestra actividad a decir la misa matinal y rezar por los pecadores.

—No, ilustrísima. Si me he hecho cura ha sido para ejercer el ministerio.

Todo aquel año estuvo don Juan Ramírez Bustamante solicitando un curato, y todo el año el prelado se lo negó con parecidos argumentos. Hasta que don Juan Ramírez, cansado de esperar, y hasta picado en su amor propio decidió acudir a remedios heroicos, que fueron dirigir un escrito a la propia secretaría de su majestad el rey don Felipe IV, y pedir que en reconocimiento de los muchos méritos que había alcanzado como marino, como soldado, vencedor de piratas, descubridor de mares y maestre de navegantes, se le hiciera merced de una plaza de capellán en la Real Armada de Indias. Causó asombro en la Corte tal petición, suscrita por un anciano de noventa y nueve años, que tenía tan brillante hoja de servicios, y el rey, no queriendo meter a don Juan Ramírez Bustamante en nuevas aventuras peligrosas cuando iba a cumplir cien años, pero sintiéndose obligado a atenderle, optó por escribir una carta al arzobispo de Sevilla, carta en la que aludiendo a los innumerables servicios prestados a la patria y a la corona por el ilustre cura, decía su católica majestad: «Que por espacio de más de sesenta y cinco años fue piloto y capitán de nuestra Armada, en las flotas de la Carrera de Indias, y de la Mar Océana, y recorrió los siete mares, y participó en muchas batallas, y habla muchas lenguas de indios...»

El arzobispo ante la petición que le dirigía nada menos que el rey, no tuvo más remedio que ceder, y llamó a don Juan Ramírez Bustamante a palacio.

—Por deseo expreso de su majestad, he cedido a encomendaros una misión pastoral. ¿Qué ejercicio queréis?

—Deseo una parroquia, ilustrísimo señor.

—¿Pero sabéis el trabajo que significa una parroquia? ¿No sería mejor una capellanía, o incluso una canongía que es cosa de más brillo y autoridad?

—No, señor obispo. Deseo una parroquia en donde dirigir espiritualmente a mis feligreses. Y si me lo permitís señalarla, os diré que en Sevilla hay una parroquia vacante que es la que deseo.

—¿Cuál?

—La de San Lorenzo, que está administrada en estos momentos por los frailes de san Antonio de Padua, por falta de párroco.

—¡Pero por Dios, don Juan! ¿Cómo os voy a meter en una parroquia donde viven los feligreses más difíciles de gobernar de toda Sevilla, los caldereros de Santa Clara, los curtidores de la calle Curtidoríos, los azacanes de la Puerta de San Juan, los pescadores de la calle Pescadores, los tahúres de las bodegas y casas de juego del Husillo Real. Y los mil pícaros que ambulan por la Alameda y sus alrededores?

—Pues esa parroquia tan difícil quiero.

Y don Juan Ramírez Bustamante, consiguió al fin la parroquia que deseaba. Aquel mismo día en que tomó posesión, cumplía los noventa y nueve años y medio.

El obispo comentó con su secretario de cámara:

—Bien, ya hemos satisfecho a ese pobre viejo su afán de ser párroco. Poco le va a durar porque con la edad que tiene el pobrecillo, en cuanto vengan los fríos de diciembre, en la parroquia de San Lorenzo, con las paredes tan húmedas, dos puertas enfrontadas, y una sacristía de techos altísimos, el pobre se nos va a morir de pulmonía por su tozudez.

—Como se nos murió el anterior, de una fluxión de pecho, sí señor —asintió el secretario.

Pues no; no se murió de pulmonía don Juan Ramírez Bustamante. Ni aquél ni el siguiente, ni el otro, ni el otro. ¡Veintidós años rigió con firme pulso la parroquia de San Lorenzo de Sevilla! ¡Veintidós años, que ni antes los había alcanzado ningún párroco, ni después los ha igualado nadie hasta nuestros días. Don Juan Ramírez Bustamante, que fue marino sesenta y cinco años, y profesor de Astronomía Náutica veinte, alcanzó a vivir otra vida entera, de veintidós años de párroco.

Y no se murió, sino que se mató. Cierto día que había llovido torrencialmente, y hubo de cruzar lo que se llamaban «las pasarelas de San Francisco de Paula» que eran unas escalerillas que cruzaban la calle de las Palmas, hoy calle Jesús del Gran Poder, a la altura del entonces colegio de San Francisco de Paula, que hoy es la iglesia de los Padres Jesuitas.

Y ni siquiera sufrió un vahido ni un mareo. Simplemente, con su peso, que era de hombre de buen comer y beber, se rompió uno de los peldaños de la escalera, y cayó de mala manera al suelo, donde se desnucó.

Acababa de cumplir los ciento veintiún años, cuando se malogró de esta manera. En la iglesia de San Lorenzo está enterrado, y hasta hace poco tiempo se podía leer sobre su tumba la lápida en que constaban su vida y milagros. Todavía en el libro de difuntos de la parroquia, correspondiente a la segunda mitad del siglo XVII, existe una extensa partida de defunción en la que consta por detalle su vida, sus aventuras y servicios, y el tiempo de su ministerio sacerdotal de este hombre singular, don Juan Ramírez Bustamante, a quien sin disputa podemos llamar el *Matusalén* sevillano.

Tradición de la Virgen llamada la Sevillana

En la iglesia de San Buenaventura en su altar mayor, podéis ver una imagen de la Virgen, obra insigne del escultor Juan de Mesa, a la que llaman *la Sevillana.* El origen de sobrenombre, tan insólito en Sevilla, es el siguiente: encontrándose esta imagen en el templo de la Casa Grande de San Francisco, una noche fue desvalijada de sus joyas por unos ladrones. Se hicieron cultos de desagravio, y el fraile que los predicaba exhortó al vecindario a dar prontamente donativos para reponer a la Virgen sus preseas, pero en medio de la predicación se alzó una voz entre el público que gritó: «No en verdad, que la Virgen es tan bonita y *tan sevillana*, que no precisa alhajas.» Y así quedó la cosa, y a la imagen desde entonces se le llamó *la Sevillana.*

Señora, ¿quieres coser?, señora, ¿quieres cortar? (leyenda)

Como saben todos los sevillanos, el convento de frailes dominicos de San Jacinto, antes de establecerse en Triana estuvo situado entre la actual barriada de Pío XII y el Hospital de San Lázaro, por lo que todavía hoy, hay una zona que se llama «Huerta de San Jacinto», en ese lugar.

Los frailes tuvieron, pues, allí, su convento, pero aquello quedaba muy lejos, en sitio despoblado, y la fundación no prosperó, teniendo que decidirse la comunidad al traslado a Triana. Sin embargo, hubo un fraile que se llamaba fray Benito, que poco antes de la marcha dijo al prior:

—Durante bastantes años he estado en este convento, y con mis propias manos he arreglado el altar, y he enterrado a nuestros hermanos cuando morían, en nuestro pequeño cementerio conventual. Yo quisiera pedir a vuestra paternidad su licencia para quedarme aquí, y seguir cuidando la capilla y el cementerio.

—¿Y de qué os sustentaréis, fray Benito?

—No se preocupe vuestra paternidad. Sé cultivar la huerta, y con lo que coseche tendré suficiente para mi frugal colación.

El prior dio su bendición a fray Benito y con el resto de la comunidad emprendió la marcha hacia Triana, a habitar su nuevo convento.

Quedóse pues, fray Benito, como ermitaño, feliz en la soledad. Cada mañana adornaba con flores el altar, decía su misa, y alegremente se marchaba a trabajar a la huerta, donde tenía sus coles, sus lechugas, sus alcauciles. Por la tarde iba otra vez a la capilla, donde pasaba las horas rezando el rosario, en sosegada oración.

Y he aquí que una de esas tardes, cuando después de almorzar y de dormir una breve siesta, se dirigió a la capilla, vio que por olvido se había dejado abierta la puerta. Entró con cierto temor de que se hubiera entrado algún perro o gato vagabundo y le hubiera volcado los floreros del altar. Y al entrar vio que en la capilla había una joven arrodillada, rezando, y que de vez en cuando daba profundos suspiros y se llevaba el pañuelo a los ojos llorando.

Acercóse el anciano fraile a consolar a la afligida joven, y le preguntó cuál era la causa de su pena:

—Ay, padre, dijo ella. Tengo la desgracia de que se ha enamorado de mí un muchacho de familia acomodada de Sevilla. Su padre es abogado y escribano.

—¿Y eso es una desgracia?

—Sí, padre, es una desgracia, porque yo soy hija de un panadero, que gana solamente un mísero jornal. ¿Cómo voy a casarme con mi novio, si no tengo más ropa que la puesta? ¿De dónde me va a venir el milagro de un vestido de boda para poder casarme sin que mi novio y su familia se avergüencen?

Y la muchacha volvió a llorar y a suspirar.

La despidió fray Benito con palabras de consuelo. Y cuando se marchó ella, el buen viejo se puso a rezar.

Aquella noche no pudo dormir, pues no se le iba del pensamiento la tristeza de la muchacha, así que se levantó a medianoche y se fue a la capilla y allí, puesto de rodillas ante el altar, le dijo a la Virgen:

—Señora, tú que eres la Madre de todos, haz algo por esa hijita tuya, que no puede casarse por falta de vestido.

Fuera que el sueño le traspuso, o fuera una visión sobrenatural, el caso es que fray Benito vio o creyó ver que la Virgen movía los labios y al mismo tiempo escuchó una voz que decía:

—Si me traes las telas, yo te las coseré.

Fray Benito se puso en pie, frotándose los ojos, y dirigiéndose al altar dijo:

—Está bien, Señora, buscaré las telas.

Y al amanecer abandonó el convento y se fue para Sevilla, donde empezó a visitar una por una las casas de distintas personas a quienes conocía como protectoras del convento, y limosneras de los pobres. Y en un sitio consiguió que le dieran un trozo de tela blanca; en otro lado una cortinilla de gasa o de tul; en otro unas cintas. Con todo ello fue llenando un saco, y al anochecer ya estaba de regreso al convento.

Se hizo unas sopas, porque estaba hambriento, y después salió un rato a pasear por la huerta, y por el pequeño cementerio de los religiosos, rezando su obligación diaria. Después recogió el saco, y se fue con él a la capilla; se acercó al altar, vació sobre él todas las telas que había limosneado, y dijo dirigiéndose a la imagen de la Virgen:

—Yo ya he cumplido con lo mío que era buscar las telas. Ahora os toca a Vos, Virgen Santísima. Así que Señora, ¿quieres coser? Señora, ¿quieres cortar? Y poniendo al mismo tiempo unas tijeras, una aguja, un carrete de hilo y un dedal al lado de las telas, se santiguó y salió de la capilla apresuradamente. Llegó a su celda, y allí se puso de rodillas y permaneció largo rato en oración.

Por fin, empujado por la curiosidad, y al mismo tiempo por la confianza, volvió a la capilla:

¡Allí estaba extendido sobre el altar el ajuar de novia más bello y deslumbrante que se hubiera podido soñar!: Un vestido de seda, de elegante corte: un velo largo, ceñido a una diadema. Y un montón de corpiños, basquiñas, faldas y sayas que componían toda una variedad que hubiera envidiado cualquier mujer para casarse.

Y así fue cómo Conchita, la hija del oficial panadero más humilde de Sevilla, pudo celebrar su boda con lucimiento, y sin que su novio ni la familia de él se avergonzasen de su pobreza.

Fray Benito continuó largos años en el convento abandonado de San Jacinto, cuidando la huerta, el cementerio de sus hermanos religiosos y el altar en donde la Virgen había hecho el oficio de costurera, milagrosamente, cuando él le pidió:

—Señora, ¿quieres coser? Señora, ¿quieres cortar?

Leyenda de que la Virgen Macarena no puede entrar en el Hospital Central

Es ésta una leyenda, que aunque sin fundamento histórico aparente, ha calado mucho en el ánimo de los sevillanos, y ha dado lugar en repetidas ocasiones a que se produjeran movimientos de opinión pública, y casi incidentes de orden público en tiempos relativamente recientes.

Afirma la leyenda que cuando se fundó la Hermandad de la Macarena, allá por el siglo XVI, se estableció en la iglesia del convento de San Basilio que estaba en la calle Redentor, calle Parras, y dando espalda a la calle Antonio Susillo. Todavía hoy existe parte del edificio de aquel convento, destinado hoy a aserrería de maderas, panadería, garaje, y otros usos industriales.

Al fundarse la Hermandad, no tenía imágenes, sino tan sólo un crucifijo, y sus devociones y cultos consistían exclusivamente en actos piadosos en el propio templo, misas, vigilias nocturnas y actos penitenciales. Más tarde se estableció la costumbre de hacer estación en la Semana Santa, y los cofrades se vistieron con túnicas negras, a las que después agregaron unas capas verdes.

La procesión primitiva, sería el Viernes Santo de madrugada, llevando en una parihuela la imagen del Crucificado, y el itinerario procesional no llegaba a la catedral, sino que se limitaba a ir desde San Basilio a la plaza de la Pila del Tesorero, que estaba en la confluencia de calle Relator con calle Feria. Bajaba luego a la Alameda, y daba la vuelta en la plazuela de la Cruz del Rodeo, llamada así precisamente porque allí daban su rodeo las procesiones para regresar a sus templos. Desde la Cruz del Rodeo, donde hacía estación, regresaba por la actual calle Peris Mencheta hasta la calle Feria, en el lugar llamado La Cruz Verde, porque allí había una cruz pintada de verde que señalaba la separación de las parroquias de Omnium Sanctórum y San Juan de la Palma. Tras rezar ante la Cruz Verde una estación, regresaba la Hermandad a su templo de San Basilio.

Pasado algún tiempo, y tras la reforma que introdujo en los desfiles procesionales el cardenal don Rodrigo de Castro en 1584, la Hermandad de San Basilio decidió, al igual que otras corporaciones penitenciales, tomar dos advocaciones, una de un misterio de la Pasión, para lo que escogió la sentencia de Pilatos contra Jesús, y la otra un advocación de la Virgen, decidiéndose por Nuestra Señora de la Esperanza.

Y aquí entra la leyenda, para afirmar que siendo la primitiva Hermandad muy pobre, no disponía de medios para adquirir una imagen de la Virgen, teniendo en cuenta que las esculturas religiosas en aquel entonces eran de un precio exorbitante, por la gran demanda que había de todas las ciudades que se iban fundando en el imperio colonial español del Nuevo Mundo, a medida que los misioneros iban cristianizando desde California y México hasta el Río de la Plata y el altiplano de Chile y Perú. Así que los escultores de Sevilla no daban abasto a labrar imágenes, y se las hacían pagar a buen precio.

En esta situación, pobre la Hermandad de San Basilio, y sin imagen titular, llegó a noticias de su mayordomo que en el «Hospital de las Cinco Llagas» había una imagen de la Virgen, magnífica, y sin dueño. Un viajero que se dirigía a Indias, enfermó en el puerto, antes de zarpar su barco en el convoy que cada año salía de Sevilla, y que se llamaba «La Flota de la Carrera de Indias» y que al regresar, un año después, con los galeones cargados de metales preciosos, perlas y ricas mercancías, recibía el nombre de «La Flota de la Plata». Así pues, el viajero, que enfermó antes de zarpar, fue trasladado al «Hospital de las Cinco Llagas», junto con su equipaje, y murió sin poder testar, así que allí quedó el equipaje a disposición de quienes pudieran reclamarlo como herederos. Pero pasado un año sin que apareciese ningún reclamante, el equipaje fue abierto, y en él apareció, entre otros objetos que el difunto pretendía llevarse a América, la bellísima imagen de la Virgen.

Como la capilla del hospital estaba bien alhajada de imágenes, las monjas no encontraron un altar donde poner esta Virgen, pero en cambio hacía falta un reloj para el servicio religioso de la comunidad y del propio hospital, así que propuso el administrador cambiar la imagen de la Virgen por un reloj de campanas para la torre de la capilla.

Providencialmente, la Hermandad era poseedora de un reloj, que años atrás le había donado un devoto, para que pudieran seguir las horas de sus vigilias nocturnas, cuyo reloj no se había usado, porque se servían del que tenían los monjes basilios en el convento, pero permanecía guardado, en espera de que la Hermandad tuviera alguna vez, andando el tiempo, una capilla propia.

Hicieron las gestiones los cofrades con el administrador de las «Cinco Llagas», para cambiar el reloj por la imagen, pero no queriendo el administrador perder totalmente la imagen, propuso que en la escritura no constase como permuta definitiva, sino como una cesión temporal *sine die,* en virtud de la cual la Hermandad prestaba el reloj al hospital, y éste prestaba la imagen a la Hermandad, con la condición de que solamente se podría cancelar este préstamo —exigieron los cofrades— a petición de la propia Hermandad, pero no podría cancelarlo por sí el hospital. Y para más seguridad de conservación de la imagen, añadieron los cofrades, que en ningún caso se podría anular el pacto por simple acuerdo de la Junta de la Hermandad, ni por negociación escrita, sino que tendría que ser llevada la imagen al hospital para que pudiera surtir efecto la anulación de lo pactado.

Al poco tiempo de esto, el administrador del hospital, habiendo ya abundancia de relojes en Sevilla, por haberse establecido aquí algunos famosos relojeros, quiso devolver el reloj a la Hermandad, y que le devolvieran la Virgen, pero la Hermandad se opuso, aduciendo que solamente si ella llevaba la Virgen por su voluntad al hospital podría quedar cancelado el contrato.

Pasaron los años, y ya la Hermandad había abandonado el convento de San Basilio y se había establecido en San Gil. Cuando ocurrió cierto Viernes Santo, que durante el rato que duró la procesión, se produjo el hundimiento en la techumbre de la iglesia de San Gil, así que cuando la Cofradía regresaba procesionalmente a su parroquia, se encontró con que no podían entrar en el templo. Entonces los cofrades pensaron que lo más acertado era recogerse provisionalmente en el capilla del «Hospital de las Cinco Llagas», por ser el templo más próximo a San Gil, y así encaminaron la procesión, por el Arco de la Macarena, hacia la explanada del hospital.

Pero cuando llegaban ya a la cruz de piedra que señalaba (donde ahora está la parada de los autobuses del número 2) el límite donde empezaba el terreno propiedad del hospital, empezó a dar voces un anciano diciendo:

—¡No la entréis, que la perderéis! ¡No entréis, que la perderéis!

Se detuvo el cortejo procesional justo en el límite de la explanada del hospital, y el viejo, entrecortadamente, explicó al Hermano Mayor, que él sabía que si la Virgen de la Macarena entraba en el hospital, se tendría que quedar ya para siempre en la capilla, porque así estaba estipulado en el contrato que se había hecho ochenta años atrás.

—¿Y cómo sabéis eso? —preguntó el Hermano Mayor.

—Porque hace ochenta años, era yo aprendiz de relojero, y precisamente ayudé a mi maestro a instalar el reloj que la Hermandad dio al hospital a cambio del préstamo de la imagen de la Virgen.

Allí mismo, ante el Arco de la Macarena, celebraron un consejillo los cofrades de la Junta de Gobierno y acordaron que en vez de meter la Virgen en el hospital, la llevarían a la capilla de San

Hermenegildo, junto a la Puerta de Córdoba, como así se hizo, y allí permaneció los días necesarios hasta que se efectuaron las reparaciones de la parroquia de San Gil.

Otras veces se ha repetido, con base en esta leyenda, la misma escena, de que si en alguna solemnidad se ha querido llevar la Virgen de la Esperanza de la Macarena al «Hospital Central», se ha opuesto el vecindario del barrio, por temor a que si entraba ya no volvería a salir, y se quedaría sin ella la Hermandad.

Sin embargo, aunque la leyenda fuese cierta —que no lo sabemos—, el peligro ya ha pasado definitivamente, puesto que hace veinte años, y con motivo de una Santa Misión que se celebró en Sevilla, la imagen de la Macarena entró en el hospital, pero a su salida no le pusieron obstáculos, y regresó a su basílica, con lo que se entiende que el hospital hizo dejación de su derecho, si es que alguna vez lo había tenido. Y ya, desde esa fecha, quedó libre la Hermandad de todo temor de perder su bendita y venerada imagen de la Virgen de la Esperanza de la Macarena.

Tradición de la Cruz de la Hermandad de la O

La Hermandad de la O, residente en la iglesia de Nuestra Señora de la O en Triana, tiene como titular a Nuestro Padre Jesús Nazareno, cuya hermosísima imagen es una soberbia escultura barroca realizada por Pedro Roldán, uno de los grandes imagineros del Siglo de Oro.

El Señor está representado durante su camino hacia el Calvario, cargado con la Cruz al hombro. La Cruz es una magnífica pieza, que llama la atención por estar revestida de carey, concha de tortuga que se traía de las Indias, y que era de gran precio.

La Cruz del Nazareno de la O tiene su leyenda. En cierta ocasión, la Hermandad quiso mejorar la cruz que primitivamente llevaba, y para ello hicieron labrar una en madera de cedro. Sin embargo, una vez construida no satisfizo del todo, pues parecía pobre al lado de tan rica escultura. Ocurrió que en cierto día que estaba celebrándose la Misa de la Hermandad, el capellán que predicaba, dijo para tranquilizar a los Hermanos, preocupados por el problema de la Cruz:

—No os preocupéis que Dios proveerá.

Todavía estaba terminando de celebrarse la Misa, cuando llegaron a la puerta de la iglesia varios hombres, que por su indumentaria manifestaban ser marineros, y depositaron en el pórtico un gran envoltorio o fardo, diciendo:

—Éste es el pago de una promesa que habíamos hecho al salvarnos el Señor de un naufragio en los mares del Sur.

Cuando se abrió el fardo resultó contener unas riquísimas piezas de concha de carey, que inmediatamente la Hermandad acordó que sirvieran para que un artífice llamado Manuel José Domínguez, revistiera de carey la Cruz del Señor Nazareno, lo que realizó el artista con gran maestría, poniendo en las aristas unas cantoneras de plata, de gran mérito.

La Cruz de carey, o mejor dicho de cedro revestido de carey, pueden verla los sevillanos en la iglesia de la O, y en el desfile procesional de esta cofradía cuando recorre las calles de Sevilla, hechas templo y a la vez museo vivo, durante la Semana Santa.

CAPÍTULO VIII

LAS LEYENDAS Y TRADICIONES DEL SIGLO XVIII

El bandolerismo andaluz: Diego Corrientes

Sevilla fue, por sus dimensiones de gran urbe, fácil refugio para bandoleros y delincuentes. En todas las épocas los hubo en la región andaluza, mientras la Sierra Morena, sin ferrocarriles, era una comarca selvática de apretado monte de encinas y chaparros.

La aspereza y frondosidad de las montañas fomentaba en ella el bandolerismo, que se ocultaba en las cuevas, de las que hacía aposento y almacén del botín robado. Nadie se atrevía por esta causa a roturar y cultivar los terrenos, y porque no se cultivaban, prosperaba en ellos el bandolerismo, siendo así ambas cosas mutua y recíproca causa y recíproco efecto.

Solamente cuando el ferrocarril facilitó el acceso, y se pobló la sierra, pudo ahuyentarse la serie de partidas de salteadores, acabándose el bandolerismo andaluz.

Decíamos que los bandidos de la sierra bajaban con frecuencia a Sevilla, más o menos disfrazados, para vender aquí el botín de sus fechorías, o simplemente para holgarse y divertirse. Los lugares de la ciudad más frecuentados por los bandidos eran los mesones y posadas de la calle de la Alhóndiga, tan numerosos que se la llamaba también con el nombre de calle de Mesones. Entre éstos había uno llamado «Posada del Paraíso» y otros «Posada del Camello», «Mesón de doña Juana Ponce», «Posada de Urique» y otras muchas. Elegían los bandidos las posadas de esta calle porque su topografía permitía huir fácilmente caso de ser descubiertos. Cada posada de éstas estaba no en la misma calle Alhóndiga, sino en pequeñas callejuelas sin salida qua nacen en la importante vía, y que solían tener, a través de dichas posadas, comunicación con otras calles. La justicia ordenó en muchas ocasiones tabicar y cerrar estas comunicaciones, pero sin resultado completamente satisfactorio. Algunos mesones alardeaban incluso en su rótulo de esta comodidad e impunidad, como el llamado «Mesón de las Dos Puertas», y otros, a la chita callando, o a cencerros tapados, abrían comunicaciones con las casas vecinas, para facilitar la clandestinidad de las entradas y salidas de sus huéspedes.

El más célebre de los bandidos del siglo XVII fue, sin duda, Diego Corrientes, de quien se dice que asaltó en el camino real de Sevilla a Madrid, más de mil diligencias y sillas de postas.

Preocupado el Gobierno a la sazón de Carlos III, se envió a Sevilla, con cargo de juez especial para la represión del bandolerismo, al famoso letrado y alcalde del crimen don Francisco de Pruna o de Bruna, que de ambos modos se le llamaba en los documentos.

Sabedor del nombramiento Diego Corrientes, y de que don Francisco había afirmado que tan pronto llegase a Sevilla conseguiría detener al famoso bandido, aguardó éste en Sierra Morena a que llegase don Francisco Bruna, en una espera paciente, y al cabo de un mes, en una diligencia, consiguió identificarle entre los pasajeros.

Detuvo Diego Corrientes, con los hombres de su partida de caballistas, a boca de trabuco, la diligencia, y mandó salir a los viajeros al campo. Y dirigiéndose a don Francisco Bruna, desde lo alto del caballo le dijo:

—Señor alcalde del crimen, me he enterado de que usía presume de que será capaz de capturarme.

—Sí, por cierto, y aun te haré ahorcar por este atrevimiento.

—En ese caso, señor don Francisco, si usía está dispuesto a hacerme ahorcar tendrá interés en conservar la vida para que le dé tiempo a hacerlo. Fuerza será que le deje ir a Sevilla para cumplir tan admirable propósito.

El bandido ordenó a todos que volvieran a subir al coche, sin robarles nada, pues que se consideraba suficientemente satisfecho con la afrenta que había inferido al representante de la Justicia.

Desde entonces se entabló una terrible lucha entre el juez de lo Criminal de Sevilla y el jefe de los bandoleros andaluces, pues don Francisco Bruna mandaba día tras día escuadrones de fuerza pública a la sierra para que acabasen con los bandoleros, pero Diego Corrientes se escurría por entre las breñas y encinares, sin que jamás se le pudiera capturar.

Echó don Francisco Bruna un pregón, en el que se prometían cien onzas de oro a quien presentase vivo o muerto a Diego Corrientes y se distribuyó impreso por todos los pueblos de Andalucía.

Una noche llamaron a la puerta de la casa de la calle Caballerizas, en que vivía don Francisco Bruna, a quien asistía una vieja criada. Abrió ésta un ventanillo del portón y preguntó quién era y qué quería.

—Dígale al señor juez que vengo a darle noticias de dónde se encuentra el bandido Diego Corrientes.

Comunicó la vieja a don Francisco Bruna, que ya estaba acostado, lo que le decían, y el juez le ordenó que abriese la puerta e introdujera hasta su habitación a la persona que llamaba.

Entró un hombre embozado, y ya en presencia del juez se soltó el embozo de la capa, y abriendo ésta dejó ver un trabuco que apuntaba directamente a la cabeza del alcalde del crimen. A la luz de las bujías puestas sobre la mesa, reconoció don Francisco a Diego Corrientes.

—Volvemos a encontrarnos, señor alcalde del crimen. Me he enterado en Utrera que usía ha echado un bando prometiendo cien onzas a quien presente a Diego Corrientes, vivo o muerto. Y como me hace falta ese dinero para pagar a mi cuadrilla, pues he venido a presentar a Diego Corrientes vivo. Entrégueme usía las cien onzas de oro del premio prometido.

Tuvo don Francisco Bruna, ante el poderoso razonamiento del trabuco, que sacar de la gaveta las cien monedas peluconas, contarlas, meterlas en una bolsa y ponerlas en la mano izquierda de Diego Corrientes, que no soltaba de la derecha el gatillo de la terrible arma. Y a continuación, Diego Corrientes dijo:

—Si usía es capaz de amarrarme, ya me tiene preso. Pero tenga cuidado no se acerque mucho, no se me vaya a disparar este naranjero que traigo cargado de postas de la de matar lobos.

Y viendo que don Francisco no se atrevía a acercarse, concluyó:

—Está visto que usía no quiere detenerme. Entonces, entiendo que me da por libre.

Y riendo de la burla, escapó Diego Corrientes a toda velocidad, llevándose consigo las cien onzas de oro, y para cuando don Francisco Bruna pudo salir a la calle dando voces de auxilio, ya estaba Diego Corrientes a uña de caballo por la carretera de Carmona, habiendo pasado la puerta de la muralla que sus hombres habían conseguido abrir dominando con las armas a los guardas que la custodiaban.

Aniquilada su partida en 1781, Diego Corrientes huyo a Portugal, pero allí fue apresado y traído a España.

Diego Corrientes fue ajusticiado en la Plaza de San Francisco, y su cadáver se descuartizó según costumbre, enviando un cuarto a cada una de las provincias de Jaén, Córdoba y Huelva, donde había hecho sus principales fechorías.

Para acabar con el bandolerismo, poco después el rey Carlos III mandó poblar Sierra Morena, construyendo los pueblos de La Carolina, La Carlota, La Luisiana y otros.

Nota a la historia de Diego Corrientes

Después de escrito este capítulo hemos tenido la inmensa fortuna de encontrar un papel de finales del siglo XVII escrito por el erudito sevillano don Manuel de la Cruz y Ramírez de Mora y Valle, que dice textualmente:

«El día 30 de Marzo de 1781 ahorcaron en la Plaza de San Francisco a Diego Corrientes, Natural de Utrera, por salteador de caminos (sin haver hecho ninguna muerte) y resistencia a las Justicias. Fue traydo preso del Reyno de Portugal el domingo 29 del mismo mes de Marzo. Fue descuartizado y puestos los quartos en los caminos Públicos. Su cabeza se puso a la Puerta de Osario, de donde a los pocos días fue llevada a enterrar en la bóveda de la Iglesia de San Roque, extramuros de dicha Puerta.»

Tras el hallazgo de este papel, y la indicación de que había sido depositado «en la bóveda» y no en un nicho como se creía anteriormente, el autor de este libro acudió a la iglesia de San Roque donde precisamente en estas fechas se estaban realizando obras de limpieza de las bóvedas subterráneas, para dejarlas desocupadas de escombros y restos, a fin de hacer en ellas el párroco un local para reuniones de la juventud parroquial. En efecto, al hacerse la monda o limpieza de restos de la bóveda, apareció una calavera, en buen estado, sin cuerpo alguno, y que tenía clavado un garfio de hierro en lo alto del cráneo, como se solían colgar las cabezas de los ajusticiados en siglos pasados.

Desafortunadamente, en la noche siguiente al hallazgo, unos muchachos rompieron la valla de madera que se había puesto en la parte donde se realizaban las obras de desescombro, y se llevaron la calavera, informándonos algunos vecinos del barrio, que los mozalbetes la habían utilizado para jugar a la pelota, quedando destruida. Así se perdió la única reliquia material que quedaba del famoso bandolero Diego Corrientes, protagonista de romances y héroe popular del último tercio del siglo XVIII.

Maese Pérez el organista

En el convento de Santa Inés, allá por el siglo XVIII hubo un organista llamado Maese Pérez, hombre tan enamorado de su oficio, que vivía sólo para la música. Tras la misa de la mañana, permanecía pegado al teclado del órgano hasta mediodía sin dejar de hacer ejercicios para descubrir en sus registros nuevos sonidos y nuevas combinaciones de notas. Por las tardes, tan pronto almorzaba, volvía a la iglesia, y se absorbía en tocar solemnes aires gregorianos o páginas de los viejos maestros sevillanos como Guerrero y Morales, que en tiempos anteriores habían sido famosos organistas de nuestra catedral.

Tenía el maestro Pérez una hija, que le acompañaba en sus ratos de trabajo en el coro de la iglesia, y que solía reñirle cariñosamente a veces:

—Padre, no trabajéis más. Descansad un poco.

—No, hija mía. Tengo que conseguir que el órgano me entregue hasta sus más recónditos secretos.

—Pero estáis estropeando vuestra salud.

—Está bien, hija; bajaremos a dar un paseo por el jardín. Pero en seguida habré de volver al trabajo.

A medida que pasaban los años, mientras el viejo maese Pérez se abstraía más y más en la música, su hija, de estar siempre en la iglesia, se fue abstrayendo más y más en los rezos. Hasta que un día le dijo a su padre:

—No sé si os disgustaréis por lo que os voy a decir, padre. Desearía meterme a monja en este convento, y os pido vuestra bendición y vuestra licencia.

—Si ésa es vuestra inclinación, hija mía, no seré yo quien me oponga a tan piadoso deseo. Además, me place el que si habéis de entrar en religión sea en este convento, donde os podré oír cada día a través de la reja de la clausura y reconocer vuestra voz entre las monjas que cantan en el coro.

Entró, pues, la hija de maese Pérez, y tomó el nombre de sor María, en recuerdo de la fundadora del convento, doña María Coronel.

Y siguieron corriendo los años, y mientras su hija pasaba de novicia a profesa, y de profesa a vicaria, el organista maese Pérez se fue haciendo cada vez más viejo.

Y ocurrió que nombraron abadesa del convento a sor María. Para el viejo fue ésta una alegría inmensa, pues viudo hacía algún tiempo, no tenía ya más ilusión que cuanto se relacionase con su hija. Así que, al saber la noticia de su elección, le dijo:

—Yo os prometo, hija mía, que la primera fiesta que haya en el convento, en la cual vos hayáis de presidir el coro, será un acontecimiento en Sevilla, porque tocaré para vos tales músicas como nunca se hayan tocado en nuestra ciudad.

Y al saberse esto en Sevilla, todos los aficionados a la música quedaron impresionados por las palabras del organista, no hablándose de otra cosa que de aquella esperada ocasión.

No faltaba quien decía que las palabras de maese Pérez encerraban una jactancia soberbia. Otros sonreían compasivamente:

—Pobre maese Pérez, está chocheando. Es tan viejo...

Y por fin no faltaban quienes esperaban confiados en la certeza de que el organista haría buena su promesa y ofrecería tales músicas como nunca se hubieran tocado en nuestra ciudad.

La primera fiesta solemne que habría en el convento de Santa Inés sería la Misa del Gallo, puesto que se acercaba ya el mes de diciembre.

Pero a medida que iban pasando los días, maese Pérez mostraba un humor cada vez más taciturno. Ensayaba hora tras hora en el coro pulsando el órgano, con tremendos acordes, o sacaba los registros de voces angélicas, y hacía fluir los aflautados más finos y suaves. Pero siempre interrumpía bruscamente, y se le oía decir, hablando consigo mismo:

—No, no es esto, no es esto. Lo que yo quería es otra cosa.

A veces, cuando salía del convento para dirigirse a su casa, los vecinos le miraban sorprendidos, sin sombrero ni bastón, con el pañuelo de cuello desanudado, y hablando solo por la calle.

—El pobre maese Pérez está ido. Como el pobre es tan viejo...

A mediados de diciembre cayó enfermo. Hacía un frío cruel aquel invierno en Sevilla, y el aire del Norte silbaba por las callejas en el silencio de las noches. Maese Pérez, entre la pesadez de la fiebre, se agitaba en el lecho murmurando:

—No, no es esto. Tiene que sonar de otra forma.

Llegó por fin la Nochebuena. Como maese Pérez estaba tan enfermo, fue necesario buscar otro organista que le supliese. Difícil encontrar en esa fecha un organista, porque todos los de Sevilla tenían que tocar en las iglesias y conventos, por ser la fiesta más solemne del año. Así que solamente se pudo contratar a un mal organista, bizco y borrachín, al que llamaban «El Bisojo». Mala sustitución, cuando tanta gente entendida en música iba a asistir a la Misa del Gallo en el convento de Santa Inés.

Al acercarse las doce de la noche, la iglesia estaba «de bote en bote», como suele decirse, y los que no sabían la novedad del cambio de organista, a medida que iban enterándose porque alguien se lo decía a media voz, mostraban su decepción y sentimiento.

A las doce en punto, las campanadas de la torre anunciaron con el tercer toque el momento de comenzar la Misa del Gallo. De repente, las conversaciones a media voz, los mumurillos y susurros, se interrumpieron, haciendo un silencio inesperado. Por la puerta de la iglesia acababa de entrar, despeinado, tambaleándose, con la barba crecida y envuelto en la capa, con los ojos brillantes por la fiebre, maese Pérez el organista. Acababa de levantarse de la cama para acudir a dar la más importante audición de órgano de su vida.

Subió los escalones con un esfuerzo sobrehumano y ocupó el taburete, ante la consola del órgano. Sus manos enflaquecidas sacaron los registros, y después las dejó caer suavemente sobre el teclado, arrancándole un acorde dulcísimo.

Quienes le oyeron cuentan que jamás se había pulsado un órgano con tanta delicadeza. Maese Pérez iba describiendo, con armonías nunca soñadas, el milagro del nacimiento del Niño Dios.

Cantaban los ángeles y se abría el cielo en cataratas de celestiales arpas y trompetas, lloraba la Virgen de alegría infinita, todo ello en compases de una indecible ternura, con los registros de flautas y de voces angelicales graduados con rigurosa precisión.

Más tarde, el viento entre los juncos y la nieve derritiéndose en leves gotas sobre los tejados de Belén; y un lejano eco de bailes y cantos de los aldeanos y de los pastores.

Y el suave respirar de la mula y el buey, como haciendo moverse tenuamente las pajas del pesebre.

Todo iba desarrollándose con un puntual sentido evangélico, despertando en el público que lo escuchaba la impresión de que era el propio evangelista quien tañía en el órgano la descripción perfectísima de cada versículo y la intención oculta en cada palabra.

Se iba acercando el momento de alzar. La Misa del Gallo, tal como la iba interpretando maese Pérez, venía desde el Introito, con el paisaje de Belén, a culminar con el nacimiento del Niño Dios, en el mismo instante en que culmina el Santo Sacrificio con la Elevación de la Hostia.

Ya el cántico de los ángeles, antes tan suave y alto, iba haciéndose más fuerte, más cerca del suelo. Dios iba a nacer ya. El órgano dio un acorde grandioso, inmenso, que duró unos momentos bajo la bóveda de la iglesia. Y después, inesperadamente, se apagó. Se oyó ahora un ruido brutal, como de algo que se cae y se rompe.

El público miró hacia el coro y vio a maese Pérez, caído de espaldas, volcado el taburete y con los ojos cerrados. Maese Pérez había muerto.

Doce meses habían transcurrido de este suceso, y aún no se había dejado de hablar de él. Verdaderamente, maese Pérez había conseguido tocar como nadie lo hubiera hecho antes. Lástima que sólo pudo interpretar la mitad de la partitura, porque cuando la misa iba por el momento de alzar, maese Pérez había muerto, debilitado su corazón por la enfermedad y por el esfuerzo.

En la Nochebuena siguiente, *el Bisojo*, que se había quedado de organista en Santa Inés, quiso demostrar que también él era capaz de atraer la admiración del público. Y se dispuso a tocar aquella partitura que maese Pérez había dejado a medio tocar.

También trascendió la noticia a Sevilla y no faltaron chuscos y gente de buen humor que acudieron para ver cómo *el Bisojo* salía de aquella en que se había metido y que era con mucho superior a sus fuerzas.

Comenzó la misa, pero contra lo que esperaban todos, el órgano guardó silencio. El público, sorprendido, miró hacia el coro y presenció algo increíble y grotesco. *El Bisojo* tiraba de unos y otros registros, manoteaba aporreando el teclado, pero ninguna nota salía de los tubos. El órgano se había quedado mudo. No faltó quien pensaba que el monaguillo que tenía que darle a la palanca del fuelle, estaba haciendo una pesada burla a *el Bisojo*, pero fijándose bien, se advertía que el mecanismo de cuerdas del fuelle se movía con regularidad, como siempre.

El Bisojo pulsaba las teclas en nerviosos acordes, pero no obtenía el menor resultado. Así siguió batallando un largo rato, mientras abajo, en el altar, la misa iba avanzando en su desarrollo litúrgico.

Por fin, el sonido de la campanilla anunció que era el momento de alzar. El organista abandonó su estéril manoteo, y apartándose del órgano se arrodilló junto a la barandilla del coro, dirigiendo sus miradas al altar mayor, mientras llevaba su mano derecha para darse golpes de pecho, según la costumbre piadosa.

Pero en el momento en que el sacerdote levantaba la Hostia, el órgano empezó a sonar solo. Un acorde grandioso, el mismo que el año anterior había marcado el fin de la vida de maese Pérez el organista. Y tras ese acorde, otro y otros, con acentos de cánticos celestiales, como debió ser el cántico de los ángeles al proclamar «Gloria a Dios en las alturas».

El público, que durante el rato de alzar tuvo la vista en el sacerdote, al terminar la elevación del Cáliz dirigió sus miradas al coro. Y todos vieron con estupor que el órgano estaba sonando solo, mientras *el Bisojo* seguía arrodillado junto a la barandilla, rezando sobrecogido, manifestando todo el miedo que le embargaba por el extraordinario suceso.

Cuando terminó la misa, en el momento mismo del *Ite missa est,* el órgano lanzó un último acorde, que sonó como un suspiro, y quedó callado.

Aseguran que en ese instante se vio ante el órgano una sombra, envuelta en una capa, con los cabellos despeinados, los ojos brillantes y la barba crecida. Una sombra de ultratumba que se desvaneció en el aire misteriosamente. La sombra de maese Pérez el organista, que había vuelto del otro mundo, para terminar su partitura de Nochebuena en el órgano del convento de Santa Inés.

Tradición del abanico que firmó Costillares

Una tradición oral taurina, recogida por mi amigo el poeta Cristóbal Vega Álvarez en un bellísimo romance dice así:

Por los años de 1770 era la primera figura indiscutible del toreo el gran *Costillares,* ídolo de las multitudes, y a quien admiraban los hombres y de quien se enamoraban las mujeres. Vino *Costillares* a torear a la plaza de la Real Maestranza, y durante la lidia, en uno de los momentos en que se acercó a la barrera mientras sus compañeros hacían los «quites» a los banderillero, una dama que estaba en la primera fila de barrera le echó su abanico a *Costillares,* pidiéndole que al terminar la lidia se lo firmara.

Costillares, en vez de dejar el abanico en manos de su mozo de estoques mientras él realizaba su última faena, sonrió a la dama, requirió la espada, y sin el trapo de la muleta se dirigió al toro. Un grito de sorpresa recorrió los tendidos. *Costillares,* con la espada en la mano izquierda, abrió el abanico que empuñaba en la diestra, y citó al toro, que acudió al engaño. Con el abanico a manera de muleta realizó toda la faena, y luego citó a matar y enterró la espada hasta la bola.

Cayó el toro patas arriba fulminado, y entonces *Costillares* se dirigió hacia la barrera, pidió a su mozo recado de escribir, y sobre la misma tabla de la barrera como mesa, escribió en el abanico estas palabras: «Yo no firmo abanico sin historia.» Y lo firmó y lo devolvió a la dama. El abanico ya tenía su firma ¡y su historia!

Las «vapulaciones» o penitencias sangrientas en las procesiones del siglo XVIII

Tanto en nuestra capital como en Fuentes de Andalucía, La Campana, Arahal, Marchena, Montilla y otros pueblos andaluces, existía la costumbre de que los penitentes e incluso los simples nazarenos de las cofradías, se azotasen en público, durante las procesiones. Unas veces la flagelación la hacían por sí mismos, llevando unas disciplinas hechas con cuerdas de cáñamo, en cuyas puntas se habían fijado abrojos de hierro, o bien azotes hechos de hilo blanco, finamente trenzado, que por su finura fácilmente rasgaba la piel de la espalda, arrancando sangre. También usaban la «almeta», que era una especie de raqueta de madera revestida de pez en una de sus caras y a cuya pez se fijaban menudos trozos de vidrio puntiagudos.

Algunos penitentes, en vez de azotarse por su propia mano eran azotados por un compañero.

También se usó la llamada «cerote» o pelota de cera amarrada con una cuerda de hilo. Esta pelota de cera llevaba clavadas unas puntas de hierro, y el disciplinante la volteaba con la cuerda y la dejaba chocar contra su espalda una y otra vez.

Muchos disciplinantes iban en la procesión con la espalda descubierta y la cara tapada con un lienzo blanco.

Habiéndose mezclado a la devoción y penitencia cierta vanidad y jactancia de demostrar mayor hombría haciéndose más sangre, los disciplinantes recurrían a arbitrios sorprendentes y muchas veces brutales. Cuenta Eduardo Caballero Calderón en su libro *Ancha es Castilla,* que los antiguos disciplinantes estudiaban la manera de salpicar la sangre en la dirección que deseaban, y cuando pasaban por la calle en la procesión, si veían a su novia o a su cortejada, procuraban hacer ante ella cierta gallardía que consistía en azotarse de lado, a fin de que le salpicase a ella alguna gota de sangre en el vestido, lo que se estimaba como una exquisita y gallarda galantería.

En la disertación del doctor don Valentín Nicomedes González y Centeno ante la Real Academia de Medicina el 21 de marzo de 1776, publicada con el título de «Los graves perjuicios que inducen a la salud corporal las vapulaciones sangrientas», dijo el citado médico que él mismo fue testigo de ver saltar alguna vez fragmentos de piel y músculo; en otras ocasiones asistió a pérdidas cuantiosas de sangre. Algunos, para dar más sangre, se comprimían con una faja angosta la cintura, y a este artefacto llamaban la «pritina» del azote.

La curación de las heridas provocadas por el azote se hacían en algunos lugares en las casas, y en otros, como en Marchena, en medio de la calle, donde habían preparado un caldero de vino caliente con cocimiento de romero. Se exprimían las heridas para extraer de ellas los trozos de vidrio que se hubieran quedado y se ponían fomentaciones de aquel vino caliente, y encima se aplicaban unos lienzos empapados de aceite.

La disertación del doctor Nicomedes Centeno fue acogida con gran reprobación y dos personalidades ilustres sevillanas, el presbítero y médico don Francisco de Buendía Ponce, contestó criticando dicha disertación, extrañándose de que tales disciplinas sean perjudiciales, estimándolas como un acto de piedad con grandes efectos espirituales y edificantes. El padre Hipólito, rector del Colegio de San Acasio y religioso agustino, también respondió defendiendo las vapulaciones sangrientas como una práctica útil y piadosa.

Todavía un año después, el padre Hipólito volvió a presentar un escrito crítico en la Academia de Medicina, insistiendo en que las vapulaciones sangrientas «se deben permitir, ya sean públicas u ocultas».

Sin embargo, estas ideas ya estaban evolucionando, y la Iglesia, que siempre ha sabido perfeccionar sus prácticas y ponerlas al ritmo de los tiempos en cada época, como ahora hemos visto en el Concilio Vaticano, prohibió poco después aquellas flagelaciones públicas, de los que llamaron «hermanos de sangre» de nuestras cofradías.

Cerraremos este capítulo, remitiendo al curioso lector que desee conocer más por extenso este curioso tema, el artículo publicado en el número 100 del «Boletín de las Cofradías», mucho más detallado y erudito, y escrito por el ilustre médico sevillano don Antonio Hermosilla Molina.

Fígaro, el barbero de Sevilla

Ninguna leyenda sevillana tan graciosa, tan ligera y tan cargada de humanidad como la de «El barbero de Sevilla», la cual trasciende al universo mundo los caracteres de ingenio chispeante, de improvisación, de risueña ironía y de ternura amorosa que matizan el alma del pueblo sevillano.

El protagonista no es, como en la leyenda del Candilejo, el rey, señor absoluto de las vidas y las haciendas, ni como en «La Favorita», el Estado Noble, la soberbia aristocracia feudal. No es tampoco, como en «Don Juan», el hidalgo espadachín, capitán de fortuna en los tercios de Italia y de Flandes. El protagonista es el pueblo bajo, sencillo, pero al mismo tiempo astuto, socarrón, dicharachero y ocurrente. Es el pueblo bajo que ambula por las esquinas de la calle Feria los días de zoco del jueves; el que hace chistes a costa del rey y del roque en las tabernas del Pumarejo; el que se emociona hasta el sollozo cuando ve pasar las imágenes de su devoción en la Semana Santa y les canta saetas a la salida de san Esteban, o a la entrada de la Macaren; el pueblo que con un aplauso encumbra, o con un silbido o una chanza hunde para siempre en el fracaso a los toreros en la plaza de la Maestranza.

Ese pueblo sevillano encarna en la figura simpática de Fígaro, el barbero. El barbero, chupa de terciopelo rojo, calzón corto, medias blancas de seda y zapato con hebilla de planta, presume, si no de guapo, de habilidoso. Chicolea a las muchachas que van a comprar especias a las tendezuelas de la calle de la Pimienta; saluda tan rendidamente, que más que respeto pone gentil admiración en sus palabras cuando pasan las señoras jóvenes casadas con maridos viejos, al regreso de la misa en la catedral. Fígaro hace honor a su nombre, pues todo lo fisga, de todo se entera, todo lo comenta en la barbería, y cuando no tiene qué contar, descuelga la guitarra, templa sus cuerdas y se pone a cantar por sevillanas, por fandangos o por bulerías.

En la plaza de Alfaro vive Rosina, una bella muchacha rica y huérfana, a quien su tutor, don Bartolomé Retortillo, tiene encerrada a cal y canto sin dejarle salir más que para ir a misa. Don Bartolomé acaricia secretamente la esperanza de casarse con la muchacha, tanto por tener esposa joven que endulce sus achacosos años como también por no rendir cuentas de la tutoría. Don Bartolomé, bastón con puño de plata, peluca rizada a lo Luis XV, antiparras plomadas sobre la nariz ganchuda, es el clásico viejo verde, predestinado a ser odiado al mismo tiempo que servir de chacota al barrio. En la barbería de Fígaro se le llama despectivamente don Bartolo.

En el barrio se sabe, porque todo se sabe, que aunque la muchacha está cautiva de su tutor, no le falta un enamorado, aunque sea a hurtadillas y a distancia. El gentil conde de Almaviva, joven petimetre, simpático y dadivoso, suspira desde la esquina de enfrente y arroja cartas por la tapia del jardín en que declara su inflamado amor a Rosina. En la barbería de Fígaro se mira con simpatía al joven conde, y el barbero procura favorecerle en sus amores, poniendo a contribución su ingenio y su experiencia en aventuras amorosas y en trapacerías callejeras.

Por consejo de Fígaro, el conde de Almaviva se presenta en la casa de Rosina fingiéndose soldado y con boleto de alojamiento. Pero con tan mala fortuna que precisamente don Bartolo es una de las pocas personas en Sevilla que, por privilegio de sus antepasados, no está obligado a recibir soldados cuando se sortean para alojar entre las casas del vecindario.

Almaviva se ve rechazado y aun a punto de que lo detengan por falsedad.

Descorazonado, renuncia a sus propósitos de entrar en la casa de su amada, pero aquí está Fígaro para darle ánimos, devolverle la confianza y sugerirle un nuevo modo de burlar al tutor. Disfrazado de clérigo y haciéndose pasar por chantre de la catedral, se presenta Almaviva en casa de Rosina fingiendo que viene a darle su acostumbrada lección de canto, sustituyendo a su viejo maestro, el sochantre don Basilio, que se ha puesto enfermo y no puede acudir.

Pero también en esto el pícaro destino está contra el enamorado. Porque mientras el tutor don Bartolo está siendo afeitado por Fígaro, se presenta el auténtico maestro de canto, don Basilio, y todo parece a punto de perderse. Sin embargo, Fígaro, el entrometido y charlatán, el ocurrente Fígaro que siempre encuentra salida para todo, no se altera lo más mínimo. Saluda a don Basilio y le amonesta por haber salido de su casa y venir a dar las clases encontrándose tan enfermo.

—¿Decís que enfermo? Pues no me noto nada.

—¡Oh, sí! Incluso tenéis sin duda una fiebre muy alta. Dejadme que os tome el pulso.

Y diciendo esto Fígaro, al fingir que le tomaba el pulso, introdujo en la mano de don Basilio una moneda de oro, haciéndole gesto significativo de que la aceptase y siguiera la corriente. El sochantre apretó la mano, y no vaciló en asegurar que en efecto se sentía malísimo, sino ya verdaderamente moribundo, por lo que se marchaba a escape, pues seguramente el delirio de la calentura era lo que le había empujado a venir a dar la clase de solfeo, encontrándose tan gravemente enfermo.

De este modo, libres ya de la inoportuna visita de don Basilio, el conde de Almaviva y Rosina pudieron acordar el casarse aun contra la voluntad del tutor.

Don Bartolo, que no cejaba en su ambicioso propósito, y que temía que surgiera algún contratiempo inesperado, previene a un escribano para acelerar las cosas y casarse con Rosina.

Pero Fígaro lo ve todo y lo sabe todo. Desde el observatorio de su barbería, mientras rapa las barbas de medio barrio de Santa Cruz, y mientras rasca las cuerdas de la guitarra y chicolea a las criadas que van a comprar especias en la calle de la Pimienta, no deja que se le escape un detalle de cuanto se mueve, transita o rebulle en el abigarrado mundillo del barrio. Y Fígaro, al ver llegar al escribano, se imagina la bellaquería de don Bartolo, avisa al conde de Almaviva y se las arregla tan lindamente que el escribano casa a Rosina con el joven conde en vez de casarla con el viejo tutor. El ingenio del pueblo ha triunfado. Al tutor no le ha servido ni su maña, ni su dinero ni su vejez. El pueblo bajo, cuando se lo propone, sabe pisar con el tacón a las sanguijuelas. Y por otra parte, el pueblo bajo se puede permitir, a veces, incluso hacerle un favor regalado a la aristocracia. Si el conde se ha casado con Rosina ha sido, no por ser conde, sino porque le ha ayudado generosamente un barbero. Aunque no un barbero cualquiera, sino el mejor barbero de todos. Fígaro el fisgador, Fígaro el intrigante de buena ley, el dicharachero y ocurrente barbero de Sevilla.

Si pasáis por la plaza de Alfaro, en el edificio donde hoy está el Consulado de Italia, veréis un balcón florido con barandales de típica rejería sevillana. Es el balcón al que se asomaba Rosina, suspirando para ver a distancia a su tímido enamorado el conde de Almaviva, clavado en la esquina de enfrente, en las noches de primavera.

Aquí termina la primera parte de la leyenda, tal como la escribió el magnífico novelista, comediógrafo y periodista Pedro Agustín Caron de Beaumarchais.

Pero la leyenda sigue su curso y los personajes tienen vida propia y se escapan del dominio de la pluma del autor.

Rosina es una muchacha criada como flor de estufa en la clausura de su casa del barrio de Santa Cruz. Naturalmente, Rosina, satisfecha de amor, feliz y contenta en su casa, sus flores, sus canarios y su marido, no le pide más a la vida y canta alegre por los adentros del patio de la casa, mientras borda una mantelería o mientras elabora con sutiles procedimientos de alquimia monjil, las ricas yemas confitadas cuya receta le ha enviado su tía, la abadesa del convento de San Leandro.

Pero ya hemos dicho que el conde de Almaviva es un gentil petimetre. Galán apuesto, bien amistado de petimetres y galanes como él. Y pasada la luna de miel se aburre con mortal hastío en la casita perfumada empalagosamente de jazmines y damas de noche. Como no se atreve a buscar aventura fuera de la casa, empieza a cortejar a la hija del jardinero y a galantear a Susana, protegida de Rosina y que es la novia de Fígaro, el barbero de Sevilla.

—¡Válgame Dios, Almaviva, en buen lío te vas a meter!

¿A quién se le ocurre la ingratitud de enamorarle la novia nada menos que a Fígaro, a quien le debes el haberte casado con Rosina?

Y ya estamos en pleno enredo tragicomedia. La hija del jardinero rechaza al conde porque está enamorada del paje Cherubino. Cherubino, a su vez, 17 años inexpertos, se ha enamorado platónicamente nada menos que de la condesa Rosina, y aquí tenemos a las tres parejas: Almaviva y su esposa, Fígaro y su novia, el paje y la hija del jardinero en dimes y diretes de celos y cartas que se equivocan de destino para dar disgustos a quienes menos lo esperan. Por la noche, en el jardín, la condesa Rosina, maliciosa de que Almaviva busque a la niña del jardinero, se encuentra con el paje que la busca a ella, y Fígaro, celoso de que Susana vaya a encontrarse con el conde, acaba por encontrarse con la niña del jardinero para desesperación de Almaviva. Al final todo se aclara, el conde se arrepiente de su mala cabeza y la condesa lo perdona. Fígaro se casa con Susana, y Cherubino, pasado el platonismo de su primer amor por la condesa, como es lógico, con la niña del jardinero.

La ópera *El barbero de Sevilla,* o sea la primera parte de esta leyenda, fue estrenada con música de Rossini, y aunque parezca extraño, su primera representación en Roma, el 5 de febrero de 1816, constituyó un fracaso estrepitoso. El público pateó con frenesí, aun cuando después ha venido a ser una de las óperas más estimadas de todo el repertorio italiano. Y Rossini ganó con ella millones de liras.

Peor fortuna, aunque mejor éxito artístico, tuvo el pobre Amadeo Mozart con la segunda parte de su leyenda, titulada *Las bodas de Fígaro,* que se estrenó en Viena el 1 de mayo de 1786.

Se cuenta que fue tal el entusiasmo producido por la partitura de Mozart, que no sólo el público interrumpió la presentación con aplausos, sino que en algunos momentos, cantantes y músicos paralizaron la interpretación para aplaudir. Sin embargo, Mozart no ganó dinero con esta ópera, y ya sabemos que murió en la miseria cinco años después de haberla estrenado.

desesperación de Almaviva. Al final todo se aclara, el conde se arrepiente de su mala cabeza y la condesa lo perdona. Fígaro se casa con Susana, y Cherubino, pasado el platonismo de su primer amor por la condesa, como es lógico, con la niña del jardinero.

La ópera *El barbero de Sevilla*, o sea la primera parte de esta leyenda, fue estrenada con música de Rossini, y aunque parezca extraño, su primera representación en Roma, el 5 de febrero de 1816, constituyó un fracaso estrepitoso. El público pateó con frenesí, aun cuando después ha venido a ser una de las óperas más estimadas de todo el repertorio italiano. Y Rossini ganó con ella millones de liras.

Peor fortuna, aunque mejor éxito artístico, tuvo el pobre Amadeo Mozart con la segunda parte de su leyenda, titulada *Las bodas de Fígaro*, que se estrenó en Viena el 1 de mayo de 1786.

Se cuenta que fue tal el entusiasmo producido por la partitura de Mozart, que no sólo el público interrumpió la representación con aplausos, sino que en algunos momentos, cantantes y músicos paralizaron la interpretación para aplaudir. Sin embargo, Mozart no ganó dinero con esta ópera, y ya sabemos que murió en la miseria cinco años después de haberla estrenado.

CAPÍTULO IX

LAS LEYENDAS Y TRADICIONES DEL SIGLO XIX

Los héroes de la Independencia

Aunque en muchas estampas aparece don Luis Daoiz en figura de joven y gallardo militar, lo cierto es que había nacido en 1767, y por tanto, tenía cuarenta y un años de edad; y ya su cara, quemada por el sol de las campañas de Orán, por el salitre del mar, en el que también luchó dos años como teniente de la artillería naval, y finalmente, surcada por las amarguras de más de un año de prisión al ser capturado por los enemigos de España, era ya, la cara rugosa, de un hombre a quien la vida maltrató mucho.

Perteneció don Luis Daoiz a una de las familias más ilustres de Sevilla, y aunque no vivió sino escaso tiempo en nuestra ciudad, tenía aquí muchos y buenos amigos.

Entre ellos se contaban don Bernardo Palacios y Malaver, y don José Martín Justo González Cuadrado, los cuales al enterarse de la muerte heroica de su amigo Daoiz, hicieron propósito de vengarle, más aún habiendo muerto a manos de los enemigos de nuestra Patria.

González Cuadrado había nacido el 12 de noviembre de 1722 en la casa número 18 de la calle Águilas y era escribano público, lo que hoy llamamos notario.

González Cuadrado y Palacios Malaver, tomaron parte inmediatamente en la conspiración que se promovió en toda Andalucía contra los franceses de Napoleón y la casa número 18 de la calle Águilas, donde vivía González Cuadrado, se convirtió en centro de reuniones de los patriotas.

González Cuadrado era al mismo tiempo, organizador en Sevilla, y enlace entre la Junta Nacional y los distintos lugares de la región. Así, para circular por pueblos y campos sin ser conocido, adoptaba los más diversos disfraces, apareciendo unas veces vestido de arriero, otras de pastor, otras de fraile, y en fin de tratante de ganados, de comerciante, y hasta de mendigo. De este modo, llevaba las órdenes de la Junta a las guerrillas alzadas en Sierra Morena y otros lugares de la región.

Había nacido en Sevilla un individuo apodado *Pantalones,* holgazán, borracho, pendenciero y delincuente habitual, muy conocido entre la gente del hampa, y frecuente huésped de la cárcel.

Este *Pantalones,* fue utilizado por los franceses como confidente y delator, para perseguir a los patriotas.

El *Pantalones* actuó con siniestra eficacia, y la noche de Navidad de 1810, supo que González Cuadrado iba a efectuar un recorrido por diversos pueblos, amparado en aquellos días, por ser fiestas, los franceses habrían aflojado un tanto la vigilancia.

Denunció *el Pantalones* su descubrimiento, y la Policía montó un servicio que dio por resultado detener tres días más tarde, el 28, a González Cuadrado, a Palacios Malaver, y, a la esposa de éste, doña Ana Gutiérrez, los tres portadores de mensajes y órdenes de la Junta y de una carta cifrada de don Francisco Cienfuegos. Desde Castilleja de la Cuesta, donde fueron apresados, se les condujo a Sevilla, encerrándoles en prisiones. Esto fue el 28 de diciembre de 1810.

El capitán general francés, duque de Dalmacia, encargó mucho que se les arrancase el secreto de la lista de nombres de los conspiradores andaluces, pero González Cuadrado y Palacios Malaver se resistieron a declarar, prefiriendo morir ellos con tal de que se salvasen muchos valientes compatriotas.

Debe hacerse constar que el mariscal francés Soultt, y el jefe de Policía don Miguel Ladrón de Guevara, no permitieron que se diera tormento para interrogarles, aunque todavía se usaba el tormento en España y el abogado defensor don Pablo Pérez Seoane tuvo acceso a visitarlos hasta el último momento.

Condenados a muerte por el Consejo de Guerra, ambos caballeros, y puestos en capilla, todavía el duque de Dalmacia insistió en su pretensión enviando un ayudante a la prisión, portando un pliego de indulto firmado por el propio Capitán General, ofreciéndoles a ambos perdonarles la vida a cambio de que declarasen.

Rechazaron los dos con energía el indulto a ese precio y el jueves, 9 de enero, de 1811 fueron sacados a las dos de la tarde de la prisión, y, llevados a la Plaza de san Francisco, donde se ejecutó la sentencia de muerte, tratándoles como a vulgares malhechores ya que a pesar de su calidad, se les dio garrote vil.

Los cadáveres de González Cuadrado y Palacios Malaver, fueron echados en la fosa común de los ajusticiados, que estaba en el Patio de los Naranjos de la Catedral.

La partida de defunción en la iglesia parroquial de San Ildefonso, está anotada al margen de la partida de bautismo, y dice: «Falleció en esta ciudad con muerte de garrote, don José María González y Cuadrado, la que prefirió por heroismo a la condición que le exigían los enemigos para liberarse de ella si declaraba los sujetos que había en esta dicha ciudad, cómplices con él, en la comisión de observar sus operaciones y dar parte al legítimo Gobierno español.» Firma la nota el doctor Matías Espinosa, cura propio. Por cierto, que como se inscribió tardíamente, ya en 1813, hay un error en la fecha, que en el libro figura como el 7 de enero. Yo poseo un escrito que dirigió al rey la madre de Palacios Malaver y en él consta que su heroica muerte fue el día 9 de enero de 1811.

En el Patio de los Naranjos existe una lápida que recuerda la abnegación y heroismo de ambos caballeros sevillanos.

Tradición de la calle del Duende

A la terminación de la guerra entre Inglaterra y Francia, que se libró en España, y que impropiamente llamamos «Guerra de la Independencia», al avanzar los ingleses y tropas españolas por Triana, expulsando hacia Alcalá de Guadaira a los franceses y tropas españolas llamadas afrancesadas, se produjo un encuentro en el terreno que está comprendido entre el actual hospital de la Cruz Roja de Triana, y la Cava, hoy llamada Pagés del Corro, en unas huertas que entonces se llamaban «El Matillo Alto», en uno de cuyos callejones entre huerta y huerta quedó muerto un oficial francés.

Pasado algún tiempo, terminada la guerra, se empezó a edificar aquella zona formándose una calle, y los primeros vecinos observan que a horas desusadas salía un hombre que recorría la calle y volvía a entrar en la misma casa de que saliera.

Pronto empezaron los vecinos a manifestar su temor, deduciendo que por las noches salía el espíritu o fantasma de aquel oficial francés que fue muerto en el último combate. Y como la gente era entonces piadosa y creyente, acudieron al vecino convento de San Jacinto para pedir a los frailes que hicieran los posibles para que aquel ánima en pena abandonase el lugar y dejase tranquilos a los moradores de la calle. Pero de nada sirvieron los exorcismos, procesiones y rosarios de la aurora, porque de vez en cuando, inesperadamente, algún vecino que volvía tarde a su casa, de madrugada, se encontraba con el aparecido. Por este motivo aquella calle nueva recibió el nombre de Calle del Duende.

Pasados unos años, y tras los sucesos de 1824 hubo una amnistía y sorprendentemente apareció el duende, que no era otro que el oficial francés, que no había muerto, y que, recogido por una caritativa joven, había vivido oculto en la casa, donde, a falta de otro entretenimiento, tuvo varios hijos con su protectora. Se casaron, y ya el francés hizo vida normal, pudiendo salir de día en vez de hacerlo de madrugada.

La calle se siguió llamando hasta 1890 calle del Duende, y ahora se llama Ruiseñor, y es la primera que encontraréis a mano izquierda, pasada Pagés del Corro, y antes de llegar a la de Justino Matute.

La «Venta de los Gatos»

En el camino que iba desde la Puerta de la Macarena, hasta el monasterio de San Jerónimo, y que hoy es la Avenida Sánchez Pizjuán, existió desde al menos el siglo XVIII una famosa venta llamada «La Venta de los Gatos», rodeada de hermosísimos árboles, y próxima a la orilla del río, lo que mantenía aquel lugar siempre verde y placentero. Era lugar muy frecuentado por el vecindario sevillano que acudía a aquel lugar las tardes de los días de fiesta, a merendar y solazarse. Había columpios pendientes de las ramas de los árboles, en donde solían jugar las mocitas, y por toda aquella pradera se jugaba a la gallina ciega, a los escondites, o se cantaba al son de la guitarra y se bailaba con acompañamiento de castañuelas. Era, en fin, como una pequeña feria de abril, pero que duraba todo el año.

Gustavo Adolfo Bécquer, el célebre poeta del romanticismo, estuvo en esa «Venta de los Gatos», allá por el año 1854, y cuenta que admirado de la belleza de una joven que estaba cantando en un animado grupo de muchachas y muchachos, sacó su block y su lápiz, y en pocos momentos hizo un pequeño retrato o apunte del rostro de la mocita, regalándoselo después al novio de ella. Hablando con éste supo que la muchacha se llamaba Amparo, y que habiendo sido abandonada en la Casa Cuna, fue recogida por el dueño de la Venta, padre del muchacho, quien la crió como a hija, y que con el transcurso del tiempo, al hacerse mayor, habría brotado la llama del amor en los corazones de los dos jóvenes, que pensaban casarse próximamente.

Marchó Gustavo Adolfo Bécquer a Madrid, donde permaneció varios años, y regresó a Sevilla siendo su primer deseo pasar una tarde en el recreo campestre de la «Venta de los Gatos», beber una copa de vino, escuchar las canciones, contemplar a las muchachas en los columpios, y participar en el baile popular. Pero durante su ausencia las cosas habían cambiado; el verde y umbroso prado que se extendía algo más allá de la Macarena en dirección a san Jerónimo, había dejado de ser lugar de recreos, para convertirse en el fúnebre recinto de los muertos, al construirse allí el Cementerio de san Fernando. La «Venta de los Gatos» había perdido su bulliciosa concurrencia, porque ¿quién iba a ir a bailar, y a divertirse, en los alrededores de un cementerio? En vez de grupos de muchachas rientes, y de grupos de familias con niños merendando en el césped, la única concurrencia que se acercaba a la Venta, eran los sepultureros, con su azada al hombro; los cocheros fúnebres, que al regreso de los entierros se detenían allí a contar y repartir la calderilla de las propinas; y los cortejos de acompañantes llorosos, que terminados los entierros se detenían un momento a tomar una copa de aguardiente, para reponerse del mal trance del que venían.

En medio de esa triste gente, Gustavo Adolfo Becquer entró en la «Venta de los Gatos», y preguntó al ventero por aquella muchacha, Amparo, que él había retratado a lápiz, y por aquel muchacho, novio de ella, de quien el poeta se había hecho amigo poco antes de marchar a Madrid.

Y el ventero le contó entonces la triste y romántica historia del desenlace de aquellos amores.

Amparo y su novio vivían felices en pleno idilio, pensando ya en casarse, cuando cierto día acudieron a la «Venta de los Gatos» dos señores, que entre copa y copa se interesaron curiosamente por la muchacha, preguntaron la edad que tenía, y la fecha en que el ventero la había sacado de la Casa Cuna para prohijarla. Incluso el ventero les enseñó los pañales en que venía envuelta la niña cuando él la recogió. Entonces aquellos señores se dieron a conocer: la niña había nacido de los amores clandestinos de cierta dama principal de Sevilla, la cual aunque dejó a su hija en la inclusa, había seguido vigilándola todos estos años. Y ahora, al cambiar las circunstancias que le impedían tener a su hija consigo, la reclamaba.

De nada sirvió que el ventero intentase conservar a la que siempre había cuidado como a una hija, y que además era la novia de su hijo con el que próximamente iba a casarse. Su oposición no sirvió para nada, porque la madre de Amparo tuvo más fuerza y los tribunales le devolvieron la niña.

Pero lo peor era que la madre no quería que Amparo se casase con un muchacho humilde, cuyo oficio era despachar botellas de vino en una venta. Ella quería para su hija otra boda mucho más brillante y de más rango social. Así desde el día que Amparo marchó a la casa señorial donde vivía su madre, no se le permitió ninguna comunicación con su novio, ni con sus padres adoptivos.

La madre pensó que de este modo Amparo olvidaría toda su vida anterior, y sería fácil el adaptarla a su nuevo ambiente de su alta clase social.

Pero Amparo, en vez de adaptarse, fue poco a poco perdiendo junto con la alegría, la salud. La habían quitado de aquel ambiente sencillo y alegre de toda su vida, y le habían robado lo que para ella valía más, que era el amor. Así, enfermó de melancolía, y pocos meses después la tuberculosis, la enfermedad del siglo, la tenía postrada en su habitación, mirando desde la cama, con nostalgia y desesperación, el lejano trocito de paisaje verde, y de cielo azul, que se enmarcaba en el recuadro de su ventana.

Mientras tanto su novio, también abrumado por la tristeza, había perdido el interés por todo lo que fuera diversión. No había vuelto a poner sus dedos en la guitarra y ahora sus paseos en los ratos libres, en vez de dirigirse hacia Sevilla, eran hacia arriba, al cementerio, donde, abismado en melancólicos pensamientos, se sentaba en el poyete de ladrillos y mármol de una tumba, o se arrodillaba largos ratos en la capilla, o se detenía a contemplar la ceremonia de dar sepultura en la fosa a algún ataúd de los que cada día llegaban en los coches fúnebres al camposanto.

Y fue así como cierto día, cuando presenciaba un entierro, al efectuarse la ceremonia que en aquel entonces se acostumbraba, de abrir un momento el ataúd para que los parientes del difunto pudieran contemplarle por última vez y despedirse, el muchacho, que se había acercado mezclado con el acompañamiento, vio con inmenso dolor, que el cuerpo que había en aquel ataúd, era el de Amparo. La muchacha había muerto, al fin, de pena y de amor.

El muchacho dio un grito y cayó al suelo desmayado. Los acompañantes del entierro le recogieron, y le condujeron a la «Venta de los Gatos», donde uno de los sepultureros les dijo que el muchacho vivía.

Pasó algún tiempo entre la vida y la muerte, y cuando al cabo se restableció su salud, resultó que había perdido la razón. Su padre el ventero, no consintió sin embargo llevarle al manicomio a encerrarlo, sino que preparó una habitación en la venta y allí le recluyeron. Y como era loco pacífico, sin más obsesión que la de de su amor desgraciado, pasaba los días, ora llorando, o mesándose los cabellos, a veces pedía la guitarra, y como había sido buen improvisador hilvanaba alguna cancioncilla cuyo argumento era siempre el mismo: recordar a Amparo, y dolerse de su muerte.

En el carro de los muertos
la pasaron por aquí,
llevaba una mano fuera
por eso la conocí.

Carmen

Una de las óperas más conocidas, es sin duda *Carmen*, de Bizet, algunos de cuyos números, como la Marcha del Toreador han servido para simbolizar a España convencionalmente en el extranjero.

No vamos a discutir en este libro, si es justa o no la visión de la España de pandereta que tienen algunos países. Sin embargo, no cabe duda de que cuando en el siglo XIX visitan España Próspero Merimée, Washington Irving, Beaumarchais y otros escritores extranjeros, encontraron ciertamente —no se lo inventaron—, bandidos, corridas de toros, crímenes pasionales y otros granos de pimienta con lo que aderezar el espléndido guiso de las novelas y comedias sobre España. Más o menos deformadas, pero auténtica en lo esencial, España ha sido siempre un poco y un mucho España de pandereta.

La ópera *Carmen* ha servido para que muchas gentes conozcan a Sevilla aunque sólo sea de nombre y esto hemos de agradecer.

Carmen era una muchacha que vivía por la calle Betis y que trabajaba como cigarrera en la «Real Fábrica de Tabacos». Sin duda la conoció personalmente Próspero Merimée y la oyó cantar en algún corral de vecindad con ocasión de las Cruces de Mayo o en alguna romería como las de Valme o Torrijo. En torno a esta Carmen de carne y hueso, y tal vez a sus desgraciados amores, hilvanó su leyenda el gran novelista francés.

Carmen estaba enamorada de un sargento de Migueletes. Con ocasión de una riña de vecindad, el sargento que se llamaba José es encargado de conducir a las personas que han sido detenidas en aquel tumulto. Carmen está entre ellas, y poniendo en juego los eternos ardides de la coquetería femenina, consigue que el sargento la deje escapar, por lo que éste es castigado a la degradación.

Carmen al ver que por su causa el sargento ha perdido los galones, lo consuela entregándole su amor y al mismo tiempo le incita a que se rebele. La casualidad hace que un teniente piropee a Carmen, José se interpone, así que éste saca la espada contra su superior, con lo que para evitar la prisión tiene que echarse al monte, uniéndose a una partida de contrabandistas.

Carmen había abandonado ya su trabajo de cigarrera y junto con José se marcha a la Sierra; participando en el peligroso juego del contrabando de tabaco por la frontera de Gibraltar.

Sin embargo, para poner discordia entre los amantes, suplanta un torero a José en el corazón de la inflamable sevillana. Pocos días después, Carmen es llamada a Sevilla donde su madre está agonizando y en la ciudad vuelve a encontrarse con el torero reanudándose entre los dos un ardoroso idilio.

José, que desde la Sierra sigue a través de espías los pasos de Carmen, al saber que ella tiene relaciones con el torero, baja de la Sierra y sorprende a Carmen una tarde de corrida en la plaza de la Maestranza. Se sienta en la fila inmediata a la cigarrera, y cuando ve que ella aplaudiendo al lidiador le arroja al ruedo un anillo que el propio José le había regalado, ciego por los celos saca la navaja y apuñala a la ingrata mujer mientras el público sin darse cuenta de la tragedia que se desarrolla en aquel tendido, aclama al lidiador triunfante que da la vuelta al ruedo.

La calle Betis, la «Real Fábrica de Tabacos» y la Plaza de Toros de la Maestranza, son pues los escenarios de esta leyenda sevillana a la que puso incomparables acentos dramáticos en su partitura de ópera el genio de Bizet.

La creadora del romanticismo

No habría pasado el Romanticismo de ser una escuela literaria, una simple moda en la manera de escribir, si no le hubiesen convertido en un estilo de vida y de muerte, algunos espíritus exaltados.

Nacido en Alemania, en las páginas de Goethe, y universalizado desde París, que entonces era el corazón del mundo, el Romanticismo habría pasado de moda muy pronto, como tantas escuelas literarias que han sido en los últimos doscientos años.

Pero una mujer sevillana, con sola su existencia, y sin proponérselo, dio al Romanticismo aliento vital, convirtiendo el siglo XIX en un torbellino de Romanticismo hecho credo práctico; torbellino en que navegaron apasionadamente, varias generaciones.

Se llamaba Dolores Armijo de Cambronero. Había nacido en Sevilla durante los años de la guerra de la Independencia, y las violencias en medio de las que transcurrió su infancia, imprimieron en su carácter una violencia, una rebeldía, y un ansia de novedades que había de conformar toda su vida.

Casada muy joven, no se resignó a vivir en Sevilla, que después de las pérdidas de las colonias americanas había quedado convertida en una simple ciudad provinciana, empobrecida además por la guerra. Animó a su esposo a marchar a Madrid, donde muy pronto lució ella en los salones y tertulias, por su ingenio vivaz, por su gracia chispeante, y por su inspiración para hacer poesías. Aspiraba ella a convertirse en una heroína de las letras, y en una dictadora de las modas, a la manera de las célebres favoritas de los reyes de Francia del siglo XVII.

Sin embargo, la corte de España no podía ofrecerle la oportunidad de alcanzar un puesto semejante. El rey Fernando VII no era hombre aficionado a las letras ni a las artes, y ponía sus modestas aspiraciones sentimentales, en enamorar a mozas del Mercado, como Pepa *la Naranjera*.

Dolores Armijo buscó entonces, ya que no un rey, un dictador. El dictador de la literatura y el periodismo era entonces Mariano José de Larra, quien utilizaba su nombre para firmar las obras teatrales que escribía, y el seudónimo de *Fígaro* para los artículos periodísticos.

Mariano José de Larra, había elevado el periodismo español, a la máxima altura que hasta entonces tuvo. Siguiendo los pasos de periodistas franceses como Camilo Desmoulín, empleaba la pluma como terrible arma de combate, haciendo un periodismo político y social. Fustigaba las costumbres anticuadas, los convencionalismos, la hipocresía social, con las más agresivas sátiras. Nada se leía tanto en España, como los artículos de *Fígaro*. Sus obras teatrales, aunque pasado un siglo, la crítica las haya reducido a simples piezas de circunstancias, hacían furor en los teatros. Así su gran novela romántica *El doncel de don Enrique el doliente* fue la primera de las grandes obras románticas, de ambiente medieval, de truculentos enredos, y de pasiones malditas.

Vivía *Fígaro* a lo grande, con lo que centuplicaba la pública admiración que le rodeaba. Tenía caballos, coches, vestía elegantísimamente, pudiendo decirse que los dos hombres que regían la moda de Europa en su tiempo eran Lord Byron ya en sus últimos años, y Larra, que comenzaba a brillar.

Dolores Armijo, supo tejer sus redes en torno al escritor y éste, joven, apasionado e impetuoso, se enamoró de Dolores con todo el fuego de su alma. Sus amores culpables trascendieron muy pronto al «todo Madrid» porque ellos no se recataban en ocultarlos y el marido de Dolores, al saber la infidelidad de su esposa, marchó a América separándose de la infiel.

Dolores Armijo, debió cansarse pronto de *Fígaro*. Nacida ella para brillar, no se resignaba a ser simplemente una parte de la vida de un hombre famoso. Además *Fígaro* separado de su mujer tenía unos hijos pequeños a los que Dolores nunca podría servir de madre.

Dolores, voluble y egoísta, cansada del enamorado escritor, rompió sus relaciones con él.

Hay una laguna en la Historia, que no se ha podido rellenar por falta de datos. ¿Qué hizo Dolores Armijo después de la ruptura? Se supone que debió enamorar a algún personaje muy importante de la vida política de entonces. Tal vez algún personaje diplomático. Esto explicaría el viaje que Mariano José de Larra hizo, acaso no tanto para olvidarla como para buscarla, por diversos países de Europa.

Fígaro llena con el recuerdo de Dolores Armijo, páginas desgarradoras del más exaltado romanticismo.

«Estrella de Sevilla de negros cabellos, trenzados al desgaire por los dedos del amor.»

Como la cólera de Aquiles guerrero, es la furia de amor de este trágico enamorado, que suspira y clama por una mujer que ni siquiera sabe dónde está.

Se arroja al trabajo desesperadamente, ansiosamente. Escribe con infatigable pluma, cientos de artículos; miles de artículos. Y por sarcástica paradoja, este amor que parece haber destrozado su vida, es el motor que le impulsa a realizar la mayor parte de su obra, y que va encumbrándole aún más en su fama.

Así llegó el día 13 de febrero de 1837; martes de Carnaval. Se había levantado tarde y miraba con hastío por la ventana el ir y venir de las máscaras, cuando el criado le entregó una carta que acababan de traer. No esperaba contestación, porque Dolores Armijo sabía que Larra la esperaría aquella tarde, como en la carta le indicaba.

¡Ella en Madrid! Ay corazón, ay corazón que no me lo avisaste.

Febrilmente, Larra se arregló cuidadosamente. Tiempo hacía que no se rizaba la barba, ni se perfumaba el pañuelo de encaje que asomaba nítido, al bolsillo de la ajustada levita. Precisamente la levita de color azul y el pantalón inglés color gris perla, que a ella tanto le gustaba, fue la ropa que se puso ese día en que iban a volver a encontrarse.

Apenas comió, de tan nervioso e impaciente que estaba. ¡Por fin volvía ella! ¡Y ahora, sería para no separarse jamás!

Contando en su reloj los minutos, pasó las horas desde el almuerzo hasta las cinco en que sonó la campanilla. No dejó que ningún criado saliera a abrir sino que lo hizo él mismo. En el marco de la puerta apareció resplandeciente como una estrella, su «estrella de Sevilla». Venía vestida con un sencillo traje negro y tocada con una manteleta con la que hábilmente había disimulado su rostro al transitar por la calle, para no dejarse conocer. La acompañaba una amiga de su confianza.

Larra quiso abrazarla, pero ella le rechazó. «He venido a hablar contigo.»

Y le formuló su fría explicación. Su marido había muerto en América y ella iba a casarse de nuevo ahora que era libre. Venía solamente a reclamarle sus cartas, para evitar que pudieran por algún azar llegar a manos de su nuevo marido, persona muy importante y de grandísima posición social.

Larra se quedó lívido, sorprendido, y se dejó caer, más que se sentó en un sillón. Tardó unos momentos en reaccionar. Después se puso de pie; intentó cogerle las manos y besárselas. Le pedía perdón y le suplicaba llorando como un niño que no hiciera aquello. Que no le abandonase para siempre. Que no se volviera a casar. Toda su posición, su fortuna, su familia, todo lo dejaría. Abandonarían España juntos, para ir donde ella quisiera. A algún remoto país donde pudieran rehacer su vida casándose.

Dolores le miró disgustada. Le molestaba aquella escena de amor y de llanto. Deseaba terminar cuanto antes. Había aprovechado ser día de Carnaval, para pasar inadvertida por la calle y tenía que regresar a su casa.

Larra, vencido ya, recobró aparentemente su aplomo. Se serenó y encendió un cigarrillo. Abrió una gaveta de su escritorio y sacó de ella un paquete atado con una cinta de seda verde. Eran las cartas de Dolores. Larra se las tendió en silencio y ella las cogió ávidamente, y las guardó en su bolso. Después, sin una palabra de consuelo para el desgraciado amante, Dolores dijo «adiós» secamente y salió del despacho.

Larra llamó al criado y le mandó que acompañase a aquellas dos señoras hasta la puerta.

Bajaban la escalera, cuando se sintió en la casa un ruido breve como de un portazo violento. Tal vez el mal genio de Larra se desahogaba. El criado no se atrevió a interrumpir al escritor suponiendo que habría tenido algún disgusto con aquella visita.

La tarde iba caminando hacia su fin. Al oscurecer, llamaron a la campanilla. Era la hija pequeña de Larra, que volvía con la criada, de pasear por el Prado y ver las máscaras. La niña, cinco años y trenzas rubias, corrió por el pasillo, hacia el despacho de Larra. Empujó la puerta y se dirigió hacia la mesa para darle un beso como todos los días.

Pero Larra no estaba sentado, sino caído en la alfombra, con una pistola en la mano y la sién atravesada por un balazo.

—Papá está debajo de la mesa. Papá tiene sangre —salió gritando la niña, asustada, por el pasillo, llamando a los criados.

Al día siguiente Madrid se estremeció con la noticia del suicidio de *Fígaro*. El Romanticismo, hasta entonces escrito, se había hecho carne. Ya no se decía en retóricas frases, que se moría por una mujer, sino que se mataba uno por ella.

Madrid entero asistió al entierro. Solamente faltó una persona de las que habían sido algo en la vida de *Fígaro*: Dolores.

Dolores Armijo, aquella mañana, mientras José Zorrilla escribía los versos que iba a leer en el entierro de Larra, Dolores Armijo había tomado la diligencia para Andalucía. Pocos días después, llegaba a Sevilla y entraba de monja, arrepentida por fin de sus pecados de amor y de egoísmo, en el convento de las Carmelitas Descalzas.

La piedra llorosa (tradición)

Si subís por la calle Alfonso XII hasta su final encontraréis a mano derecha la iglesia de Nuestra Señora de la Merced, en la esquina de la calle Goles. Un poco más arriba empieza el muro de San Laureano, antiguo convento y noviciado, que después de haber servido de cuartel, almacén y cine de verano, es hoy una sala de fiestas donde los muchachos jóvenes bailan las tardes de los domingos.

A la terminación del citado muro hay una piedra que los viejos del barrio de los Humeros y de la Puerta Real, llaman con el nombre de «la Piedra Llorosa».

En el año 1857 época en que España sufría simultáneamente los horrores de una guerra civil —la primera guerra Carlista—, y al mismo tiempo reajustaba los restos de su perdido Imperio de Ultramar, mientras que Europa emprendía la transformación de su política, pasando del absolutismo de la etapa anterior al liberalismo, Sevilla vivió unas jornadas de profunda inquietud.

En la noche del 29 de junio salieron de nuestra ciudad, unos cien o ciento veinte jóvenes, ilusionados con ideas de cambiar el país. Muchos de ellos eran casi niños, y ninguno quizás había cumplido los veinte años.

Mandaban al parecer esta menguada tropilla, de muchachos mal armados y peor entrenados, un caballeroso sevillano, don Joaquín Serra, coronel retirado y don Cayetano Morales, hombre de letras y de gran relieve social. Por cabo de la vanguardia iba don Manuel Caro, también de familia conocida y recién graduado universitario. Al parecer los tres jefes, confiaban ilusoriamente en que su ejemplo serviría para levantar a la nación, hacia un más alto nivel de ciudadanía.

Sin embargo su marcha por los pueblos andaluces, no arrastró a nadie hacia ningún fervor revolucionario. Pasando por El Arahal, incendiaron el archivo municipal y varias escribanías de los notarios y registradores de la propiedad. Eso al menos se dijo en Sevilla, aunque no falta quien piense que personas interesadas en apoderarse de bienes comunales, o en no pagar derechos de fincas, fueron quienes incendiaron los registros después del paso de la minúscula tropilla romántica.

Sin embargo, en una época en que se sucedían los motines, revueltas, pronunciamientos y guerrillas, el Gobierno de Isabel II, necesitaba consolidar enérgicamente su autoridad. Y ya que no en las montañas de Navarra donde había de vérselas con un aguerrido ejército de Requetés Carlistas, quiso hacer una demostración de fuerza, contra los infelices muchachos sevillanos.

En persecución del grupo, que iba cantando en alborozado paseo militar, salieron varios destacamentos, entre ellos una compañía del Regimiento Albuera, y dos secciones de caballería de Alcántara a más de una columna de artillería.

El grupo de muchachos, con el único jefe que había podido mantener el paseo (que los otros se habían cansado y se habían vuelto a Sevilla), era don Manuel Caro.

El encuentro de las tropas con el grupo de infelices sevillanos, tuvo lugar en Benaojan, un pueblecito de la Serranía de Ronda. De la forma del combate da idea el hecho de que los sevillanos no mataron un sólo soldado, porque no sabían disparar, mientras que en la primera carga les hicieron a ellos veinticinco muertos y veinticuatro prisioneros. Los otros arrojaron las armas y huyeron campo a través, por las asperezas de la Serranía, gateando por riscos adonde los caballos no podían seguirles.

Los veinticuatro prisioneros, entre ellos don Manuel Caro, fueron conducidos a Sevilla. A los demás se les buscó por la Sierra, y como no hallaban qué comer, y muchos de ellos eran chicos estudiantes o aprendices, nunca habían andado por el campo, no sabían ingeniárselas para encontrar de comer y los cogieron desfallecidos de hambre a los dos días.

Al llegar a Sevilla les esperaba una inflexible represión. Desde Madrid había llegado un decreto destituyendo al gobernador don Joaquín Auñón y al Capitán General don Atanacio Aleson, teniente general, hombre pundonoroso, de brillante historial en la guerra, y de grandes prendas personales. La autoridad de ambos cargos se concentraba en un comisionado especial del Gobierno, don Manuel Lassala y Solera, hombre «duro», hechura de toda confianza del Gabinete de Narváez y Nocedal.

En la mañana del día 11 de julio la ciudad —dice un cronista— presentaba un aspecto tétrico y sombrío. La consternación se pintaba en todos los semblantes. Tanto los veinticuatro presos de la primera captura, como otros veintisiete que habían sido aprehendidos después, iban a ser fusilados.

Media Sevilla se echó a las calles para ver, desde la de las Armas —hoy calle Alfonso XII— y desde el barrio de los Humeros, la salida de los presos que iban a ser fusilados. Se les había reunido en el Convento de San Laureano, como aún no existía la estación de ferrocarril, desde la Puerta Real o la Puerta de Triana, era un amplísimo llano donde solían hacer sus maniobras e instrucción las tropas de la guarnición sevillana, por lo que se llamó primero Campo de Marte, a imitación del de París, y después Plaza de Armas o Campo del Ejercicio.

Al sacarlos de San Laureano, un clamor de dolor estremeció a la multitud, entre la que había muchos parientes de los infelices reos. Muchos de éstos eran muchachos de dieciséis o diecisiete años, imberbes, que al salir preguntaban incrédulos a los soldados, si era verdad que los iban a fusilar. Entre ellos, don Manuel Caro, joven universitario, el único que tenía más de veinte años, les animaba a no desmayar y morir como hombres, como él iba a morir.

Un oficial apartó a uno de los presos y lo volvieron a San Laureano, al darse cuenta de su corta edad. Aunque llevaba pantalones largos, no pasaría de los trece años, y el oficial arguyendo que no tendría la edad mínima penal se negó a fusilarlo.

Los sacerdotes y Hermanos de la Hermandad de la Santa Caridad, acostumbrados a estos duros trances de ejecuciones, no podían sin embargo contener las lágrimas, y a varios de ellos los tuvieron que llevar a San Laureano porque se desmayaron de horror.

En medio de aquel dramático desconcierto, precedido por dos alguaciles municipales llegó el alcalde de la ciudad, que lo era interinamente el teniente de alcalde Vinuesa. Al ver el espectáculo, quedó anonadado. Don Manuel Caro era amigo de sus sobrinos, y varios de los muchachos que eran llevados a la muerte eran hijos de sus amigos, e incluso empleados de sus oficinas municipales.

El alcalde Vinuesa se sentó en aquella piedra, y hundiendo la barba en el pecho lloró amargamente, diciendo estas palabras: «Pobre Ciudad, pobre Ciudad.»

Mientras tanto la cuerda de presos había sido llevada hasta el final del Campo, cerca de la Puerta de Triana, donde ahora está la calle Julio César, y allí los colocaron en fila para ejecutarlos. Mientras un redoble de tambores estremecía la mañana, sonaron las descargas.

Y entonces se vio algo más horrible todavía. Algunas balas, de rebote, dieron en un grupo de chicos que se habían subido a un árbol. Dos de ellos cayeron muertos, y otro gravemente herido. Hasta el público espectador resultaba víctima de aquel acto de barbarie.

Cuando dejaron de oírse las descargas, el alcalde Vinuesa que había tenido los ojos cerrados apretando los párpados, sacó lentamente su pañuelo y se limpió las lágrimas que le corrían por el rostro. Con un gesto, indicó a los alguaciles que le ayudasen a levantarse, y cuando estuvo un poco más repuesto, dijo:

—Vamos al Ayuntamiento.

Allí estaba reunida la comisión municipal, que había esperado hasta última hora el indulto que se había pedido y que la dureza de corazón de Narváez y de Nocedal, no había tramitado.

El alcalde Vinuesa, presentó ante el Ayuntamiento una sola moción, con voz trémula:

—Designen ustedes una comisión que vaya a Madrid. Hay que hablar personalmente con la reina Isabel II, porque a través de Narváez no es posible obtener nada.

El Ayuntamiento designó dos personas para acudir a Madrid: el propio Vinuesa, y el concejal Calzada. Ambos hicieron el viaje en nueve días y medio que entonces se tardaba en diligencia, cruzando los caminos ásperos y peligrosos, infestados de bandidos, de la Sierra Morena.

Mientras tanto el comisionado don Manuel Lassala y Solera, habiendo sabido la marcha de los dos munícipes, y pensando que la reina podría ordenar la suspensión de las ejecuciones, quiso ser hasta el último instante, hechura fiel del cruel Narváez y del cruel Nocedal, y así apresuró la ejecución del coronel retirado don Joaquín Serra y de don Cayetano Morales, a los que fusilaron el 26 de agosto.

El día 15 del mes siguiente caía ruidosamente el Gabinete Narváez-Nocedal y se nombraba presidente del Consejo de Ministros a don Francisco Armero.

Un período de terror había terminado. De él quedaron en Sevilla como recuerdo ochenta y dos familias de luto, y con aureola de leyenda el nombre de «la piedra llorosa» donde el alcalde Vinuesa, se sentó en aquella dramática mañana del 11 de julio de 1857.

El costurero de la reina

Si venís desde los Remedios, hacia el Parque de María Luisa, por el llamado Puente del Generalísimo, encontraréis, en la Glorieta de los Marineros Voluntarios, en la esquina que forman el Paseo de las Delicias y la Avenida de María Luisa, un pequeño edificio, cuyos cuerpos son redondeados como cubos de muralla, coronado de minúsculas y graciosas almenas, y pintado a rayas horizontales color ladrillo y color amarillento. Es un curioso, original y anacrónico pabelloncito, donde hoy está montada la oficina municipal de Información del Turismo, pero que tiene más de un siglo de antigüedad, y está enriquecido por una bella, romántica y nostálgica leyenda.

En los años de 1850 habían llegado a Sevilla para instalarse a vivir en nuestra ciudad, los Duques-Infantes de Montpensier, don Antonio de Orleáns, y doña María Luisa de Borbón. Adquirieron para su residencia un gran caserón, que había sido Escuela de Náutica de San Telmo, en la época en que España tenía un imperio colosal, el mayor imperio que jamás haya existido en el mundo, y que llegaba desde el Mississippi hasta la Patagonia, abarcando todo el Continente de América, más las Islas Filipinas, las Marianas, las Carolinas, las Palaos, una buena parte de la Indochina, llamada la Cochinchina, que después se ha llamado el Vietnam, y todo el Norte de África, desde Orán hasta Tánger. Habían sido tiempos en que España mantenía sobre los mares una numerosísima flota, y para ella hacían falta miles de marinos, por lo que se había creado en Sevilla la Real Escuela de Mareantes y Pilotos de la Carrera de Indias, que es como se llamó la Escuela de Náutica de San Telmo. Pero al perderse en 1825 nuestro imperio del Nuevo Mundo, ya no era necesario tal número de marinos, y la Escuela se cerró, quedando abandonado el Palacio de San Telmo, hermosísima obra arquitectónica del estilo churrigueresco, que no había llegado a terminarse.

Compraron pues, ese edificio los duques de Montpensier, quienes lo embellecieron y enriquecieron, añadiéndole en su fachada que da hacia la Fábrica de Tabacos (hoy Universidad), una hilera de estatuas, colocadas sobre la balaustrada de su terraza, que fueron hechas por el artista escultor Antonio Susillo, quien después cerró el romanticismo suicidándose de un pistoletazo, tal como años antes lo había abierto, también de un pistoletazo, Mariano José de Larra, por amores de una sevillana.

El Palacio de San Telmo, fue completado por los duques de Montpensier, con un hermosísimo jardín, de casi un kilómetro de largo, que es lo que llamamos el Parque de María Luisa. Pero ese jardín no era, como hoy una serie de arriates con flores, a la manera francesa, sino más bien un parque de grandes árboles, y avenidas flanqueadas por arbustos, semi incultos, adoptando más bien un aspecto nórdico, que tal era la moda del romanticismo. Debió ser muy parecido, a lo que en Alemania hemos visto, en el llamado Parque del Teresianstein, o el parque del Sloschtein en la ciudad de Konigsberg hoy llamada Kaliningrado.

El bosque o parque del palacio de San Telmo, estaba rodeado de un muro o tapia, casi una muralla, y una de sus esquinas, era precisamente en el lugar de la glorieta actual de Marineros Voluntarios, mirando hacia Tablada, porque en aquel entonces, el río no iba por donde ahora, sino que doblaba, desde el Paseo de las Delicias, hacia San Juan de Aznalfarache, cruzando lo que ahora son Los Remedios.

En la esquina, pues, del muro del Parque de San Telmo, mirando hacia Tablada, había una puerta o mejor portón, por donde entraban los carros que traían de Tablada las frutas y hortalizas para la despensa de los duques de Montpensier. Por ese portón, salían asimismo el duque y sus acompañantes, a caballo, para sus cacerías en las dehesas de Tablada y Tabladilla, y en fin era la salida para el embarcadero del Guadalquivir, en el muelle que había en lo que entonces se llamaba el Paseo de la Bella Flor.

Por ser tan importante esa puerta, se construyó junto a ella un pabellón que servía como Cuerpo de Guardia, cuando había guardia militar, en épocas en que venía a Sevilla la reina doña Isabel II, prima de los Montpensier, o su madre la anciana doña María Cristina, quien años atrás había sido reina regente. Cuando no había guardia militar, el pabelloncito servía para estancia de los guardabosques.

Los duques de Montpensier tuvieron un hijo que se llamó Felipe, el cual murió de corta edad, y una hija, Merceditas, que a los quince años se criaba bella y dulce como una flor, en los jardines de San Telmo.

Merceditas era muy débil, y muy pálida, como una figurita de porcelana. El médico de Palacio, que era el doctor Azopardo, con solemne chistera, bigotes y perilla, meneaba la cabeza con preocupación cada vez que la niña cogía un catarro. Luego, en la Facultad, comentaba con sus compañeros, los doctores Serrano, Ribera, Marsella y Gómez:

—Me parece que la infanta no se va a lograr.

Para darle colores a su carita blanca, el doctor Azopardo recetaba potingues de pésimo sabor, que hacían que Merceditas protestase, y cuando se quedaba sola con su aya, en venganza, le llamaba al doctor Azopardo, *el doctor Gato Pardo*.

También mandaba el doctor Azopardo que la niña tomase mucho el sol, así que le pusieron en la parte alta del pabelloncito del guardabosque, una pequeña salita de costura, y allí se iba con su aya, en las mañanitas de invierno, a tomar el sol mientras daba puntadas en sus labores de aguja.

El duque de Montpensier, adoraba a su hija, y soñaba para ella con una corona de reina. Así que cuando la agitación política de los años 65 comenzó a hacer tambalearse el trono de Isabel II, hizo lo posible por hacerse dueño de la situación, y ser nombrado rey, al destronamiento de su prima. Sin embargo, sus sueños se desvanecieron en humo. Don Antonio de Orleáns, duque de

Montpensier, el más aparente candidato al trono de España, malogró sus aspiraciones a causa de un desafío que tuvo con su primo. Un desafío a pistola, en el que en realidad se ventilaba un puntillo de honor caballeresco. Al estilo de la época romántica. Ninguno de los dos primos tenía intención de herir al otro, sino darse por satisfechos con el simulacro del duelo, disparando hacia lo alto. Pero por un azar desgraciado don Antonio de Orleáns tropezó en el momento de apuntar caminando hacia su primo, y la bala salió más baja de lo que él quería, dando a su primo en la frente.

Este fatal suceso incapacitaba a don Antonio de Orleáns para ser rey de España, porque al haber matado en duelo a su primo, había quedado excomulgado, y el Papa no podía reconocer como rey católico, a un excomulgado. Así que los generales del triunvirato militar que gobernaba provisionalmente el país, tras el destronamiento de Isabel II, los ilustres Prim, Serrano y Topete, no pudieron ofrecer la corona al duque de Montpensier, y tuvieron que buscar un nuevo rey para España, fuera de nuestras fronteras, en la persona de Amadeo de Saboya.

El duque de Montpensier, no se dejó abrumar por el desaliento, sino que en su salón del Palacio de San Telmo, dijo estas palabras con acento profético.

—Yo no seré rey, pero de todas formas, mi hija sí será reina.

Y desde ese mismo día, don Antonio empezó a conspirar para conseguir echar del trono a don Amadeo I de Saboya, el cual hubo de abdicar al año justo de su reinado. Entonces don Antonio alentó al general Martínez Campos para que restaurase la dinastía de Borbón, poniendo en el trono al joven don Alfonso XII. Y después de ese paso, doña María Luisa se encargaría de que el joven rey tomase por esposa a Merceditas de Montpensier.

Todo salió tal como los duques lo habían preparado. Alfonso XII fue rey, vino a Sevilla en primavera, y el perfume de los claveles, el rumor del río, las alegres mañanas de excursión, las emotivas procesiones de la Semana Santa, con olor a incienso y a azucenas, todo se conjuró bajo el clarísimo cielo de Sevilla, para que el joven Alfonso XII se enamorase de su prima, y decidiera casarse con ella.

Alfonso XII, vivía en el Alcázar. Por la mañana, los días que no estaba previsto ir a San Telmo, oficialmente, se quedaba en su despacho del Alcázar recibiendo comisiones oficiales, o estudiando negocios del Estado con sus ministros. Pero invariablemente a las doce menos cuarto interrumpía el trabajo, porque era la hora de su ejercicio de equitación.

Montaba un caballo, y se salía por el postigo del Alcázar, que daba a la Huerta del Retiro, y al Prado de San Sebastián. Pero en vez de pasear por el terreno que su profesor de equitación le había señalado, el joven rey metía espuelas, y dando la vuelta por las tapias de San Telmo, iba a acercarse al pabellón de guardabosques, donde Merceditas estaba cosiendo. Alfonso echaba pie a tierra y pasaba cuatro o cinco minutos nada más al lado de su prima, sentados en la salita de costura, bajo la mirada siempre desconfiada y autoritaria de la vieja aya, que tosía impertinente, si el rey se atrevía a propasarse cogiendo una de las blancas manos de su prima.

Inmediatamente Alfonso tenía que montar otra vez a caballo y regresar al Alcázar porque el cuarto de hora de equitación había terminado y a las doce ya tenía citada audiencia oficial en el salón de embajadores.

Merceditas, ilusionadísima y enamorada, en ese pabelloncito de guardabosques se cosió gran parte de su propio ajuar como cualquier mocita casadera de su época.

Y por fin se casaron. Pero duró poco la felicidad de la luna de miel, porque Merceditas, a poco tiempo de llegar a Madrid empezó a toser y toser. Los médicos se alarmaron, y para quitarla del frío del vetusto Palacio de Oriente, la mandaron a reponerse a Sevilla. Aquí estuvo una temporada, intentando que el sol de Andalucía templase el frío de la muerte que poco a poco se le iba metiendo en los huesos.

Merceditas salía del Palacio en las mañanitas de sol, apoyada en el brazo de su aya, y se iba al pabelloncito, al costurero, y allí intentaba distraerse cosiendo. Pero en vano, porque su corazón estaba lleno de tristeza, pensando en que pronto iba a dejar solo a su amado Alfonso. Cuando él, desesperado Alfonso XII, ve que su esposa no mejora en Sevilla, la lleva a Sanlúcar de Barrameda, pero lo que no había logrado el sol sevillano tampoco lo consigue la brisa del mar.

Merceditas, más pálida que nunca, arrebujada en una manta de piel, tiritando, regresa a Madrid, donde tiene ya fijada su cita con la muerte.

El último lugar de Sevilla que quiso ver al paso hacia Madrid fue su casita del guardabosque, el rincón donde desde niña se había sentido más dueña de su intimidad, donde había soñado, y donde había amado. Ese pabelloncito de los jardines, donde termina San Telmo y empieza el Parque de María Luisa, que desde entonces se llama «El Costurero de la Reina».

Leyenda de la mujer emparedada

Cierta noche de invierno del año de 1868, llamaron a la puerta de la casa número 4 de la calle Marqués de la Mina, próxima a la parroquia de san Lorenzo y donde vivía a la sazón Esteban Pérez, maestro albañil. Abrió la puerta el hombre, que ya estaba acostado, rezongando entre dientes de que le llamasen a una hora desusada, y se encontró con un caballero bien portado, cubierto con chistera y envuelto en vistosa capa, que muy cortésmente le dijo:

—Maestro, ¿podría usted hacer ahora mismo un pequeño trabajo que es muy urgente?

Calculó el maestro que se trataría de reparar algún bajante, o cosa parecida que no admitiese demora, y así pensando que la molestia le reportaría la natural ganancia, respondió:

—Siendo cosa urgente, no puedo negarme, aunque no es hora agradable para trabajar. Lo malo es que no vamos a encontrar materiales porque los polveros están cerrados.

—No se preocupe por ello, que ya está previsto el yeso y la cal que serán necesarios. Recoja usted sus herramientas que es lo único que se precisa.

Hízolo así el maestro albañil, y salieron. En la esquina de santa Clara había un coche de caballos. El caballero invitó al albañil a subir en él, pero cuando lo hizo le advirtió:

—Le pagaré muy bien su trabajo, pero una condición, y es la de que habrá usted de ir con los ojos vendados.

Y como el maestro manifestase cierta repugnancia a ello, el caballero sacó de entre la capa un revólver y poniéndoselo en el pecho le dijo:

—Puede usted elegir entre el oro y el plomo.

Ante tan poderosos argumentos, el albañil, encomendándose mentalmente a Dios para que le sacase con bien de aquella aventura se dejó vendar con un pañuelo negro de seda que el caballero le apretó fuertemente para asegurar que no vería nada. Y aún tomó la precaución de cerrar las cortinas del coche para que si le quedaba alguna rendija del pañuelo no pudiera ver en absoluto el camino por donde le llevaba. Hecho esto, el caballero subió al pescante y arreó los caballos que salieron a buen paso arrancando con sus herraduras chispas del empedrado de la calle.

Anduvieron durante mucho rato. El albañil trataba de adivinar por las vueltas que daba el coche doblando esquinas, el itinerario que en seguida perdió el hilo de las calles. Luego debieron tomar alguna carretera, porque el trayecto lo hacían en línea recta y por terreno no empedrado. Así estuvieron una hora larga y al cabo volvieron a entrar en lugar pavimentado, porque volvió a sentir la trepitación de las piedras bajo las llantas del coche. Por fin se detuvieron y ayudó a salir al embozado albañil llevándole cogido de un brazo para que pudiera caminar con los ojos vendados.

Anduvieron unos pasos y entraron en una casa porque ahora el suelo era liso, y a Esteban le pareció pavimentado de grandes losas de piedra, o de mármol. Descendieron unos escalones, y entraron en un lugar que debía ser un sótano porque olía a humedad. Entonces el caballero le quitó la venda que le cubría los ojos. A la luz de unas velas encendidas, pudo entonces el albañil tratar de observar la cara de su acompañante. Como en la calle Marqués de la Mina no existía alumbrado y era una noche muy oscura, no se había percatado de que el caballero a más de embozarse en la capa, llevaba un antifaz que le cubría el rostro. El descubrir estos detalles asustó al honrado Esteban Pérez, pero disimuló el miedo lo mejor que pudo. El caballero le condujo al extremo del sótano y entonces vio Esteban algo que todavía aumentó su terror. En una especie de pequeña habitación o alacena, había una mujer sentada en una silla, amarrada con cuerdas y amordazada. El caballero ordenó con voz dura e imperiosa al albañil:

—Levante usted un tabique ante la puerta de esa alacena.

Temblándole las manos, y doblándosele las piernas del pavor que le embargaba, el albañil comenzó su trabajo, con los materiales que tal y como le había anunciado su acompañante, estaban allí amontonados en el suelo. No faltaba ni siquiera el agua para amasar la mezcla. Mientras hacía los preparativos observaba que la mujer le miraba con los ojos llenos de espantoso terror.

Levantó el tabique, lo enfoscó y enlució con yeso, dejándolo tan perfecto que no se advertía que tras él había una habitación donde quedaba sepultada viva una criatura.

Terminada la macabra faena, el caballero advirtió con terrible voz al amedrentado albañil:

—Si de esto sabe alguien una palabra, puede usted contarse entre los muertos. —Seguidamente le entregó cinco monedas de oro que aunque representaban una fortuna para el modesto albañil, no le produjeron el menor entusiasmo. Guardó las peluconas en el bolsillo, y se dejó vendar otra vez los ojos sin protestar.

Volvió el caballero a cogerle del brazo y le sacó de allí, subiendo los mismos escalones, cruzando el mismo zaguán enlosado, hasta el coche, donde cerró igual que antes las cortinillas, y luego durante una larga hora le condujo por el mismo itinerario de calles, carretera y otra vez calles hasta la esquina de santa Clara, donde detuvo el carruaje, y ayudó a bajar al albañil quitándole el pañuelo de ante los ojos. Al despedirle le enseñó nuevamente el revólver reiterándole la advertencia de que le mataría si algo se atrevía a decir.

El albañil entró en su casa alterado y pesaroso de lo que acababa de hacer, y se volvió a acostar en silencio. Su mujer notó que algo raro le había ocurrido, pero él no quiso contestarle y se volvió de espaldas intentando conciliar el sueño. Sin embargo, pasado un rato y ante las insistentes preguntas de ella. Esteban no pudo seguir guardando silencio y le contó el terrible suceso que le había ocurrido.

—Pues tú no puedes callarte, porque eso significa convertirte en cómplice de un crimen. Lo que tienes que hacer es irte corriendo a dar cuenta al juez de lo que ha pasado.

Esteban Pérez comprendió que su mujer tenía razón, y se vistió para salir, y porque no fuera solo y le pudiera ocurrir algo, ella se vistió también y salieron juntos para buscar la alcaldía de barrio donde les informaron dónde vivía el juez de guardia, que era aquel día Pedro Ladrón de Guevara.

En presencia del juez, Esteban contó lo sucedido, y el usía le preguntó vivamente preocupado:

—¿Qué tamaño tenía la alacena donde usted emparedó a la mujer?

—Pues como tres varas de largo por tres de ancho y unas cinco de altura.

—Entonces la mujer tendrá aire para respirar durante unas cuatro horas. Tenemos que averiguar antes de que amanezca dónde está la casa —observó el juez.

Y tomando diligentemente su sombrero de copa y embutiéndose en la levita añadió:

—Vamos ahora mismo a empezar las diligencias. En primer lugar, ¿usted no podría deducir por el camino que ha recorrido en el coche a dónde le han llevado?

—No, Señoría; mucho lo intenté, pero me fue imposible seguir el hilo del trayecto.

—¿No tiene usted ningún indicio, de algún ruido de molinos, presas, o algo que pudiera servirnos de indicación?

—No oí nada. Calculo que hemos andado como tres leguas, y ahora que usía lo dice, me extraña que no hayamos pasado por ningún lugar donde se oyera el río, ni los molinos que hay en él.

—Entonces la cosa es difícil. Los pueblos que hay a distancia en tres leguas tienen todos durante la noche funcionando sus molinos, y en Alcalá de Guadaira el ruido de las panaderías y el olor de pan no le hubiera pasado inadvertido. Otra pregunta, ¿tiene usted el mismo calzado que llevaba, o se ha cambiado usted de botas?

—No, Señoría, llevo el mismo, y si lo dice por si se me ha pegado barro en las suelas, ya me fijé en ese detalle.

—¿No escuchó usted algunas campanas de algún convento que tocasen maitines o algún rezo nocturno? Podría ser que hubiera usted pasado por San Isidoro del Campo o por algún monasterio semejante.

—Ahora que me dice Usía esto, sí recuerdo un detalle. Mientras estábamos entrando en la casa, oí dar la una en un reloj de torre. Por cierto, que pensé si sería la una o si sería un cuarto, pero después, cuando estaba trabajando en levantar el tabique, oí dar el cuarto, lo que me aseguró de que la primera hora que escuché fue en efecto la una.

—Bien, ya tenemos un indicio. Tendremos que empezar por buscar al relojero de la ciudad.

Dispuso el juez que se fuera con él Esteban Pérez, y la mujer, aguardase para no entorpecerles en sus diligencias, y ambos salieron rápidamente hacia la calle Gallegos, donde vivía don Manuel Sánchez, relojero de la ciudad y relojero del palacio de los duques de Montpensier. El juez explicó en breves palabras a don Manuel el asunto, pidiéndole su colaboración pericial. El relojero caviló unos momentos y después dijo:

—Relojes de torre que den los cuartos con una sola campanada, no hay ninguno en pueblos, que estén situados a tres leguas de Sevilla. Los conozco muy bien y todos son relojes modernos de doble campanada en los cuartos y en las medias.

—Esto quiere decir que no le han llevado a usted a ningún pueblo —observó el juez dirigiéndose a Esteban—. Durante el trayecto de carretera, ¿se fijó usted si daban las vueltas hacia los dos lados, o siempre giraban hacia el mismo?

—Pues ahora que caigo, siempre girábamos a la derecha.

—Una hora entera, y girando siempre a la derecha, no es camino a ningún sitio. Le han estado a usted dando vueltas por la Ronda, alrededor de Sevilla, para desorientarle. La verdad es que podemos suponer, que no le han sacado a usted de la ciudad —concluyó el juez.

—Pues es verdad —asintió Esteban Pérez.

—¿Y cuáles relojes, de esas características, de una campanada en los cuartos hay en Sevilla? —preguntó el juez a don Manuel—.

—Hay muchos.

—Pues los habremos de comprobar todos, don Manuel... Véngase con nosotros, para que los haga usted sonar, y pueda este hombre identificar por el oído cuál reloj fue el que escuchó hace un rato.

Rápidamente, con la premura del tiempo que les quedaba para evitar que la mujer emparedada se asfixiase en su estrecha cárcel, don Manuel Sánchez, su hijo Sánchez Perrier y el oficial relojero don Eduardo Torner, a quien despertaron para que les ayudase, fueron recorriendo una por una las torres de Sevilla donde había relojes públicos, despertando a los sacristanes para que le franqueasen el acceso, y adelantaban las manecillas para hacer sonar un cuarto, mientras abajo en la calle, el albañil se esforzaba en reconocer el sonido de las campanas.

Así estuvieron en el Ayuntamiento, en la Universidad, en el palacio de San Telmo, en la Casa de Correos, y en varias iglesias incluyendo la Santa Catedral. Ya estaban desalentados al repetirse una y otra vez las negativas del albañil, cuando en la plaza de San Lorenzo, Esteban Pérez al escuchar el reloj le dijo al juez con viva alegría.

—No cabe duda. Ha sido el reloj de San Lorenzo. —Y añadió—: ¡Pero qué brutísimo soy! Mira que ser el reloj de mi barrio y no haberlo reconocido entonces. Claro que por lo nervioso que estaba no eché cuenta de ello.

Ya estaba la mitad del misterio aclarado. Pero faltaba por aclarar la otra mitad. ¿Qué casa próxima a la iglesia de San Lorenzo sería la que buscaban? El juez requirió al alcalde del barrio, quien manifestó:

—Casas que tengan sótano, cercanas a la iglesia no creo que haya más de dos. La una en la calle de Santa Clara, y la otra en la misma plaza de San Lorenzo.

Se dirigieron a esta última, y el juez llamó a la puerta sin obtener respuesta. A los golpes salió una vecina de la casa próxima a la ventana y dijo:

—No se molesten en llamar, porque en esa casa no hay nadie. Hace un momento que el dueño ha salido en su coche de caballos, con varias maletas. Se conoce que se iba de viaje.

Mandó el juez a la vecina que bajase a la calle, y allí la interrogó sobre quién era el dueño de la casa en cuestión, inmediata a la iglesia de San Lorenzo, y la vecina, le describió de suerte, que Esteban Pérez pudo convenir en que era el mismo sujeto que le había sacado a deshoras de su casa. No cabía pues, duda, de que después de cometida su fechoría, el criminal se daba a la fuga. Mandó el juez al albañil que trajese una barra de hierro o una piqueta y que descerrajase la puerta, lo que hizo sin tardanza trayéndose de su casa, muy próxima, las herramientas necesarias. Entraron en la casa y en efecto había un sótano al que se bajaba por unos escalones desde el mismo zaguán. Violentaron también la puerta del sótano, entraron en él, y al fondo el albañil tanteó la pared y se la indicó al juez diciéndole:

—Vea su señoría cómo todavía está húmeda la mezcla que puse hace tres horas.

Derribó Esteban el tabique y apareció ante los ojos del juez y de sus acompañantes la mujer emparedada, que todavía estaba viva aunque desmayada.

Mandó el juez al alguacil que llamara al boticario de San Lorenzo y que trajera sales para reanimar a la señora, y cuando ésta recobró el conocimiento, contó la historia de lo que había sucedido.

Era hija del dueño de una de las confiterías que había en La Campana, y habiendo cumplido los treinta años se daba ya por solterona irremediable, cuando vino a Sevilla un caballero de edad madura muy rico, quien la pretendió, y como no tenían porque esperar, se casaron en breve tiempo. El caballero venía de Cuba, y según le había contado, tenía en aquella colonia plantaciones de caña e ingenios de azúcar que le proporcionaban abundantes rentas. A poco de casarse, se manifestó él tan celoso que la tenía encerrada sin permitirle salir más que a misa, y eso acompañándola él. Nunca le consintió recibir ni hacer visitas, y cuando ella le hablaba de que quería ir a ver a su familia, que vivía tan cerca, se negaba a consentírselo, diciendo que puesto se había casado, no tenía más familia que él.

El día anterior había regresado de Cuba un primo de ella, militar, que durante algunos años estuvo en la guarnición de La Habana y por la tarde había ido a visitar a su prima, la que le recibió no estando el marido.

Por la noche, él enfurecido porque su esposa recibió al pariente a pesar de la prohibición, la obligó a escribir una carta comunicando a sus padres que se marchaba a Cuba con su esposo, y después de hacer esto, la hizo bajar al sótano en donde la amarró y amordazó, teniéndola allí hasta que vino el albañil y la emparedó, como ya sabemos.

Envió requisitoria el juez a las ciudades de la costa, con el fin de apresar al fugitivo y con tan buena fortuna que le detuvieron en Cádiz cuando ya estaba embarcando en un buque que iba a zarpar con rumbo a La Habana.

Conducido a Sevilla, declaró, y ya se pudo saber la verdad de todo. Aunque cuando vino de Cuba por primera vez a España, y se afincó en Sevilla, dijo que era propietario de plantaciones azucareras, lo cierto es que nunca tuvo tales posesiones, sino que había sido el verdugo de La Habana, y que con las ejecuciones de muchos reos ganó bastante dinero, pues según una antigua costumbre el verdugo cobraba una onza de oro por cada ejecución. Era la época en que se iniciaban los primeros movimientos revolucionarios con los que Cuba procuraba obtener su independencia. Para ganar más dinero, el verdugo denunciaba falsamente a muchas personas acusándolas como revolucionarias, y de esta manera abundaban más las ejecuciones. Finalmente, a los que tenían dentaduras de oro, o conservaban algunas prendas de valor, se las quitaba después de ejecutarles, y de este modo, así como recibiendo dinero de algunos a quienes amenazaba con denunciar para no hacerlo, amasó un buen capital. Para disfrutarlo sin temor a acechanzas ni represalias de las familias de los denunciados por él y al mismo tiempo temeroso de que se descubriera la falsedad de muchas de sus delaciones, se vino a España, y se casó con la hija del confitero, dispuesto a acabar aquí regaladamente sus días.

Pero, cuando el mismo día de la boda se enteró de que su mujer tenía un pariente muy allegado que estaba en Cuba, pensó que todo acabaría por descubrirse, por lo que fingiendo estar celoso, apartó a su mujer de toda convivencia con su familia, y más tarde, al saber que el pariente había sido repatriado y que había estado en su casa, pensó que todo estaba a punto de descubrirse, por lo que quiso deshacerse de su mujer, emparedándola, y no la mató por sus propias manos, porque en los últimos tiempos, recordando las ejecuciones que había realizado, tenía pesadillas y remordimientos y ya no se atrevía a matar a nadie.

El verdugo de Cuba, por el intento de matar a su mujer emparedándola, y por los crímenes que con sus falsas delaciones había cometido, fue condenado a muerte y ajusticiado en el patíbulo en la «Azotilla del Pópulo», donde le dieron garrote vil como él lo había dado en La Habana a tantos infelices. La emparedada de San Lorenzo se volvió a casa de sus padres, y vendió el edificio donde tanto había sufrido, no queriendo vivir más en él. Pasado algún tiempo, este edificio vino a ser Jefatura de Obras Públicas, y ahora sobre su solar, se ha levantado la nueva basílica de Nuestro Padre Jesús del Gran Poder.

Tradición del Cristo de las Mieles

Aunque todos los sevillanos han visitado alguna vez el cementerio de San Fernando, muy pocos sabrán que el grandioso Cristo Crucificado, en bronce, que preside la glorieta principal del cementerio, se llama con el bonito nombre de Cristo de las Mieles.

En el año 1857 había nacido en la casa número 55 de la Alameda de Hércules, entre las calles Relator y Peral, el escultor Antonio Susillo. Hijo de un vendedor de aceitunas aliñadas del mercado de la Feria, Susillo no tenía por parte familiar la más mínima motivación para dedicarse a las Bellas Artes. Por el contrario —según su biógrafo Antonio Illanes— su padre quería inclinarle por el negocio mercantil. Pero Antonio Susillo era espontáneo y originalmente artista, y así empezó a dibujar sin que nadie le enseñase, y a modelar con barro cogido del suelo de la Alameda en la puerta de su casa, pequeñas figuritas de imágenes religiosas. Cierto día, cuando apenas contaba siete años, acertó a pasar por aquel lugar la infanta-duquesa de Montpensier, quien sorprendida de ver a un niño tan pequeño modelar aquellas figuritas tan bellas, le tomó bajo su protección y le costeó los primeros estudios. No había de defraudar esta protección Antonio Susillo, pues desde poco después, en plena adolescencia, empieza a conseguir premios por sus obras.

Antonio Susillo viaja por Europa, perfecciona su arte contemplando las esculturas de los grandes maestros italianos del Renacimiento y del barroco, pero no es solamente un viajero aprendiendo, sino a la vez y con poco más de veinte años, ya es un maestro sembrando estatuas en Europa, entre ellas el retrato del zar Nicolás II, encargo que presenta la sorprendente historia de que el zar de todas las Rusias envió a Sevilla a buscar a Susillo a su gran chambelán el príncipe Romualdo Giedroiky, y no existiendo en Rusia un taller de fundición de bronce de la calidad deseada por Susillo, se alquiló para él un taller de este tipo de fundición en París. Era a sus 25 años.

A los 28 años de edad, Antonio Susillo recibe del Ayuntamiento de Sevilla el honrosísimo encargo de crear el monumento a Daoiz, el héroe de la Guerra de la Independencia, obra monumental que Susillo realiza en muy pocas semanas, y que es emplazado en el centro de la hermosa plaza de la Gavidia. Ya antes había hecho el monumento a Velázquez, erigido en la plaza del Duque.

Dos años después, el Gobierno le otorga la Encomienda de la Real y Distinguida Orden de Carlos III, y ¡a los 30 años de edad! es nombrado académico numerario de la de Bellas Artes de Santa Isabel de Hungría. Otros monumentos sevillanos hechos por Antonio Susillo son toda la serie de estatuas que coronan la balaustrada del palacio de San Telmo, hoy Seminario Diocesano. Por esta obra cobró Antonio Susillo la entonces altísima cifra de 2.500 pesetas por cada una de las doce estatuas, o sea 30.000 pesetas en total, lo que representaba un capital. Las doce estatuas son representación de los personajes siguientes: don Miguel de Mañara, Bartolomé de las Casas, don Pedro Ponce de León, marqués-duque de Cádiz; Arias Montano, el Divino Herrera, Ortiz de Zúñiga, Martínez Montañés, Murillo, Velázquez, Lope de Rueda, Daoiz y Perafan de Ribera. Otra bellísima estatua hecha por Susillo en esta época es la de don Miguel de Mañara que hay emplazada en el jardín de la calle Temprado, frente a la puerta principal del Hospital de la Caridad.

Y finalmente, la grandiosa obra, la definitiva, el Cristo Crucificado para la glorieta o rotonda central del cementerio. Susillo, que se había casado en segundas nupcias, con una mujer que no le amaba como le había amado su primera esposa, sino que buscaba en él la posición brillante, social y económica, era infinitamente desgraciado. Su mujer le estimaba nada más que como una máquina de producir dinero pero en cambio despreciaba su arte. Su discípulo Castillo Lastrucci (a quien yo he conocido en su ancianidad y me honró mucho con su amistad) contaba que cierto día en que Susillo trabajaba en una gran estatua, le llamaron inesperadamente y hubo de pasar desde el taller o estudio a las habitaciones de la casa. Al verle entrar salpicado de yeso y de barro, materiales con los que modelaba, su mujer le increpó furiosa: «Bah, yo creí que me había casado con un artista y resulta que me he casado con un albañil.»

Progresaba Antonio Susillo en la realización del Cristo Crucificado y cada día se le veía más triste y entregado a fúnebres presentimientos. Por fin pudo entregarlo terminado al Ayuntamiento, y precisamente en esos días estalló su tragedia conyugal. Su mujer no se amoldaba a las ganancias, aunque fueran bastante elevadas, de Susillo, sino que en vez de querer mantener el rango decoroso de la casa de un artista, quería ella mantener el tren de vida de los opulentos aristócratas, o acaudalados comerciantes que eran los clientes de las estatuas de su marido. Naturalmente por mucho dinero que él ganase, nunca podría rivalizar con los infantes-duques de Montpensier, dueños del palacio de San Telmo, ni con los duques de Alba, ni con la reina destronada Isabel II, que pasaba sus temporadas en Sevilla. Los gastos excesivos de la mujer de Susillo habían llevado la economía familiar a la bancarrota, y atosigado por los reproches de su mujer, que le decía: «Eres un cretino que no gana dinero suficiente para vivir.» Susillo, cierto día, en un arrebato de furia, decidió quitarse la vida.

A tal efecto y vestido tal como se encontraba en el estudio-taller abandonó su casa, y se dirigió a la Barqueta para ponerse delante del tren. Sin embargo una vez que hubo llegado al lugar, sentado sobre una vía, esperando el paso de un tren, le asaltó una penosísima idea: el cadáver de un suicida atropellado por el tren, resulta horrorosamente destrozado. Y su espíritu de artista se rebeló. Susillo, que había labrado con sus manos, estatuas de bellísima factura, en la que el cuerpo humano adquiere su plenitud de vigor, y de estética pujanza, ¿iba a legar a la posteridad la triste imagen de su cuerpo despedazado y destripado?

Se revolvió contra esta posibilidad, y abandonó precipitadamente la Barqueta, regresando a su casa. Allí tenía una pistola que le había servido como acompañante en sus viajes a París y a Roma, donde vivió intensamente la bohemia dorada de los jóvenes artistas. Casi no se acordaba de que aún la tenía al cabo de diez años.

Sacó la pistola de su estuche, la metió en el bolsillo del blusón de trabajo, y regresó a la zona ferroviaria tomando desde la Barqueta el camino de San Jerónimo, siguiendo las vías. Y al llegar a la altura del Departamento Anatómico del Hospital, se sentó sobre un montón de traviesas de madera que había junto a la vía, y metiéndose el cañón de la pistola debajo de la barba, disparó el tiro que le causó la muerte. (Había cumplido poco antes sus 39 años de edad.)

Cuando encontraron al poco rato el cadáver nadie sabía de quién se trataba. ¿Quién podía imaginar que el más ilustre escultor de España, una gloria más aún que nacional, europea, iba a morir oscuramente en el borde de la vía, en la tremenda soledad del campo? En el periódico de la mañana siguiente decía la noticia en una columna de gacetillas de sucesos: «Hallazgo de un cadáver. Junto a las vías del tren, en el ramal de la Barqueta a San Jerónimo, apareció ayer tarde el cadáver de un hombre decentemente vestido. Fue trasladado al depósito judicial, donde aún no ha sido identificado.»

A la mañana siguiente estalló el asombro y la consternación en Sevilla al descubrirse que el suicida del día anterior era nada menos que Antonio Susillo. Inmediatamente acudieron al depósito judicial sus discípulos, Joaquín Bilbao, Coullaut Valera. Viriato Rull y

Castillo Lastrucci, con objeto de sacar la mascarilla al cadáver. (Yo he pintado un cuadro en el que represento este fúnebre episodio, tal y como lo relata Antonio Illanes en su discurso de ingreso en la Real Academia de Santa Isabel de Hungría: «El cuerpo del artista, honra de Sevilla, está sobre la cuarta piedra del depósito anatómico. El eximio Susillo en su triste estancia no está solo. Los cadáveres de dos mujeres también muertas trágicamente aquel día, yacen cerca de él.» En mi cuadro, de escaso mérito artístico como todo lo que pinto, pero de intención de ser un documento histórico, he representado la escena, tal y como la supe directamente de labios de uno de los protagonistas, Castillo Lastrucci. Viriato Rull, provisto de un saco de escayola, un cubo de agua y un pequeño palaustre para amasar, acaba de obtener el molde o vaciado del rostro del cadáver de Susillo. Viriato Rull está remangado, en camisa, y para no mancharse tiene puesto un delantal. Le ayuda a retirar el molde de la mascarilla Antonio Castillo Lastrucci, con cara muy apenada. Al lado de ellos, vestido elegantemente con un pantalón color gris perla y levita azul, llevando al cuello el lazo o chalina de los artistas bohemios, al gusto de la época, está el también discípulo de Susillo, Miguel Sánchez Dalp. En la puerta del Departamento Anatómico, disponiéndose a entrar, hay un anciano, el padre de Susillo, a quien conduce del brazo consolándole, el director del hospital, el célebre doctor Fedriani.)

Como se había muerto por su mano, hubo ciertas dificultades en que la Iglesia concediera el permiso para enterrarle en tierra sagrada, y estuvo a punto de ser sepultado en el «cementerio civil» o «cementerio protestante», pero las gestiones de la Real Academia y las lágrimas de la infanta doña María Luisa, consiguieron que el arzobispo cediera y admitiese como válida la suposición de que Susillo se había dado la muerte en un arrebato de locura, no siendo por tanto responsable moral de su suicidio.

Faltaba determinar en qué lugar se le enterraría, pero el fervor popular exigió, impuso, y logró que en vez de enterrarle en un panteón o en una sepultura como a todos los sevillanos, se le enterrase a él solo, en el centro de la rotonda o glorieta, al pie del Cristo Crucificado que él mismo había labrado con sus manos. Y así, apresuradamente, se hizo un sepulcro al pie del Crucificado, y allí se depositó el féretro con los restos de Antonio Susillo, bajo las rocas del Gólgota que sostienen la cruz.

Pasaron algunos días, cuando el público que acudía a visitar en el cementerio la tumba del artista, observó que de la boca del Cristo Crucificado, salía un arroyo de miel, que le chorreaba por los labios y la barba, y le descendía por el cuello hasta el pecho. No era ningún milagro, sino algo muy sencillo y natural: un enjambre de abejas había hecho su panal dentro de la boca del Cristo, y la miel chorreaba desde el panal, por la imagen. Pero si el suceso era explicable y natural, no por ello dejaba de parecer milagroso, o maravilloso, el que habiendo tantos lugares en el cementerio de San Fernando, entre cientos de árboles, miles de rosales, decenas de capillas y panteones, las abejas hubieran elegido precisamente la boca del Cristo para hacer su panal, y precisamente a los pocos días de enterrarse allí Antonio Susillo.

Y como el pueblo siempre desea perpetuar los prodigios y maravillas, los sevillanos dieron en llamar al Cristo del cementerio con el nombre de El Cristo de las Mieles con que todavía hoy le designamos.

NOTA. —*La muerte de Susillo fue el día 22 de diciembre de 1896, y el entierro el día 24, de Nochebuena. En el relato que acabamos de hacer hemos seguido al pie de la letra lo que nos contó poco antes de morir nuestro anciano amigo Antonio Castillo Lastrucci, así como el texto escrito por el ilustre imaginero Antonio Illanes, también excelente y querido amigo nuestro, para su discurso de ingreso en la Academia de Bellas Artes, en 1975. Terminaremos esta nota diciendo que la mascarilla de Antonio Susillo quedó en poder de Viriato Rull, quien años más tarde, a su muerte, se la dejó a Castillo Lastrucci, y en 1960 éste se la cedió a Antonio Illanes, y a la muerte de Illanes su viuda que conocía bien sus deseos me la ha entregado, y la conservo tanto por el valor de recuerdo de Susillo, como por el valor añadido sentimental de haber estado largos años en manos de mis dos queridos amigos y ambos insignes escultores.*

CAPÍTULO X

ALGUNAS CURIOSIDADES Y OCURRENCIAS DEL SIGLO XX

Lo que queda hoy de las puertas y las murallas de Sevilla

Sevilla fue en tiempos pasados la ciudad mejor amurallada de Europa. Su recinto de torreones y muros fue construido por Julio César, y perfeccionado por Augusto. Pero fueron los árabes el año 1147 cuando completaron la soberbia obra ensanchando la ciudad y amurallando también la zona ensanchada. Desde 1147 hasta el siglo XIX, el recinto de Sevilla abarcado en murallas era de este modo:

1. Puerta Macarena. Desde aquí seguía muralla hasta la
2. Puerta de Córdoba, situada frente a la iglesia de Capuchinos.

3. Puerta del Sol, situada al final de la calle Sol, frente a la Trinidad.
4. Puerta de Osario, en la plazuela llamada hoy Osario.
5. Puerta de Carmona, en la esquina de San Esteban con Menéndez Pelayo.
6. Postigo del Jabón, situado a la mediación de la calle Tintes.
7. Puerta de la Carne, en la esquina de Santa María la Blanca con Cano y Cueto.
8. Postigo del Alcázar, que daba entrada desde lo que hoy es Menéndez y Pelayo a los Jardines de Murillo, que entonces eran parte de la huerta del propio Alcázar.
9. Puerta de San Fernando. Fue una puerta construida en el XVIII al extremo de la calle San Fernando al construirse la Real Fábrica de Tabacos, hoy Universidad, y quedar dicha fábrica incluida dentro del recinto amurallado de Sevilla.
10. Puerta de Jerez, situada en la actual plaza de Calvo Sotelo; a la entrada de avenida de Queipo de Llano.
11. Postigo del Carbón. Estaba situado en la parte alta de la calle Santander.
12. Postigo del Aceite, que todavía hoy existe junto a Correos.
13. Puerta del Arenal, que estaba en calle Adriano esquina a García de Vinuesa.
14. Puerta de Triana. Estaba situada en la calle Reyes Católicos esquina a Santas Patronas.
15. Puerta Real. En la esquina de la calle Gravina con Alfonso XII.
16. Postigo de Santonio, estaba a espaldas del convento de San Antonio de Padua.
17. Puerta de San Juan, en la calle Guadalquivir, entre calle San Vicente y calle Torneo
18. Puerta de la Almenilla o de la Barqueta, en la calle Calatravas, cerca de su desembocadura a calle Torneo, en una plazoleta llamada el Blanquillo.
19. Postigo de la Feria o de la Basura. Al final de la calle Feria, esquina a calle Bécquer.

Y se cerraba nuevamente el recinto enlazando con la Puerta de la Macarena.

Las murallas, aunque desde 1492 habían terminado las guerras de moros, se conservaron intactas, porque defendían a Sevilla contra las inundaciones del Guadalquivir, y solamente a partir de 1864 se derribaron murallas y puertas, cuando los progresos en la construcción de muros de defensa hidráulica, y las desviaciones y rectificaciones del cauce del río, las hicieron innecesarias.

Tal vez, si el fenómeno del turismo se hubiera adelantado en cincuenta años, Sevilla hubiera valorado sus murallas, no como defensa contra inundaciones, sino como motivo artístico, y atractivo turístico, y se hubiera conservado, como una interesantísima reliquia, y un rico patrimonio cultural.

En el momento actual, año 1976, quedan en pie la Puerta de la Macarena y el Postigo del Aceite, y la mitad de la Puerta de Córdoba frente al convento de Capuchinos. Estas puertas conservan unas piedras verticales, con dos ranuras en las que se encajaban tablas para impedir que el agua entrase en la ciudad cuando había inundaciones en el campo circundante.

Aunque las murallas se derribaron en parte en el siglo XIX, quedan muchos trozos de ellas. Visibles las hay en la Macarena, desde el arco de la Macarena hasta Capuchinos. Además hay un gran trozo de murallas con varios torreones, dentro del convento o colegio del Valle, en la calle María Auxiliadora. También quedan lienzos de muralla enteros en la calle Gravina, aunque no se ven porque quedan tapados con las casas, y por la otra cara también los tapan las casas de la calle Marqués de Paradas. Hay otros trozos de muralla en la calle Rositas, y un largo lienzo en la calle Castelar, también ocultos por las casas.

En la Puerta Real, o sea al final de Alfonso XII a la izquierda, queda un torreón de muralla árabe.

De las torres defensivas principales que tuvo Sevilla, a más de los torreones de la muralla, continúan existiendo la Torre del Oro, en el paseo de Colón junto al Guadalquivir; la Torre de la Plata que es visible desde la calle Temprado, pero que está rodeada de edificación, encerrada en un garaje de la calle Santander, aunque asoma, como decimos, su parte alta por encima de dichas edificaciones y puede verse, y fotografiarse, desde la puerta del Hospital de la Santa Caridad.

Otra torre defensiva, algo alejada de la muralla es la Torre de don Fadrique situada dentro del compás del convento de Santa Clara, en la calle Santa Clara, que puede visitarse, por ser propiedad del Ayuntamiento.

Recientemente al construirse el conjunto residencial Casas del Cabildo, frente a la Catedral, en la Avenida, se ha descubierto un lienzo de muralla árabe que estaba oculto por edificaciones, y que se ha dejado ahora limpio. También en la calle Menéndez Pelayo, junto a la farmacia «Fombuena», ha aparecido un cubo de muralla que igualmente se ha dejado limpio y visible, como adorno de aquel lugar, reliquia de un pasado arquitectónico que a todos interesa conservar.

La Venera, centro de Sevilla

En la antigua calle de La Venera, hoy llamada José Gestoso, existe una venera, o concha de Venus, reproducida en mármol, y puesta en la fachada de una casa. Tal vez el transeúnte se pregunte qué significa esa concha de mar, en un sitio tan sorprendente.

Pues bien, esa concha o venera, señala el punto geográfico del centro exacto del término municipal de Sevilla, y desde ese lugar se contaban en tiempos pasados las distancias en pasos, millas y leguas, para todos los efectos legales de ámbito municipal.

Curiosa tradición: Para que llueva y para que no llueva

En Sevilla, se alternan irregularmente las épocas de sequía dramática, que agostan los campos y aniquilan las cosechas, con temporales de lluvias intempestivas que producen inundaciones, arriadas, y pudren los sembrados.

En ambos casos, cuando el labrador no encuentra remedio en los hombres, tiene que volver la vista al cielo impetrando con fe, un remedio a sus calamidades.

Es frecuente, por tanto que se saque en rogativa a las imágenes de veneración más popular, en cada comarca, para impetrar el beneficio de la lluvia, o para pedir que el temporal cese. Por sequías catastróficas, en el siglo XVII, se llegó a sacar procesionalmente por las calles la imagen de la Virgen de los Reyes, según hemos leído en manuscritos antiguos. También en la inundación de 1626, la mayor conocida en Sevilla, se impetró la bonanza, descubriendo el Santísimo Sacramento en el altar mayor de la Catedral. En los pueblos se han hecho rogativas por una y otra necesidad, con la Virgen de Consolación, en Utrera, con la de Setefilla en Lora del Río, con la de Gracia en Carmona.

Pero también hay tradición curiosísima de lo que podríamos llamar «rogativas menores» o rogativas privadas. Aquí no se trata de una calamidad de grandes dimensiones, sino de evitar pequeñas tragedias domésticas. ¿Se imagina el lector, la tragedia que supone para una novia haberse hecho un vestido blanco, con su velo, haber comprometido al novio a que se vista de etiqueta, y que una lluvia intempestiva les desluzca la entrada en la iglesia, en vez de entre la admiración del vecindario, a pleno sol de la mañana, tener que salir del coche encogida, recogiéndose el traje para no mancharlo de barro, y cubriéndose a duras penas con un paraguas? ¿No es ésta una tragedia, mínima, pero lamentable y grotesca, para un día de bodas?

O haber preparado un grupo de chicos y chicas una excursión al campo, prometiéndoselas muy felices, de merendar al aire libre, y amanecer ese día lloviendo, y tener que comerse la tortilla de patatas y los filetes empanados, en el andén de la estación, sin poder salir de ella.

Para estas pequeñas tragedias, tiene Sevilla también sus pequeñas rogativas.

Así, la mayoría de las novias, unos días antes de la fecha señalada para la boda suelen acudir al convento de monjas de Santa Clara, en la calle de su mismo nombre. Suelen acudir, un poco a escondidas, sin atreverse a comunicarlo ni a la familia. Y llevan como donativo una docena de huevos. Así de sencillo: una docena de huevos al convento de Santa Clara. Las monjas se encargan de rezar las preces para que ese día determinado no llueva.

También hay en el convento de dominicas de Santa María de los Reyes, en la calle Santiago, dos imágenes en su capilla, la Virgen del Sol y el Cristo de las Aguas, y ya a una ya a otra, se dirigen las rogativas particulares, para que un cierto día llueva o haga sol.

Finalmente señalaremos que en Sevilla hay dos hermandades de Penitencia, que tienen como titulares a advocaciones del Señor y de la Virgen, de remoto origen de rogativas por el agua: el Santísimo Cristo de las Aguas, de la hermandad de este nombre, en la Iglesia de San Bartolomé, y María Santísima de las Aguas, co-titular de la Hermandad del Cristo de la Expiración de la capilla del Museo. A las dos se han vuelto los ojos de los labradores de la comarca sevillana en muchas ocasiones, para pedir el milagro del agua, en épocas en que los campos han estado sedientos negando el milagro de la espiga para el pan nuestro de cada día.

De cómo el Señor del Gran Poder fue a visitar a un hombre a su casa porque no quiso ir a verle en su templo

Este relato no es una leyenda ni una tradición antigua, sino un suceso moderno, tanto que todavía hoy están vivos sus protagonistas.

En la primavera del año 1964, siendo arzobispo de Sevilla el cardenal don José María Bueno Monreal, y obispo auxiliar don José María Cirarda Lachiondo, se organizó una Santa Misión, con el fin de reavivar la religiosidad popular. Se programaron numerosos actos en todos los templos, predicaciones en los distintos barrios comuniones multitudinarias de enfermos, y en fin, Sevilla entera había de ser escenario de tan magnas celebraciones, en las cuales participaría activamente un centenar de religiosos y sacerdotes misioneros.

Como la concentración de grandes masas de público habría de dar, por razones estadísticas, un cierto número de accidentes, síncopes, desmayos, y otros imprevistos, y como además había que movilizar a cientos de enfermos, inválidos, paralíticos y ancianos, el Presidente de la Cruz Roja que lo era don Antonio Cortés, me encargó que organizase un servicio de socorrismo adecuado a la importancia de los acontecimientos. Yo era entonces capitán de Tropas de la Cruz Roja, y para reforzar a la Compañía de Camilleros Voluntarios organicé un grupo de Socorristas Juveniles, chicos y chicas estudiantes de bachillerato, a fin de poder cubrir todos los actos y concentraciones humanas que se produjesen.

Tal era el ambiente de aquellos días, en que se produjo el suceso que vamos a contar.

Ocurrió que la Hermandad del Gran Poder, como todas las demás, fue invitada a salir procesionalmente, y a tal efecto se bajó del altar la imagen del Señor, hermosísima escultura obra del insigne Juan de Mesa, orgullo del arte barroco, y estuvo expuesta a la veneración de los fieles en su templo de la Plaza de San Lorenzo. Y tras de permanecer un día de besamanos, se colocó en el «paso» de salida, el cual se exhornó con luces y flores, exactamente igual que en la Semana Santa, para hacer la procesión que se había preparado.

Había un cierto hombre —cuyo nombre no publicamos porque todavía vive—, el cual tenía un taller mecánico por la barriada de Nervión. Éste había sido en su infancia y en su juventud un muchacho piadoso, pero el paso de los años había ido entibiando su religiosidad hasta apartarle totalmente de la fe.

Encontróse por aquellos días con el mayordomo del Gran Poder, antiguo amigo suyo, y el cual, que iba entusiasmado y enfervorizado porque había dejado momentos antes el «paso» del Señor ya preparado, dispuesto para salir a la calle, al encontrar a su amigo le dijo:

—¿Por qué no te llegas a San Lorenzo para ver al Gran Poder? Hace mucho tiempo que no te veo por allí. Ahora, que estamos en tiempo de Misión, es una buena oportunidad para recobrar la devoción perdida.

A lo que el otro le repuso airadamente:

—¿Ir a ver al Gran Poder? ¡Cómo que yo no tengo otras cosas

más importantes que hacer! ¡Pues no tengo yo trabajo y ocupaciones! ¿Sabes lo que te digo? Que si el Señor del Gran Poder tiene interés en verme, ¡que venga a mi casa! Y enojado se separó de su amigo sin despedirse.

Y en efecto, el hombre tuvo tantas ocupaciones durante el día que no fue a comer a su casa, sino que ya muy entrada la tarde fue cuando pudo regresar.

Ya hemos dicho que la Santa Misión se celebró en primavera, y por ser época que en Sevilla el tiempo es inestable, existía el temor de que en cualquier momento se produciría algún aguacero que desluciera las solemnidades.

—Con tal de que no sea el domingo, que será el acto de clausura.

El acto de clausura estaba previsto que se celebraría en la Plaza de España, cerrando así unas demostraciones piadosas que habrían durado más de dos semanas.

Como todas las imágenes de mayor devoción están situadas en iglesias antiguas, y a excepción de la del Tiro de Línea, la de San Sebastián, la del Tardón y la de San Bernardo, las demás están dentro del antiguo casco urbano, resulta que los barrios modernos, Pajaritos, Pío XII, Amate, Torreblanca, el Polígono de San Pablo, y tantos otros, permanecen marginados de las devociones cofradieras de la Semana Santa. Por lo cual el señor Arzobispo pensó que la Santa Misión sería una buena oportunidad para que las famosas imágenes de las principales cofradías fueran llevadas procesionalmente a barrios apartados, y a ser posible a sectores humildes suburbanos, para avivar allí la religiosidad popular.

Por este motivo la imagen del Señor del Gran Poder estaba puesta ya en su «paso» para salir, en dirección a la populosa barriada de Nervión.

Y en efecto, salió dirigiéndose por la redonda a la Puerta de la Carne, y remontando trabajosamente el puente de San Bernardo, tomó cuesta arriba la avenida de Eduardo Dato. Ya a esa altura, el cielo se había encapotado tomando un color gris ceniciento amenazador.

A mitad de Eduardo Dato se encontraba ya la procesión cuando empezó a chispear.

—Aprisa, aprisa, antes de que empiece a llover de verdad.

—¿Dónde meteremos el «paso» para refugiarlo de la lluvia?

—En el Sanatorio de los Niños Lisiados de San Juan de Dios.

Apretaron el paso los costaleros. Los músicos iban tapando como podían los papeles de las partituras y los parches de los tambores para que no se mojasen.

Los cirios del acompañamiento y las velas de las candelerías del «paso» ya se habían apagado con las primeras gotas.

Pero he aquí que al llegar ante el Sanatorio, puerto deseado, resultó que la puerta-cancela era demasiado estrecha y el «paso» no cabía a entrar.

—Sigamos, pues, para arriba a la iglesia de Nervión.

Pero el agua arreciaba, llovía a cántaros, y para evitar el daño que podría recibir la imagen, y el tesoro de todo el paso, alguien dijo:

—Meterlo aunque sea en un portal.

Y en efecto, en un portal grande que encontraron en el camino metieron el «paso».

Y como el portal, aunque era grande, no tenía cabida para todo el acompañamiento, se produjo la desbandada. Cada acompañante huyó a refugiarse donde pudo, en los edificios inmediatos, en los bares del barrio. Y allí quedó el «paso», con el solo acompañamiento de la pareja de guardias que lo escoltaban, y dos hermanos de la Junta de gobierno de la Hermandad los cuales volvieron a encenderle las velas al «paso». Después se sentaron en los escalones de la escalera, para no separarse de su venerado titular.

Atardecía, más oscuro el día que lo acostumbrado por estar el cielo cubierto, y que no cesaba de llover.

A esta hora, el hombre cerró su taller mecánico, y alzándose el cuello de la chaqueta para protegerse algo contra la lluvia, se dirigió a su casa.

Y de repente, al entrar en el portal, vio, a la luz de los cirios, la impresionante figura del Señor del Gran Poder, con la cruz a cuestas, y la dramática expresión del rostro, mirando hacia él fijamente.

El hombre sintió que se le aflojaban las piernas. Recordó vívidamente la frase que había pronunciado horas antes:

—Si el Señor del Gran Poder quiere verme, ¡que venga a mi casa!

Y allí estaba, en su casa, esperándole, el Señor del Gran Poder, con la cruz a cuestas, los pies sangrantes, la cara sufriente y mansa, mirándole desde lo alto del paso, entre el resplandor amarillento de las velas.

JOSÉ MARÍA DE MENA

Académico Correspondiente de la Real Academia de la Historia, y de la Real Academia de Bellas Artes de San Fernando.

Este libro se imprimió en
HUROPE, S.A.
Recaredo, 2
(Barcelona)